S.E.N.S養成セミナー

第4版

特別支援教育の理論と実践

一般財団法人特別支援教育士資格認定協会 編　　花熊 曉・鳥居深雪 監修

I──概論・アセスメント

花熊 曉・鳥居深雪・小林 玄 | 責任編集

金剛出版

第 4 版刊行にあたって

一般財団法人特別支援教育士資格認定協会
理事長 花熊 曉

　2020 年代に入って，我が国の学校教育は大きな変化の時期を迎えています。これからの学校教育の方向性を示した 2021（令和 3）年 1 月の中央教育審議会の答申では，「令和の日本型学校教育」の在り方として，子どもの主体的な学びの尊重に立った，「個別最適な学びと協働的な学び」，「指導の個別化と学習の個性化」が目指されていますが，その内容は，「人間の多様性を尊重し，子ども一人一人の特性とニーズに合わせた教育を行う」という特別支援教育の理念と共通するものだと言えるでしょう。この新しい学校教育の在り方を実現していくために何より必要なのは，発達障害をはじめとする特別な教育的ニーズがある子どもたちを適切に支援できる専門家の養成です。

　一般財団法人特別支援教育士資格認定協会では，特別支援教育の専門家の育成を目指して，2001（平成 13）年 3 月より，特別支援教育士（S.E.N.S）の養成を開始しました。それから 20 年余を経た現在，S.E.N.S 有資格者の数は 5,500 人を超え，「すべての子どもたちが，学校や園での活動に参加でき，充実した生活を送れるようにするための支援」を目指して，活発に活動しています。

　特別支援教育のプロフェッショナルたる S.E.N.S の養成でもっとも重要なのは，「日進月歩」と言える特別支援教育と発達障害支援の分野で，新たな情報を常に取り入れ，学ぶべき内容を更新し続けることです。そのため，セミナーテキスト『特別支援教育の理論と実践』についても，2007（平成 19）年の第 1 版公刊以来，5 年を目途に改訂を加えており，今回で 3 回目の改訂となります。第 4 版での主な改訂点は次の通りです。

A. 概論の領域
① 「S.E.N.S の役割と倫理」の科目を，基礎科目として「概論」の領域に移しました。
② 「発達障害と医療」の内容を精選し，6 時間 2 ポイントから 3 時間 1 ポイントに変更しました。

B. アセスメントの領域
　「心理検査法 I・II」では，ウェクスラー式知能検査とその他の検査に二分し，検査の実施法だけでなく，検査結果を解釈し，指導に結びつける力を高めることを目指しました。

C. 指導の領域
　指導における ICT 機器の活用について詳しく述べるようにしました。また，「社会的自立・就労の指導」の科目では，セルフアドボカシー（自己権利擁護）についても論じるようにしました。

D. S.E.N.S の役割の領域
　従来 2 科目だった「学校・園における支援体制」に，新たな科目として「学校・園における支援体制 II：通級による指導」（1 ポイント）を加え，通級による指導のニーズの高まりに

応えられるようにしました。

E. 指導実習

　S.E.N.S 資格の特徴であり，専門性である，「学習面の支援」により重点を置いた内容としました。

　S.E.N.S 資格は，常に進歩し続ける資格です。最新情報を取り入れて書かれたこの 3 冊のテキストが，発達障害をはじめとする「個のニーズに応じた配慮・支援」を必要とする子ども（人）たちの理解と支援実践のバイブルとして，「特別支援教育のプロフェッショナル」を目指す皆さんの学びに活用されることを切に願っています。

特別支援教育士（Special Educational Needs Specialist: S.E.N.S）の資格取得

〈S.E.N.S 資格取得の前提条件〉
①一般社団法人日本 LD 学会の正会員であること
②特別支援教育士資格認定規程第 15 条 2 の要件を満たしていること（詳細は協会 HP「資格認定」ページを参照）

〈S.E.N.S 資格取得〉
①本協会が主催する養成セミナーを受講して小テストに合格し、「S.E.N.S 養成カリキュラム（2023 年度版）」の 5 領域 36 ポイントを取得すること
②本協会が実施する資格認定審査に合格すること

S.E.N.S 養成カリキュラム（2023 年度版）

巻	領域	科 目 名	P	計
I巻（当巻）	概論	S.E.N.S の役割と倫理	1	4
		特別支援教育概論Ⅰ：発達障害の理解	1	
		特別支援教育概論Ⅱ：特別支援教育のシステム	1	
		発達障害と医療	1	
	アセスメント	総論：アセスメント	1	8
		心理検査法Ⅰ：ウェクスラー式知能検査	2	
		心理検査法Ⅱ：発達障害に関連する心理検査	2	
		学力のアセスメント	1	
		アセスメントの総合的解釈	2	
Ⅱ巻	指導	「個に応じた支援」と「合理的配慮」：UD と ICT の視点	1	14
		「聞く・話す」の指導	2	
		「読む・書く」の指導	2	
		「計算する・推論する」の指導	1	
		ソーシャルスキルの指導	2	
		行動面の指導	2	
		感覚と運動の指導	1	
		社会的自立・就労の指導	1	
		個別の指導計画・個別の教育支援計画の作成と活用	2	
Ⅲ巻	S.E.N.S の役割	学校・園における支援体制Ⅰ：通常の学級における支援	1	4
		学校・園における支援体制Ⅱ：通級による指導	1	
		学校・園における支援体制Ⅲ：コーディネーターの役割とリソースの活用	1	
		保護者とのかかわりと連携	1	
	実習	指導実習	6	6

●特別支援教育の理論と実践　Ⅰ・目次●

A. 概　　論

B．アセスメント

資　　料

A. 概　　論

A-1
S.E.N.S の役割と倫理

【概要】．．．．．．．．．．．．．．．．．「発達障害：学習障害（LD/SLD），注意欠如・多動症（ADHD），自閉ス
　　　　　　　　　　　ペクトラム症（ASD），発達性協調運動症（DCD）等」の特別支援教育の
　　　　　　　　　　　専門資格である S.E.N.S の役割について説明する。S.E.N.S が果たすべ
　　　　　　　　　　　き役割には，子どもの問題への気づきと支援，保護者や学級担任への支援，
　　　　　　　　　　　校内・地域での特別支援教育のコーディネート等が挙げられるが，これら
　　　　　　　　　　　の役割には，専門的な知識・技能と高い倫理性が求められる。S.E.N.S が
　　　　　　　　　　　役割を果たす上で，遵守すべき事項（特別支援教育士倫理綱領）について
　　　　　　　　　　　説明する。

【キーワード】．．．．．．．．．．特別支援教育士倫理綱領／人権への配慮／コンサルテーション／イン
　　　　　　　　　　　フォームドコンセント／守秘義務

【到達目標と評価】．．．．．①対人援助の専門資格としての職業倫理について説明できる。
　　　　　　　　　　　②S.E.N.S のさまざまな役割，その内容と意義について説明できる。
　　　　　　　　　　　③発達障害のある子どもの支援に際し必要な人権への配慮，インフォー
　　　　　　　　　　　　ムドコンセント，当事者の自己決定権，守秘義務について説明できる。
　　　　　　　　　　　④専門資格としての研鑽の重要性を理解し，スーパーバイズとコンサル
　　　　　　　　　　　　テーションについて説明できる。

A-1-1　S.E.N.S とは何か──対人援助の専門資格

1. S.E.N.S，S.E.N.S-SV とは

　特別支援教育士（Special Educational Needs Specialist：S.E.N.S）は，LD（Learning Disabilities）・ADHD（Attention-Deficit Hyperactivity Disorder）・ASD（Autism Spectrum Disorder）等の発達障害の特性がある子どもや青年がそれぞれの力を十分に発揮し，社会の一員として活躍できるように支援するための専門資格である。資格の認定は特別支援教育士資格認定協会（以下，認定協会）が行っている。

　特別支援教育士には，S.E.N.S と，その上位資格である特別支援教育士スーパーバイザー：S.E.N.S-SV（Special Educational Needs Specialist Supervisor）の 2 つの資格がある。S.E.N.S は，学校や園での学びや生活に困難がある子どもたちの特性を把握し，一人一人の特性に応じた個別の指導計画や個別の教育支援計画の作成と実践に貢献する。そのために，教職員や保護者へのコンサルテーションを行い，関係諸機関とも連携を取りながら，学校や園，地域における支援体制づくりに取り組む。

　S.E.N.S-SV は，発達障害のある児・者のアセスメントや個別の指導計画の立案・実施に関して周囲の人たちに指導助言し，各地域における発達障害に関する研修会の講師や専門家チームなど，その地域の特別支援教育におけるリーダー的な役割を担う。認定協会では，そのような人材を，発達障害のある子どもに関する特別支援教育の「真のプロフェッショナル」

と位置づけ，S.E.N.S-SV に認定している。

2.　S.E.N.S が目指すもの

　S.E.N.S のもっとも重要なコンセプトは「すべては子どもたちのために」である。そのために，次のようなことを目指している。

①「すべては子どもたちのために」の理念のもと，一人一人の違いが尊重され，多様性を互いに尊重しあえる学校や園，社会の形成を目指す。
②すべての子どもたちが，学校や園での活動に参加でき，充実した生活を送れるように支援することで，全人的な発達を目指す。
③特別支援教育の中心的な存在として，教職員や保護者のコンサルテーション，関係諸機関との連携を通して，学校や園，地域での支援体制づくりを推進する。
④学びの多様性（Learning Differences，Learning Diversity）の観点から，子ども一人一人の学び方の違いに応じた学習支援の実現を目指す。

3.　発達障害と S.E.N.S 資格の歴史的経緯

　S.E.N.S の養成は 2001 年 3 月から始まり，2004 年度までは資格名を「LD 教育士」としていた（表 A-1-1）。しかし，発達障害をめぐる研究や制度の発展により，教育支援の対象が拡大している現状に合わせて，2005 年度より現在の資格名となった。この頃から，知的障害を伴わない発達障害の存在が知られるようになり，通常の教育の中でも，発達障害の可能性のある幼児児童生徒への支援が重視されるようになった。2018 年には，通級による指導が高等学校まで拡大された。現在，大学における発達障害のある学生への合理的配慮の提供や，発達障害と優れた才能を併せ持つ 2E（twice-exceptional：二重の特別支援を要する）やギフテッド（gifted）の子ども※への教育支援（文部科学省，2021）も課題となっている（※注：文部科学省は「特定分野に特異な才能のある児童生徒」という表現を用いている）。

　一方では，同時期に障害のある人の権利運動「Nothing About Us Without Us」（私たちのことを私たち抜きで決めないで）を通して，当事者の人権・意思を尊重し，自己決定権を認めるようになった。近年，セルフアドボカシー（自己権利擁護）が障害者福祉の領域を超えて，心理や教育，医療の場でも重視されるようになってきている。さらに，心理職が公認心理師として国家資格化されるとともに，法に基づく責任や罰則も厳格になっている。

　このような歴史的経緯を理解した上で，S.E.N.S に期待される役割や使命を考え，現在行うべきこと，及び，将来向かうべき方向を探る必要がある。

A-1-2　対人援助の専門職としての倫理

1.　職業倫理の 7 原則

　S.E.N.S は，専門性が「発達障害」に関連するため，生育歴や診断名，種々の心理検査の結果などきわめて高度な個人情報を扱う。氏名・住所等はもちろんのこと，家族構成，生育

表 A-1-1　発達障害に関連する主要な動向と S.E.N.S

年	事項
1992	「通級による指導に関する充実方策について」（審議のまとめ）
1995	「学習障害児に対する指導について（中間報告）」
1996	「学習障害児に対する巡回相談事業」開始
2000	「学習障害の判断・実態把握体制に関する新規モデル事業」開始
2001	「21世紀の特殊教育の在り方について（最終報告）」 **「LD 指導者養成セミナー」開始**
2002	「通常の学級に在籍する特別な教育支援を必要とする児童生徒に関する全国実態調査」結果の発表 **「LD 教育士（現 S.E.N.S）」資格認定開始**
2003	「今後の特別支援教育の在り方について（最終報告）」 「特別支援教育推進モデル事業」の開始 「小・中学校における LD（学習障害），ADHD（注意／欠陥多動性障害），高機能自閉症の児童生徒への教育支援体制の整備のためのガイドライン（試案）」発表
2004	**「特別支援教育士資格認定協会」設立**
2005	「発達障害者支援法」施行 「特別支援教育推進事業」開始 中教審「特別支援教育を推進するための制度の在り方（答申）」
2006	学校教育法施行規則一部改正（LD, ADHD が通級による指導対象に。自閉症が情緒障害から独立）
2007	学校教育法一部改正（特別支援教育を規定） 「高等学校における発達障害支援モデル事業」開始 「発達障害早期総合支援モデル事業」開始
2008	幼稚園教育要領，小学校・中学校学習指導要領（障害のある児童生徒に関する記述）
2009	特別支援学校学習指導要領公示（特別支援学校における個別の指導計画，個別の教育支援計画の義務化）
2012	中教審「共生社会の形成に向けたインクルーシブ教育システム構築のための特別支援教育の推進（報告）」
2013	「インクルーシブ教育システム構築事業」開始
2014	障害者権利条約批准
2016	「障害を理由とする差別の解消の推進に関する法律」（障害者差別解消法）施行：障害を理由とした差別の禁止，「合理的配慮」の提供が公的機関で法的義務，民間事業者で努力義務となった 発達障害者支援法改正
2017	発達障害を含む障害のある幼児児童生徒に対する教育支援体制整備ガイドライン（新ガイドライン） 保育所保育指針改訂 幼稚園教育要領，小・中学校学習指導要領改訂：「障害に応じた指導」として，「特別支援学級や通級による指導における個別の指導計画等の全員作成，各教科等における学習上の困難に応じた指導の工夫」が小中の総則，各教科等に明記された 特別支援学校学習指導要領：「自立活動」健康の保持に「(4) 障害の特性の理解と生活環境の調整に関すること」が追加された 「公認心理師法」施行：心理職の国家資格化
2018	高等学校における通級による指導制度化
2019	世界的な COVID-19（コロナウイルス感染症 2019）感染拡大による社会環境の激変。ICT の導入が一気に進む **S.E.N.S 養成セミナーオンライン化**
2020～21	TOKYO2020 オリンピック・パラリンピックを機に多様性を受け入れる共生社会へ 交通機関，街のユニバーサルデザイン化が進む
2021	「障害のある子供の教育支援の手引」（文部科学省） 「医療的ケア児及びその家族に対する支援に関する法律」（医療的ケア児支援法）施行 「改正障害者差別解消法」成立：「合理的配慮」の提供が民間事業者にも義務となる
2022	文部科学省「通常の学級に在籍する特別な教育的支援を必要とする児童生徒に関する調査結果」8.8%と発表

表 A-1-2　職業倫理の 7 原則（金沢，2006）

第 1 原則：相手を傷つけない，傷つけるようなおそれのあることをしない

　相手を見捨てない。同僚が非倫理的に行動した場合にその同僚の行動を改めさせる，など。

第 2 原則：十分な教育・訓練によって身につけた専門的な行動の範囲内で，相手の健康と福祉に寄与する

　効果についての研究十分な裏付けのある技法を用いる。心理検査の施行方法を順守し，たとえば検査を家に持ち帰って記入させるなどといったマニュアルから逸脱した使用方法を用いない。自分の能力の範囲内で行動し，常に研鑽を怠らない。心理臨床家自身の心身の状態が不十分な時には心理臨床活動を控える。専門技術やその結果として生じたもの（たとえば心理検査の結果）が悪用・誤用されないようにする。自分の専門知識・技術を誇張したり虚偽の宣伝をしたりしない。専門的に認められた資格がない場合，必要とされている知識・技術・能力がない場合，その分野での基準に従わないケアや技術などの場合，などの際には心理臨床活動を行わず，他の専門家にリファーする等の処置をとる，など。

第 3 原則：相手を利己的に利用しない

　多重関係を避ける。クライエントと物を売買しない。物々交換や身体的接触を避ける。勧誘をしない，など。

第 4 原則：一人一人を人間として尊重する

　冷たくあしらわない。心理臨床家自身の感情をある程度相手に伝える。相手を欺かない，など。

第 5 原則：秘密を守る

　限定つき秘密保持であり，秘密保持には限界がある。本人の承諾なしに専門家がクライエントの秘密を漏らす場合は，明確で差し迫った危険があり相手が特定されている場合，クライエントによる意思表示がある場合，虐待が疑われる場合，そのクライエントのケアなどに直接関わっている専門家等の間で話し合う場合（たとえばクリニック内のケース・カンファレンス），などである。もっとも，いずれの場合も，できるだけクライエントの承諾が得られるように，心理臨床家はまず努力しなければならない。また，記録を机の上に置いたままにしない，待合室などで他の人にクライエントの名前などが聞かれることのないようにする，といった現実的な配慮も忘れないようにする必要がある。なお，他人に知らせることをクライエント本人が許可した場合は，守秘義務違反にはならない。

第 6 原則：インフォームド・コンセントを得，相手の自己決定権を尊重する

　十分に説明したうえで本人が合意することのみを行う。相手が拒否することは行わない（強制しない）。記録を本人が見ることができるようにする，など。

第 7 原則：すべての人々を公平に扱い，社会的な正義と公平・平等の精神を具現する

　差別や嫌がらせを行わない。経済的理由などの理由でサービスを拒否しない。一人一人に合ったアセスメントや介入などを行う。社会的な問題への介入も行う，など。

歴，診断の有無，所属校・園名，関係機関等，すべて重要な個人情報である。対人援助の対象が「子ども」であり，「障害」を有する可能性があることで，社会的には二重に保護が必要であるとされる。S.E.N.S は，自己の責任と人権の尊重に関する高い意識を持たなければならない。

　S.E.N.S の中には「公認心理師」資格を有する方もいるが，その場合は「公認心理師法」に基づく義務と責任が求められるので，くれぐれも留意されたい。

　「発達障害を有する（可能性のある）子ども」を主たる対象とする対人援助職である S.E.N.S は，法的な義務を超えて，さらに高い倫理を求められる。カウンセリングや精神科及びその関連領域での職業倫理として，金沢（2006）による「職業倫理の 7 原則」（表A-1-2）があるが，S.E.N.S についても同様の倫理が求められる。

　この 7 原則について，いくつかの点を念のために確認しておきたい。

　第 2 原則では，十分な教育・訓練によって身につけた範囲内，としている。心理に関連する行為は，心理検査の実施やさまざまな療法など，きわめて専門的であり十分な教育・訓練を受けたものでなければ行ってはならない。たとえば，発達障害に関連して利用されることの

多いウェクスラー系の知能検査は，求められる使用者のレベルはもっとも厳しいものとなっている。心理学・教育学等に関わる博士号や心理職としての専門資格を有していること，公的機関で専門職としての実務経験があること等が使用者に求められている。

　教育の世界では，「カウンセリングマインド」という言葉が使われているが，これは教師がカウンセリングをするということではない。カウンセリングの基本である「受容と共感」は，特定の場所・時間・個別の設定という「枠」を前提としたものである。教師が子どもと関わる学校は日常生活の場所であり集団を基本としているので，「受容と共感」には限界がある。さらに，この後に述べる第3原則の「多重関係」も生じる。教師に求められる「カウンセリングマインド」とは，子どもや保護者に敬意を持って，そのことばに耳を傾ける姿勢と理解するべきだろう。

　第3原則では，「多重関係を避ける」としている。先述した，学校の担任が通常の教育支援以上の特別な心理的援助を行うことは多重関係に該当する。教師はゼネラリストであることが求められるが，教師としての教育以上の専門的なニーズがある場合は，スクールカウンセラーやスクールソーシャルワーカー，外部の専門機関等，各領域の専門家と連携して取り組むべきである。これは，日常の教育活動と，カウンセリングなどの心理的援助を，同一人物が行う多重関係となることが，子どもにとって不利益につながるからである。同様に，個人的な知り合いへの援助も他の専門家を紹介するべきである。

　第5原則の「守秘義務」は，往々にして問題を生じている。守秘義務を超えることが認められるのは，子どもに危険がある場合，直接子どもの支援に関わっている専門家同士の「ケース・カンファレンス」などに限定されている。「個別の指導計画」や「個別の教育支援計画」には，診断名などの個人情報が含まれるが，机の上に置かれているなどの問題を耳にすることがある。また，研修会の席上で個別の事例についての質問をすることも，よく見受けるが，これらは「守秘義務」違反に当たる。事例についての相談をしたい場合は，組織として，あるいは個人的にスーパーバイズを受ける（「3．スーパーバイズとコンサルテーション」参照）。一方では，スクールカウンセラーが子どもに関わる重要な情報を教師と共有しないために，問題の発見・対応が遅れた，ということもある。近年，虐待やいじめ被害などにより，子どもの心身が危険にさらされる事件もある。このような可能性がある場合は，守秘義務を超えて，子どもの安全の確保を優先しなければならない。「守秘義務」についての十分な理解が必要である。

　第6原則は，「本人の同意」の必要性を示している。通常の教育以外に「特別な支援」を行う場合，教育的支援であれ心理的援助であれ，援助対象者に，客観的な根拠に基づいた「特別な支援」の必要性，具体的内容，予想されるメリット（効果）とデメリット等を説明し同意を得なければならない。これをインフォームドコンセントという。対象者が18歳以上の場合，法的には成人となるので本人の同意でも可能だが，「障害」を有する可能性を考慮すれば，保護者へのインフォームドコンセントも必要である。さらに，成年後見人がついている成人の場合は，後見人の同意を得なければならない。

2．S.E.N.S の支援行動と倫理

　S.E.N.S の支援行動のもっとも重要な原則は，「すべては子どものために」ということである。S.E.N.S が，自己の利益のために専門的業務を行うことは禁止されている。自分の行動

表A-1-3　S.E.N.S の支援行動チェックリスト I：情報の収集
（下司（2007）をもとに一部改変）

分類	S.E.N.S の支援行動	評定
行動観察	1. 行動観察にあたって，観察相手を傷つけないように配慮しているか 　• 授業中の行動観察を行う場合，他の子に，対象児がわかるような行動をとらない	
	2. 観察にあたって，子どもの行動を客観的に捉えているか 　• 子どもの行動を，自己の基準で判断せず，客観的に観察する	
	3. 子どもの行動だけでなく，教師と子どもの関係，学級の雰囲気，教室環境などを総合的に観察しているか 　• 子どもが，環境（学級，学校，家庭など）から影響を受けていることを考慮し，人的・物的環境両面に注目する	
	4. 行動観察の結果を，正確に記録しているか 　•「行動観察」の結果を記録する場合に，子どもの行動（事実）と，自分の考え（推測・解釈）を分けて記録する	
聞き取り	5. 教師や保護者から聞き取りを行う場合，相手を一人の人間として尊重し，大切に扱っているか 　• 相手の発言をきちんと受け止め，考えを十分に理解しようと努める	
	6. 相手の発言内容だけでなく，相手の気持ちに注目しているか 　• 相手が「安心して話しているか」「不安を感じているか」など，ことばだけでなく，相手の気持ちに注目して聞く	
	7. 相手の発言内容を，正確に記録しているか 　•「聞き取り」の結果を記録する場合に，相手の発言内容と，自分の考え（推測・解釈）を分けて記録する	
	8. 行動観察や聞き取りによって得た情報を，慎重に取り扱っているか（守秘義務） 　• 行動観察や聞き取りの記録を他者の目に触れるところに置かない，他者がいる場で話さない	

が，S.E.N.S としての役割を果たしているのか，子どもの役に立っているのか，職業倫理も踏まえて，常に自らを振り返り戒める必要がある。

　下司（2007）は，S.E.N.S が守らなければならない重要な点を「S.E.N.S の支援行動チェックリスト」として示した（表A-1-3 ～ A-1-5）。これらの表に基づいて，「5：十分に行っている」～「1：改善が必要」の5段階で評定し，研鑽を深めていくことが重要である。表A-1-3 の「行動観察」の3は，対象となる子どもだけでなく，その子が置かれている環境についても，情報を収集することを示している。近年では，障害は背景因子（環境因子と個人因子）と個人との相互作用によるとする包括モデルの考え方が基本となっている。子どもの困難も，その子自身と，家庭や学校など周囲との関係の中で生じているという視点を持たなければならない。

　心理検査等の実施については，前項で述べた第2原則のとおり，単なる心理の専門資格の有無ではなく，その心理検査に関して研修等を受講し，心理検査の実施に習熟している，ということが求められる。十分に習熟していない心理検査を実施することは倫理に反する。心理検査の実施に際し，対象者への負担が大きい場合は，これを中止しなければならない。結果に関する情報は，心理検査の手続きとして認められている範囲で，対象者に理解できるように伝える。保護者に対する報告は，わかりやすい用語と様式を用いる必要がある。発達障

表 A-1-4　S.E.N.S の支援行動チェックリスト 2：アセスメント
(下司 (2007) をもとに一部改変)

分類	S.E.N.S の支援行動		評定
見立て	1. 子どもの行動の背景にあるさまざまな要因を考えているか 　• 子どもの行動の背景となる要因を客観的・論理的に検討する		
見立て	2. 子どもの行動に影響を及ぼしている要因を分析的に考えているか 　• 子どもに影響を与えている要因 (仮説) を，順序立てて考える		
心理検査	実施資格がある場合	3. 要因を見極める方法 (手立て) を考えているか 　• 背景にある要因を明らかにするために必要な方法 (心理検査の選択) と情報 　 (行動観察，医学的検査などの結果) を適切に選ぶ	
心理検査	実施資格がある場合	4. 心理検査を実施する目的・必要性は明確か 　• 子どもの状態に応じて，適切なテストバッテリーを検討する	
心理検査	実施資格がある場合	5. 心理検査実施に関するインフォームドコンセントを得たか 　• 本人・保護者に，心理検査の目的を説明し了解を得る	
心理検査	実施資格がある場合	6. 実施する心理検査に習熟しているか 　• 心理検査の意義，実施・採点・結果の解釈等を理解しているか	
心理検査	実施資格がある場合	7. 心理検査の扱いは適切か (用具や用紙の管理)	
心理検査	8. 検査結果等の個人情報を慎重に取り扱っているか (守秘義務) 　• 検査結果や検査用紙はきちんと管理し，守秘義務を順守する		
結果のフィードバック	9. (検査実施者) 検査結果をわかりやすく説明できたか 　• 専門用語を平易なことばに置き換えて，保護者や教師に説明する		
結果のフィードバック	10. (検査実施者) 検査結果と行動観察の結果等を，関連付けて説明できたか		
結果のフィードバック	11. 結果の説明を理解し，今後の支援の方向が理解できたか 　• 行動観察の結果，心理検査の結果等を総合的に判断し，支援の方向を具体的に示す		
結果のフィードバック	12. 今後の支援の方向について，保護者の同意を得て共有できたか 　• 保護者と，今後の支援の手立てを具体的に共有する		

害のアセスメントで知的水準の把握のために活用されることの多い WISC は，保護者に対する報告と専門家に対する報告で，伝えてよい情報の範囲が異なる。また，検査用具や記録用紙の開示や複写が禁じられているなど，心理検査自体の取り扱いにも注意が必要である (表A-1-4)。

　学校では，アセスメントに基づいて，「個別の指導計画」を作成する。「個別の指導計画」は，根拠に基づいたものであり，かつ客観的な評価が可能なものでなければならない。「作成」(Plan)，「支援の実施」(Do)，「評価」(Check)，「改善」(Action) の PDCA サイクルに沿って実践し，子どもの成長につながるようにする (表 A-1-5)。

　S.E.N.S は，常に研鑽を深め，自らの資質向上に努めるだけでなく，自らの限界についてもわきまえておく必要がある。自らの限界以上の業務を行うことは，社会的責任を果たせないだけでなく，場合によっては対象者に多大な不利益を与えることもありうる。自分の能力を超えると判断される場合は，対象者の同意を得た上で，より高度な専門性を有する専門家に，指導を仰ぐか，委託するべきである。対象者や対象学校等の信頼感を不当に利用しないことは当然であり，不適切な関係を持つことは禁止されている。また，S.E.N.S の助言や指導を受け入れるかどうかは，対象者や対象学校に決定権がある。

表 A-1-5　S.E.N.S の支援行動チェックリスト 3：「個別の指導計画」の作成と支援の評価
（下司（2007）をもとに一部改変）

分類	S.E.N.S の支援行動	評定
作成・実施	1．PDCA サイクル：「個別の指導計画」の作成（Plan），「支援の実施」（Do），「評価」（Check），「改善」（Action）の流れに沿って計画しているか	
	2．「個別の指導計画」の作成に，行動観察や心理検査等の結果が反映されているか 　• 総合的なアセスメントに基づいて指導計画を立てる	
	3．実施可能な計画が立てられているか 　• いつ，誰が，どのような場で支援するか具体的に示す	
評価	4．「個別の指導計画」の作成と実施に関するインフォームドコンセントを得ているか 　• 本人・保護者とともに計画を立てる	
	5．支援を実施した後の「評価」（Check）について，「個別の指導計画」に記載されているか 　• 評価の内容，基準，時期，評価者等を明確に記す	
	6．実施の結果を振り返り，「個別の指導計画」を評価しているか 　• 目標や方法が適切だったか検討し定期的に計画の修正を行う	
	7．本人・保護者とともに「個別の指導計画」を評価しているか 　• 本人の成長が見られたか，支援の結果に保護者が成果を感じているか	

3．スーパーバイズとコンサルテーション

　自分よりも，経験や力量が優れている者から，指導助言を受けることを「スーパーバイズ」という。対人援助職としての力量向上のためには，S.E.N.S は，S.E.N.S-SV からスーパーバイズを受けて，自らの対人援助職としての資質向上に努めなければならない。手続きとしては，スーパーバイズを受けたい S.E.N.S-SV にアポイントを取り，指導助言を受ける。依頼を受けた S.E.N.S-SV は，秘密が守れる場所・時間を設定し，必要な情報等を指示してスーパーバイズを行う。

　これに対して「コンサルテーション」は，対象の子どもに異なった立場で関わっている専門家同士が子どもに関する方針を対等の立場で検討することである。「チーム学校」といわれるような，子どもに関わる複数の教師（担任，養護教諭，特別支援教育コーディネーター等），スクールカウンセラー，スクールソーシャルワーカーは，それぞれ専門領域が異なるが対等である。S.E.N.S が巡回相談などで学校に関わる際の基本はコンサルテーションである。子どもの日常生活の状態をよく知っており，さらに実際の日常的な支援を行うのも学校関係者である。相手に対する敬意を忘れてはならない。

4．研究者としての倫理

　S.E.N.S としての支援活動によって得た知見を論文として発表することは，自らの実践を振り返り総括するだけでなく，特別支援教育の発展にも寄与し社会的にも貢献できる。研究を行う際には，研究参加者の人権に配慮し，研究倫理を遵守しなければならない。

　大学などの研究機関と，学校などの公的機関では，研究倫理の性質は異なる。大学や研究所の場合は，人を対象とする研究に関して，機関内の倫理審査のルールに従って手続きを踏む必要がある。

　一方，学校などの公的機関の場合，大学等と異なり，利用者は研究の対象となることを前提としていない。研究の対象にすること自体が，子どもや保護者の状態にマイナスの影響を与える可能性がある場合は，その研究に取り組んではならない。また，研究に取り組む際には，所属長の許可が必要である。特定の個人を対象とせず，学校教育の一環として取り組む場合は，所属長の裁量の範囲内であるとして，個々の保護者の承諾を必要としないことがある。

1）研究目的の意義

　研究目的が，現在あるいは将来的に研究参加者の利益になるものでなければならない。研究参加者には研究目的とその意義を説明し，承諾を得ていることが必要である。障害や年齢などにより，本人に承諾を得ることができない場合は，保護者または後見人の代諾が必要である。

2）研究方法

　研究目的を達成するために適切な方法を採用しているかどうか，またその方法が研究参加者に苦痛や不利益をもたらすことがないか確認しなければならない。

3）研究への参加について

　研究参加者の，研究への参加は自由意思によるものであること，途中でも参加の辞退が可能であり，辞退によって不利益が生じないことを事前に説明し，同意を得なければならない。研究者と研究参加者との間に自由に拒否できない関係がある場合は（たとえば主治医と患者，担任と生徒等），参加対象としない。研究に参加するかどうかが授業の成績に影響する，といった利害関係が生じる（あるいは研究参加者がそう感じる）ことは避けなければならない。

4）研究成果の公表

　研究成果の公表には，学術的な公正さと社会的責任が求められる。研究参加者の個人情報を扱う場合は，人権に配慮しプライバシーが侵害されないよう細心の注意を払う必要がある。他者の研究成果を参照する場合は，必ず出典を明記する。データの改ざんや捏造，他者の研究のひょう窃は許されない。同じ論文を複数の学会に投稿することは，二重投稿となるので行ってはならない。学会誌の「投稿規定」「編集規定」には，論文執筆に関する基本的なルールや書き方の詳細が示されているので，規定に従って執筆する。

5）秘密保持と記録の保管

　業務上知り得た個人情報や事項については，守秘義務がある。この守秘義務は，S.E.N.Sを辞めた後も，同様である。自らが漏らさないことは当然だが，対象者や対象学校等の関係資料の保管に関しても，個人情報の保護に努め，不用意に他者の目に触れることのないように，厳重に管理しなければならない。また，対象者や対象学校等の記録は5年間の保存が義務づけられている。異動や退職などにより職務から離れる際には，記録の管理に十分留意しなければならない。

違反の申告が発生した際には，倫理委員会の調査・裁定を受ける。

5．インターネット時代の倫理

　COVID-19（コロナウイルス感染症2019）の感染拡大に端を発したパンデミックにより，私たちの生活に多くの制限が生じた。それに伴い，社会のデジタル化が急速に発展し，学会や研究集会等がオンラインで実施されることが増えた。

　オンラインでの研究・実践発表は，対面とは異なる倫理的配慮が必要となる。重要な配慮点のひとつは，「**インターネット上に拡散した情報は消すことができない**」という点である。S.E.N.Sは発達障害に関連したデリケートな個人情報を扱い，研究・実践成果として発表することがある。オンラインでの学会や研究集会等では，発表された内容を撮影・録音することを禁じているが，視聴している個々の状況までは管理できない。また，発表抄録はデータとして配布されるので，コピーが可能である。したがって，オンラインでの研究・実践発表は，情報拡散のリスクを前提として準備しなければならない。事例について発表する際には，対象者に対して，オンラインでの発表であることのリスクを説明した上で同意を得なければならない。個人が特定されないように匿名化することはいうまでもない。

　オンラインでの公表に際して，著作権についての配慮も必要である。学校の教育利用として限定的に認められていても，「公衆送信」については認められていないものが多々ある。著作権フリーとなっているイラスト・画像等についても，オンラインでの利用は除外されている場合があるので十分に確認が必要である。学会発表や原稿作成に際し，他者が作成した教材の写真を用いることも著作権の侵害に当たる。個人情報の保護と同様，著作権についても留意されたい。

6．倫理についてのまとめ

　いかなる支援行動も研究も，すべては子どもの現在及び将来の利益につながるものでなくてはならない。人権への配慮は当然のことだが，S.E.N.Sには，守秘義務など職業上の倫理についても十分に理解し，自らの行動を律することが求められる。巻末資料にある「特別支援教育士倫理綱領」「特別支援教育士倫理基準」を遵守し，S.E.N.Sとして活躍していただきたい。なお，「特別支援教育士倫理綱領」「特別支援教育士倫理基準」は，時代の変化に応じて改定される。一般財団法人特別支援教育士資格認定協会のウェブサイトで，最新のものを確認されたい。

〔引用文献〕

　　下司昌一（2007）：D-I S.E.N.Sの役割と倫理．一般財団法人特別支援教育士認定協会（編）：特別
　　　　支援教育の理論と実践Ⅲ 特別支援教育士（S.E.N.S）の役割・実習．金剛出版，pp.13-30.

　　金沢吉展（2006）：臨床心理学の倫理を学ぶ．東京大学出版会，p.70.

　　文部科学省（2021）：特定分野に特異な才能のある児童生徒に対する学校における指導・支援の在り
　　　　方等に関する有識者会議 論点整理．

A-2
特別支援教育概論Ⅰ：発達障害の理解

【概要】.....................障害の捉え方についての基本的理念の変遷と動向を明らかにする。「発達
障害：学習障害（LD/SLD），注意欠如・多動症（ADHD），自閉スペクト
ラム症（ASD），発達性協調運動症（DCD）等」について，その用語の歴
史的変遷と動向，定義について明らかにするとともに，基本的な特性につ
いて述べる。近年，「障害」という捉え方からニューロダイバーシティ（脳
の多様性）という捉え方に変わりつつある。ギフテッドや 2E といった才
能という側面からの捉え方についても解説する。発達障害のある児童生
徒に対して，状態像・必要な支援を中心に，特別支援教育の対象をめぐる基
本的事項について解説する。

【キーワード】...........発達障害：学習障害（LD/SLD），注意欠如・多動症（ADHD），自閉スペ
クトラム症（ASD），発達性協調運動症（DCD）等／ ICF（包括モデル）
／ニューロダイバーシティ（脳の多様性）／ギフテッド／ 2E

【到達目標と評価】.....①障害の捉え方についての基本的理念の変遷と動向について説明できる。
②「発達障害：学習障害（LD/SLD），注意欠如・多動症（ADHD），自閉
スペクトラム症（ASD），発達性協調運動症（DCD）等」を概観し，定
義と状態像，近接領域との関係について説明できる。
③「発達障害」から生じる二次的な問題を具体的に挙げることができる。
④「発達障害」の学習・行動面への支援の基本方針について述べることが
できる。

A-2-1　発達障害とは何か

　「発達障害」ということばを耳にしたとき，どのような状態像がイメージされるだろうか。
多くの人は，LD，ADHD，ASD などの障害名やその特性を思い浮かべるだろう。しかし，こ
の後述べるように，発達障害の概念は必ずしも確定したものとはいえず，また，分野によっ
てその指し示す範囲も異なっている。本節ではまず，障害とは何かについて論じ，それをも
とに発達障害の概念を概観していきたい。

1. 障害とは何か

1）これまでの障害観

　障害のある人たちの教育と福祉は 19 世紀に始まり，20 世紀に本格化して今日に至ってい
る。しかしながら，その歴史の中で，あまり変わらなかったことがある。それは，障害をど
う捉えるかという点で，長きにわたって障害は「個人の属性」とみなされ，また，「目が見え
ない，耳が聞こえない，身体が不自由，知的な遅れがある」といった状態として，単層的に
捉えられてきた。

　こうした障害の捉え方が大きく変わるきっかけとなったのは，1980 年に公表された**世界保**

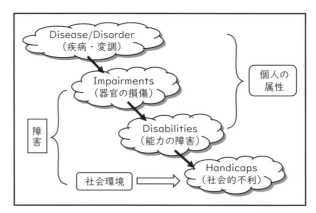

図 A-2-I　国際障害分類（ICIDH）（WHO, 1980）

健機関（World Health Organization : WHO）の**国際障害分類**（International Classification of Impairment, Disability and Handicap : ICIDH）である。図 A-2-I のように，ICIDH では，障害を次の 3 つのレベルで説明している。

①インペアメント（impairment）：脳を含む身体器官の損傷や形態の異常など，生物学的レベルで生じている障害。
②ディスアビリティ（disability）：話しことばが聞き取れない，自力で歩けない，知的機能が低下しているなど，インペアメントから生じる能力的な面での障害。
③ハンディキャップ（handicap）：ディスアビリティに対する物理的障壁の存在（例：車椅子と段差）や周囲の理解・配慮の不足などから生じる社会生活上の不利。

　この ICIDH の捉え方は，「障害」という概念の中に生活環境や周囲の人たちの接し方という社会的要素を取り入れた点で，1980 年当時としては画期的なものであったが，全体としてはまだ，「障害は個人に属するもの」というニュアンスが色濃く残っていた。

2) 新たな障害観（WHO の ICF）

　「障害は個人に属するもの」という長きにわたって続いてきた障害観を決定的に変えたのは，WHO が 2001 年に公表した**国際生活機能分類**（International Classification of Functioning, Disability and Health : ICF）である。今日では，この ICF の障害の捉え方が，国際的なスタンダードになっているといってよいだろう。

　図 A-2-2 のように，ICF には「生活機能」，「背景因子」という 2 つの領域があり，前者には「健康状態」と「心身機能・身体構造」，「活動」と「参加」，後者には「環境因子」と「個人因子」という構成要素がある。各要素はさまざまな領域からなり，領域はさらにカテゴリーに分かれ，それが分類の単位となる。そして，各々のカテゴリーごとに評価点を与え，個人の健康状況と健康関連状況を記録することができる。

　ICIDH から ICF への改訂は，第 I に，障害をマイナスのものと決めつけず，生活機能と

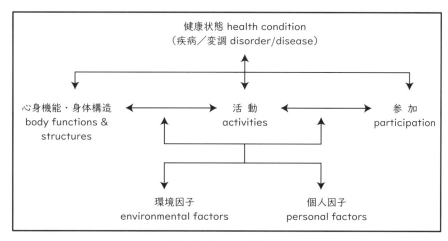

図 A-2-2　国際生活機能分類（ICF）（WHO, 2001）

いうプラス面から見ようとしていること。第 2 に，「個人と環境の相互作用」の視点から障害を捉えようとしていること。第 3 に，障害の本質を「参加と活動の制限・制約」としていること，の 3 点にある。言い換えれば，ICF は「障害は個人の中だけでなく，周囲の人たちや社会との関係の中にある」との観点に立つもので，これを「障害の包括モデル」と呼ぶ。

　現行の法制度などは，この包括モデルの中の社会の部分に焦点を当てた「障害の社会モデル」を踏まえて整えられている。2006 年に国連総会で採択された「障害者の権利に関する条約」（略称：障害者権利条約），我が国で 2016 年に施行された「障害を理由とする差別の解消の推進に関する法律」（略称：障害者差別解消法）や「改正発達障害者支援法」などはすべて，この「障害の社会モデル」に基づいている。

　障害のある人（子ども）の支援で特に重要なことは，障害の本質を「参加と活動の制限・制約」とする観点である。障害のある人（子ども）の社会参加と社会における活動の制限・制約の状態は，環境のあり方（バリアフリーかどうか）や個人を取り巻く状況（適切なサポートの有無）によって大きく変化するし，障害の程度（軽重）さえも環境によって変化するということを支援者は知っておく必要がある。そして，このことは，S.E.N.S が目指す「個のニーズに応じた支援」にも直結することなのである。

3)「障害」という漢字表記の問題

　我が国ではこれまで，disorder, impairment, disability, handicap といった語をすべて「障害」と訳して区別せずに用いてきた。そうした訳語上の問題に加えて，近年，「障害」という漢字表記それ自体を不適切とみなす人も多くなっている。

　「障害」は本来「障碍」と表記するが，「碍」が常用漢字ではないため，便宜的に「害」の字が用いられてきた経緯がある。障害者差別解消法の施行に伴い，「害」の字を避けて，「障がい福祉課」のように平仮名書きする地方公共団体も増えてきた。また，これとは別に，「碍」の字を常用漢字に入れるべきだと考える人もいる。法律用語や専門用語としては，まだ「障害」の表記が用いられているが，漢字使用に関する論議があることは知っておく必要がある。

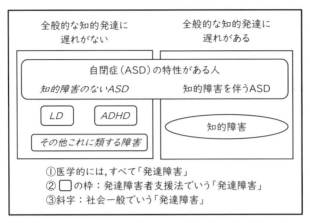

図 A-2-3　分野によって異なる「発達障害」の範囲

2. 発達障害について

1) これまでの経緯

　日本LD学会の『LD・ADHD等関連用語集［第4版］』(2017)では，発達障害(developmental disabilities) の定義について，「統一された定義は現時点では存在しない」と述べている。実際，図 A-2-3 のように，「発達障害」という用語が指し示す範囲は，医学，法律，社会一般（マスメディアなど）で異なっている。

　発達障害が公的に論じられたのは，米国連邦議会が 1970 年に制定した法律 PL91-517 からといわれている。そこでは，精神遅滞，脳性麻痺，広汎性発達障害，てんかん等多様な状態が含まれていた。

　医学領域では，1987 年に米国精神医学会の示す診断基準である DSM-III-R に発達障害(Developmental Disorders) の概念が導入され，精神遅滞，広汎性発達障害，特異的発達障害が挙げられた。その後，何度かの改訂を経て，最新版の DSM-5 (2013) では，「神経発達症群／神経発達障害群」(Neurodevelopmental Disorders) という発達障害に関する診断カテゴリーが新設された。そして，精神遅滞が「知的能力障害」（知的発達症／知的発達障害）へ，広汎性発達障害が「自閉スペクトラム症／自閉症スペクトラム障害」へと名称変更された他，「社会的コミュニケーション症／社会的コミュニケーション障害」の新設などがあった。表 A-2-1 に，神経発達症／神経発達障害群に属する下位診断カテゴリーを示しておく。

　DSM-5 の他，我が国で広く用いられている医学領域の診断ツールに WHO の国際疾病分類(International Statistical Classification of Diseases and Related Health Problems：ICD) がある。ICD 第 10 版（ICD-10）によれば，「発達障害」は，①発症は常に乳幼児期あるいは小児期であること，②中枢神経系の生物学的成熟に深く関係した機能発達の障害あるいは遅滞であること，そして，③精神障害の多くを特徴づけている寛解や再発が見られない安定した経過であることとされている(WHO, 1992)。なお，ICD は，2019 年に第 11 版である ICD-11 が公表され，日本語版の公刊が待たれているところである。ICD-11 では，DSM-5 と同様の神経発達症群のカテゴリーが新設され，その下位分類も DSM-5 とほぼ同

表 A-2-1 DSM-5 の神経発達症／神経発達障害群
（Neurodevelopmental Disorders）

- 知的能力障害群
- コミュニケーション症群／コミュニケーション障害群
- 自閉スペクトラム症／自閉症スペクトラム障害
- 注意欠如・多動症／注意欠如・多動性障害
- 限局性学習症／限局性学習障害
- 運動症群／運動障害群
- 他の神経発達症群／他の神経発達障害群

様のものとなっている。

2）発達障害者支援法における定義

　発達障害者支援法は，2004（平成 16）年 12 月に成立し，2005（平成 17）年 4 月に施行された法律である。本法律の目的は，発達障害を早期に発見し，発達支援を行うことに関する国及び地方公共団体の責務を明らかにし，学校教育における発達障害者への支援，発達障害者の就労の支援，発達障害者支援センターの指定などを定めることにより，発達障害者の自立・社会参加に資するようその生活全般にわたる支援を図り，もってその福祉の増進に寄与することである。

　本法律では，発達障害を「自閉症，アスペルガー症候群その他の広汎性発達障害，学習障害，注意欠陥多動性障害その他これに類する脳機能の障害であってその症状が通常低年齢において発現するものとして政令で定めるものをいう」と定義している（第 2 条）。ここで注意しておきたいのは，本法律が定義する発達障害には，知的障害が含まれていないことである。これは，知的障害に対しては知的障害者福祉法によってすでに支援が定められているという法律的な理由による。

　本法律は，施行後 10 年を経た 2016（平成 28）年 5 月の改正により，さまざまな変更が加えられた。特に，発達障害の定義については，次のように変更されている。

　　（2005 年法）この法律において「発達障害者」とは，発達障害を有するために日常生活又は社会生活に制限を受ける者をいい，「発達障害児」とは，発達障害者のうち 18 歳未満のものをいう。（第二条 2）
　　（2016 年改正法）この法律において「発達障害者」とは，発達障害がある者であって発達障害及び社会的障壁により日常生活又は社会生活に制限を受けるものをいい，「発達障害児」とは，発達障害者のうち 18 歳未満のものをいう。（第二条 2）

　また，第二条 3 では，第二条 2 に挙げた「社会的障壁」を「発達障害がある者にとって日常生活又は社会生活を営む上で障壁となるような社会における事物，制度，慣行，観念その他一切のものをいう」と規定し，さらに，基本理念を述べた第二条の二 2 では，「発達障害者の支援は，社会的障壁の除去に資することを旨として，行われなければならない」としている。この改正内容は，新たな障害観の項で述べた「障害の社会モデル」に基づくものであ

り，同じ 2016 年に施行された障害者差別解消法を下敷きとしたものである。

3）知的な遅れのない発達障害をめぐる問題

　発達障害については，先に「統一された定義は現時点では存在しない」と述べたが，LD，ADHD，高機能自閉症・アスペルガー症候群といった知的な遅れのない発達障害の定義には，分野によって定義のしかたが異なることに加えて，そもそも発達障害は「障害」なのかという根本的な問題も存在する。それは，知的な遅れのない発達障害の場合，社会生活で生じる困難がその人が暮らす社会のあり方によって大きく左右されるからである。

　たとえば，世界には国民の識字率が30％に満たない国があるが，こうした国にディスレクシア（dyslexia：読み障害）の人がいたとしても，社会生活に特に困難は生じないだろう。また，我が国でも，国民の大半が第一次産業に従事していた時代には，今ほど発達障害の特性が問題にならず，日常生活に困難を生じない発達障害者も多くいたと推測される。この問題は，後で述べるニューロダイバーシティ運動とも関係することで，知的な遅れのない発達障害の場合，その人に生じる困難に社会のあり方が大きく影響することをよく理解しておく必要がある。

A-2-2　発達障害の歴史

1．知的な遅れのない発達障害への気づき

　我が国では 1980 年代まで，LD，ADHD，高機能自閉症・アスペルガー症候群といった知的な遅れのない発達障害の存在は認知されていなかった。1990 年代に入って，全国 LD 親の会の結成や日本 LD 学会の創設が推進力となって，ようやく LD 支援の必要性が認知され始めたが，ADHD，高機能自閉症・アスペルガー症候群などの名称はまだ教育関係者に知られておらず，「LD とその周辺の子どもたち」と総称される状態であった。また，2000 年代の初期，これらの子どもたちに対して「軽度発達障害」という語が用いられた時期もあったが，「軽度」という語句が「困難が少ない」と誤解されるリスクがあることから，今は使われていない。本稿では以下，特に断りのない限り，「発達障害」という語を「知的な遅れのない発達障害」を指して用いることとする。

2．米国における発達障害への対応の歴史

　全般的な知的発達に遅れがないにもかかわらず読み書きや算数など教科学習に著しい困難を示す LD（Learning Disabilities：学習障害）は，本来，教育的な概念である。この用語を初めて使用したのは，当時 special education（直訳すれば特別教育）の中心的存在であったサミュエル・カーク（Kirk, S.A.）で，1963 年のこととされている。その後，LD という用語は広く世界で用いられるようになっていった。

　米国ではその後，1975 年に全障害児教育法（PL94-142：現 IDEA 法）が施行され，通常の学級で学ぶ特別な支援を必要とする子どもたちが正式に special education の対象に加えられた。その結果，就学児童生徒の 10％以上が特別な支援を受けるようになったが，LD はその約半分を占め，米国の special education の主要な対象となるに至っている。

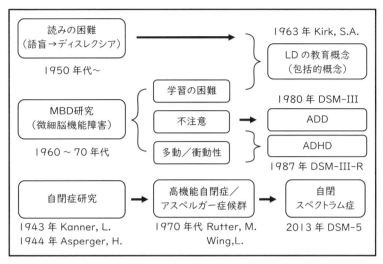

図 A-2-4 知的な遅れのない発達障害をめぐる歴史的流れ

　LD という用語が登場するまでの歴史を振り返ると，そこには大きく 2 つの流れが存在していた。1 つは MBD（Minimal Brain Dysfunction：微細脳機能障害）という医学的診断用語（注：現在は使われていない）に代表される，軽度の脳の機能障害に関する研究の系譜である。もう 1 つは，英語圏で着目されていた，視力や知的能力に問題がないにもかかわらず文字を読むことが困難な「語盲」（word blindness）からディスレクシアにつながる流れである（上野，2016）。

　前者の歴史をみると，1940 年代から 50 年代の脳損傷（injure, damage）児の研究が土台となり，60 年代から 70 年代にかけて MBD という用語が主流となっていった。この injure や damage から dysfunction への変化の背景には，ごく軽微な脳の障害の場合，損傷の有無を医学的に明らかにすることは困難であり，行動レベルの機能不全として捉えるべきであるという考えがあった。MBD についてもその主要症状は学習困難と多動性という 2 つの症状で説明されたが，教育領域における LD 概念の登場とともに，学習の問題とは別に，行動面を捉える診断用語として，MBD から過動（hyperkinetic）症候群（ICD-9,1977）を経て，多動性障害（ICD-10,1992），ADHD（DSM-IV-TR, 2000）などへと変化し，今日に至っている（図 A-2-4）。

　もう 1 つの歴史的系譜であるディスレクシアは，LD 概念の普及とともに，その主要な臨床タイプとして，より広い LD のカテゴリーに吸収されていった。しかし，LD の中核タイプとしてディスレクシアを重視する傾向は，米国だけでなく，文字表記にアルファベットを使用するヨーロッパ諸国に根強く存在している。

　以上 2 つの流れに加えて，発達障害をめぐる歴史で重要なのが自閉症研究の流れである。自閉症という語の使用は，1943 年に米国の精神科医レオ・カナー（Kanner, L.）が「早期幼児自閉症」という名のもとに 11 例の症例報告を行ったことに始まる。翌 1944 年，オーストリアの小児科医ハンス・アスペルガー（Asperger, H.）は，カナーとはまったく別に「自閉性精神病質」の名称で比較的知的能力の高い症例を報告したが，ドイツ語の論文であっ

たことや第二次大戦の真っ最中ということもあって，当時はまったく注目されなかった。1970年代以降，自閉症が脳の機能障害に起因する発達障害であることが明らかにされるとともに，知的な遅れのない自閉症も多く存在することが知られるようになり，ローナ・ウイング（Wing, L.）らによるアスペルガーの再評価や高機能自閉症という用語の普及へとつながっていった。現在では，知的な遅れのない自閉スペクトラム症（ASD）の子ども（人）たちは，発達障害支援における中心的存在のひとつとなっている。

3. 日本における発達障害への対応の歴史

1）LDの認知から特別支援教育へ

　米国では1960年代初頭からLDが認知され，その教育的支援が活発に行われていたのに対して，1960～70年代の日本では，障害の重い子どもたちの教育に重点が置かれ，盲・聾・養護学校（現特別支援学校）や特殊学級（現特別支援学級）の量的拡充が目指されていたため，通常の学級で学ぶ「軽度心身障害児」（注：弱視，難聴，情緒障害，軽度の肢体不自由や知的障害など。この時代にはまだ発達障害の存在は知られていない）への支援がなおざりの状態であった。1978（昭和53）年の「特殊教育に関する研究調査会」の報告（文部省，1978）では，「軽度心身障害児」への支援システムとして「通級又は巡回による指導」が提言されていたが，この先進的な提言は，時代の雰囲気の中で，教育行政には反映されないままになってしまう。そのため，1980年代の10年間，軽度な障害への対応は十分に行われず，のちに「空白の10年」といわれるようになる。

　「空白の10年」の後，現在の特別支援教育・発達障害支援につながる最初の変化は，1992（平成4）年に生じた。この年，「通級学級に関する調査研究協力者会議」の報告（文部省，1992）が行われ，新しい制度として，学級定数に縛られない通級指導教室の設置が勧告された。この報告を受けて，文部省（当時）は，1993（平成5）年からの5年計画で全国の小・中学校に通級指導教室を設置し，それによって，通常の学級で学ぶ軽度な障害のある児童生徒への支援が本格化した。さらに本報告では，「学習障害（LD）への対応に関する基礎研究の必要性」も指摘されたが，これは，国（文部省）がLDの存在を初めて認めたことを意味するものであった。

　本報告の3カ月後（1992年6月）に，文部省は「学習障害及びこれに類似する学習上の困難を有する児童生徒の指導方法に関する調査研究協力者会議」を設置し，それまで教育支援の対象外であったLD児の指導の検討に入った。この会議は学習障害の定義をめぐって難航し，中間報告が行われたのが1995（平成7）年3月，最終報告は1999（平成11）年7月と，7年の歳月を要したが，その報告内容は今日の特別支援教育の礎となる重要なものであった。

　報告内容を見ると，中間報告では我が国初のLDの定義が示され，最終報告では，定義がより平易なものに改められるとともに，「学習障害の判断・実態把握基準（試案）」が示され，さらに学習障害の指導体制モデルとして，「校内委員会」「専門家チーム」「巡回相談」のシステムが提示された。ここに，今日の特別支援教育の原型が芽生えたといえる。

2）特別支援教育・発達障害支援への主な動き

　その後の特別支援教育と発達障害支援の制度的な変遷については，「A-3 特別支援教育概

表 A-2-2　通常の学級にいて，知的発達に遅れはないものの学習面又は
行動面で著しい困難を示す児童生徒の割合（文部科学省，2012b）

	推定値（95%信頼区間）
学習面又は行動面で著しい困難を示す	6.5%（6.2%～6.8%）
学習面で著しい困難を示す	4.5%（4.2%～4.7%）
行動面で著しい困難を示す	3.6%（3.4%～3.9%）
学習面と行動面ともに著しい困難を示す	1.6%（1.5%～1.7%）

論Ⅱ：特別支援教育のシステム」で詳しく取り扱うので，ここでは，2000 年度から今日に至るまでの主な事項をリストとして挙げておく。

① 2001 年 1 月：文部科学省「特殊教育課」を「特別支援教育課」に変更。「21 世紀の特殊教育の在り方について（最終報告）」で，ADHD と高機能自閉症への対応の必要性を明記。

② 2003 年 3 月：「今後の特別支援教育の在り方について（最終報告）」で，ADHD と高機能自閉症の定義と判断基準が示される。また，「通常の学級に在籍する特別な教育的支援を必要とする児童生徒に関する全国実態調査」の結果（6.3%）が公表される。

③ 2004 年 1 月：「小・中学校における LD（学習障害），ADHD（注意欠陥／多動性障害），高機能自閉症の児童生徒への教育支援体制の整備のためのガイドライン（試案）」が示され，体制整備のモデル事業が全国で始まる。

④ 2005 年 4 月：発達障害者支援法の施行。

⑤ 2006 年 4 月：学校教育法施行規則の一部改正により，LD，ADHD が通級による指導の対象となる。

⑥ 2007 年 4 月：学校教育法の一部改正により，特別支援教育の制度が始まる。

⑦ 2012 年 7 月：中央教育審議会特別委員会「共生社会の形成に向けたインクルーシブ教育システム構築のための特別支援教育の推進（報告）」。

⑧ 2012 年 10 月：10 年ぶりに実施された「通常の学級に在籍する発達障害の可能性のある特別な教育的支援を必要とする児童生徒に関する調査」結果（6.5%）の公表。

⑨ 2016 年：4 月に障害者差別解消法の施行，5 月に改正発達障害者支援法の施行。

⑩ 2018 年 4 月：高校における通級による指導の制度化。

3）知的な遅れのない発達障害の出現率

　1998 年の時点で，特別な教育支援を受けている児童生徒の割合を日米で比較すると，米国が 10.6% であるのに対して，日本は 1.17% にとどまっていた。この大きな違いは，主に，通常の学級にいる子どもが支援の対象となっているかどうかによるものであった。

　特別支援教育への流れの中で，文部科学省は，「通常の学級に在籍する特別な教育的支援を必要とする児童生徒に関する全国実態調査」（文部科学省，2003b），及び，10 年後に，「通常の学級に在籍する発達障害の可能性のある特別な教育的支援を必要とする児童生徒に関する調査」（文部科学省，2012b）を実施した。その結果を，表 A-2-2 に示す。

　この 2 回の調査結果に示された「知的発達に遅れはないものの，学習面又は行動面で著しい困難を示す児童生徒の割合」は，6.3％，6.5％とほぼ同様であった。本調査は通常の学級の担任に対する質問紙調査であるため，この割合がイコール発達障害の出現率とはいえないが，学習面や行動面で著しい困難を示す児童生徒が通常の学級内に 2 〜 3 名は存在するという結果は，学校教育関係者に大きな衝撃を与えるとともに，通常の学級における特別な支援の取組の必要性の認識を広めるものであった。

　ちなみに，2020（令和 2）年度の文部科学省の統計資料を見ると，全児童生徒のうち特別支援学校で学ぶ者が 0.8％，特別支援学級で学ぶ者が 3.1％となっており，これに調査結果の 6.5％を加えると全体で 10.4％となり，米国で特別な支援を受けている子どもの割合とほぼ同じになる。

　なお，2022（令和 4）年 12 月，文部科学省より，全国の公立の小学校・中学校・高等学校の児童生徒 88,516 人（回収率 84.6％，74,919 人）を対象とした，「通常の学級に在籍する特別な教育的支援を必要とする児童生徒に関する調査結果」が公表された。第 3 回目となるこの調査結果では，学習面又は行動面で著しい困難を示す児童生徒の割合は，小・中学校 8.8％，高等学校 2.2％とされ，過去 2 回の調査の 6.3％，6.5％よりも増加している。増加の理由としては，あくまで推測ながら，①今まで見過ごされてきた困難のある子どもたちに，より目が向けられるようになったこと，②テレビゲームやインターネット・スマートフォンの普及などの生活環境の変化の影響，の 2 つが挙げられている。本調査は，あくまで「通常の学級にいて学習面や行動面に困難を示す児童生徒」に関するものであり，発達障害や知的障害の割合を推定するものではない点には注意が必要であるが，特別支援教育の体制整備と個のニーズに応じた配慮・支援の一層の充実の必要性を示すものと言えよう。

　LD，ADHD，ASD の出現率に関する調査は，米国をはじめ諸外国でも実施されているが，米国での調査によれば，1970 年代には 2％程度と推計されていた LD は，現在では全児童生徒の 5％を超える 260 〜 270 万人に上っている。また，ADHD についても 3 〜 5％と推定されている。ASD の出現率については，かつては 0.1％程度とみなされていたが，知的な遅れのない ASD の存在が広く知られるようになったことで，出現率はもっと高いと考えられている。

A-2-3　LD（学習障害）概論

1. LD の定義

1）定義の特徴

　発達障害の多くを占める LD，ADHD，ASD を比較すると，ADHD や ASD が医学的に定義・診断されるのに対して，LD（Learning Disabilities）は，教育的概念として捉えられてきた歴史がある。文部科学省が，LD について，医学で用いられる「診断」ではなく「判断」ということばを用いるのも，そうした歴史的背景に基づいている。

　教育や心理の領域では，安易に医学的な診断名を用いて，子どもの状態にただ名前をつけただけで，その子のことがわかったような気になるのは，避けなければならないことである。その一方，発達障害が中枢神経系の機能障害から生じると推測されている以上，医学的な定

義についても，教育的定義との違いを含めて知っておく必要がある。

2）文部（科学）省による定義（1999 年）

　前節で述べたように，我が国における LD の定義は，7 年の期間にわたる検討の末にまとめられた（文部省，1999）。以下が，その教育的定義である。

　　学習障害とは，基本的には全般的な知的発達に遅れはないが，聞く，話す，読む，書く，計算する又は推論する能力のうち特定のものの習得と使用に著しい困難を示す状態を指すものである。学習障害は，その原因として，中枢神経系に何らかの機能障害があると推定されるが，視覚障害，聴覚障害，知的障害，情緒障害などの障害や，環境的な要因が直接の原因となるものではない。

　この定義のポイントは，①全般的な知的発達に遅れがない，②聞く，話す，読む，書く，計算する，推論するなどの力に困難がある（認知的偏りの存在），③中枢神経系（脳）の機能障害が原因と推測される，④他の障害や環境的要因では説明できない，の 4 点である。

3）米国における経緯

　米国では 1960 年代に LD の概念が提唱されたが，この時代の教育界では，それまで支援の対象となっていなかった子どもたちを広く掬い上げることが大切との考えが強く，厳密な定義よりも，支援を必要としている子どもを取りこぼさないことが重視されていた。

　1980 年代後半になって，各州バラバラだった定義のコンセンサスづくりの機運が高まり，最終的には「全米 LD 合同委員会」（National Joint Committee on Learning Disabilities：NJCLD）が，1990 年に以下の定義をまとめた。この定義は世界に広く影響を与え，文部科学省の定義も，基本的にこの定義を下敷きとしている。

　　学習障害とは，聞く，話す，読む，書く，推理する，あるいは計算する能力の習得と使用に著しい困難を示す，さまざまな障害群を総称する用語である。これらの障害は個人に内在するものであり，中枢神経系の機能障害障害によると推定され，障害を通して起こる可能性がある。

4）医学的定義と教育的定義の違い

　医学領域の診断に広く用いられている DSM-5（APA，2013）では，知的発達に遅れがないにもかかわらず，読み書きや算数に著しい困難を示す子ども（人）たちを，「限局性学習症／限局性学習障害」（Specific Learning Disorder：SLD）と定義（診断）する。DSM-5 の診断項目の詳細については「A-4 発達障害と医療」を参照されたいが，医学的定義と教育的定義の大きな違いは，教育的定義が「聞く，話す，読む，書く，計算する，推論する」の困難を述べているのに対して，医学的定義では困難の領域が「読む，書く，計算する，数学的推論」に限定され，「聞く・話す」の困難は別に「コミュニケーション症群／コミュニケーション障害群」とされている点にある。また，教育的定義の英語が "Learning Disabilities"，医学的定義の英語が "Learning Disorder" と異なっている点にも注意しておきたい。

2. LD の判断

1）文部科学省の判断基準（1999 年）

　1999（平成 11）年の定義の際に文部（科学）省が示した LD の判断基準は，次の 4 つの
ポイントからなり，これらを併せて総合的に判断を行うとされている。

　　①知的能力の評価（全般的な知能の遅れがないことの確認や，個人内の認知能力のアン
　　　バランスがあるかどうか）。
　　②国語・算数等の基礎能力の評価（学習能力と学習の達成のアンバランス）。
　　③医学的な評価（中枢神経系の機能障害のサインが見られるかどうか）。
　　④他の障害や環境的な要因から説明できないこと。

2）個人内差の 3 つのタイプ

　一人の子どもの中で，「どの能力が強く，どの能力が弱いか」という個人が有する能力間の
差を「個人内差」と呼ぶが，この個人内差には次の 3 つのタイプがある。

　　① WISC 等の心理検査で測定した認知能力と学習の達成度の間に見られる個人内差
　　　（心理検査の結果では正常範囲の知的発達であるのに，教科学習に著しい遅れが
　　　ある）。
　　②認知能力間に見られる個人内差（例：視覚的な情報の処理能力は年齢平均またはそ
　　　れ以上なのに，言語情報の処理がうまくできない）。
　　③学習の達成度間の個人内差（例：算数で，計算はできるのに文章題がわからない）。

　学校での学習に著しい困難を示す子どもがいた場合，このような個人内差の特徴の有無
が，その子が LD かどうかの判断の根拠となる。その点で重要となるのが，心理的アセスメ
ントと教育的アセスメントである。WISC-IV，WISC-V，KABC-II，DN-CAS などの心理
検査は，子どもの知的発達の全般的水準や個々の認知機能の状態を客観的に測定し，子ども
の認知特性を把握していく上で不可欠である。また，「LD 判断のための調査票」（LDI-R）
の結果や子どものノート，プリント，テスト，制作品に見られる特徴の分析などを通じた教
育的アセスメントも，子どもの特性を把握する上で非常に重要である。

　「アセスメント」というと，心理検査だけをイメージする人もいるが，子どもの特性や困
難の全体像を把握するためには，心理的アセスメントと教育的アセスメントが必要であり，
両者の結果を合わせて総合的に判断してこそ，真に効果的な支援につながるのだという点を
銘記しておいてほしい。

3）従来のディスクレパンシーモデルと近年の RTI モデル

　米国では，LD の判断にあたって，長らくの間ディスクレパンシーモデルが用いられてき
た。ディスクレパンシーモデルとは，知能検査の結果と学習の達成度の差から LD を見つけ
出そうとする伝統的な方法である。しかし，このモデルでは，子どもが LD と判断されたと
きには，すでに大きな学習の困難が生じてしまっているという問題があった。この問題を避

けるために新たに提唱されたのが，指導に対して子どもが反応（習得）しているかどうか
を捉えようとする RTI（Response to Intervention/Instruction）モデルである。このモ
デルは，子どもが就学したときから学習の達成度をモニターし，学習面のつまずきをリスク
段階から見つけ，つまずきが予想される場合には早期に適切な支援を実施していこうとする
もので，ディスクレパンシーモデルに代わるより適切なモデルとして，個別障害者教育法
（Individuals with Disabilities Education Act：IDEA）でも推奨されている。

3．LD の指導

　LD のある児童生徒の指導は，聞く，話す，読む，書く，計算する，推論するという 6 つの
領域のつまずきへの対応が中心となる。さらにその上で，これらの困難から生じる学習面，
行動面，生活面のつまずきへの対応が必要となる。具体的な指導内容については，「第Ⅱ巻
C. 指導」の各科目で詳しく論じるので，ここでは，指導の基本となるポイントについて述べ
たい。

　（1）**困難の原因の分析**：LD の指導でまず重要なのは，「なぜ，そのような困難が生
　　　じているのか」という困難の原因の分析とそれに基づく適切な指導の手立ての
　　　立案である。たとえば，漢字が書けないという問題ひとつをとっても，形態認
　　　知の困難，部分と全体の統合の困難，文字の意味理解の困難，微細運動の不器
　　　用さなど，さまざまな原因が考えられる。そうした困難の分析を行うことなく，
　　　ただ「がんばって，書き写し練習をしましょう」というだけでは，効果も上が
　　　らず，子どもにとっては苦行となるだけである。LD の指導では，何よりもまず，
　　　困難の原因の分析と困難の原因に応じた指導の手立てを考えたい。

　（2）**子どもの認知特性に応じた指導**：前述したように，LD 児とは，認知機能の個人
　　　内差がきわめて大きい子どもであるから，学習面の指導では，その子のどの能
　　　力が強く，どの能力が弱いかを考えて，強い力を学習に活かすことと，苦手な
　　　部分（能力）をどう補うか，または別の方法で代替するか（ICT 機器の活用な
　　　ど）を考える。

　（3）**併せ有する困難を考慮した指導**：LD 児が併せ有する困難には，ADHD など他の
　　　障害の重複と，学習面の困難から生じる二次的な問題（学習意欲の喪失，自己
　　　肯定感の低下など）の 2 つがある。前者に対してはその特性に応じた合理的な
　　　配慮が，後者に対しては学習指導の前に心理面へのアプローチが必要になる。

　（4）**適切な指導の場の選択**：指導を行う場は，指導の内容によって異なってくる。子
　　　どもの困難への対応は，通常の学級での担任の個別的配慮で可能なのか，補助
　　　教員や支援員の配置等のティームティーチングが必要なのか，それとも，通級
　　　指導教室のような個別的支援の場も用意すべきなのかを，個別の指導計画の立
　　　案にあたって検討する。

A-2-4　ADHD（注意欠如・多動症）概論

1. ADHD の定義

1）医学的な定義

　ADHD（Attention-Deficit/Hyperactive Disorder：注意欠如・多動症）は，医学領域における診断用語である（DSM-5）。ICD-10 では多動性障害（Hyperkinetic Disorders）と呼ばれていたが，新たに公刊された ICD-11 では，DSM とほぼ同じく，注意欠如多動症（Attention Deficit Hyperactive Disorder）という診断名が用いられている。ADHD は，LD や ASD とも重複しやすいことが知られている。

　DSM-5 における ADHD の診断は，いわゆる「行動的定義」で，①不注意症状 9 項目，②多動性／衝動性の症状 9 項目の診断項目リストから，①が 6 つ以上（17 歳以上なら 5 つ以上）あってそれが 6 カ月以上持続している，および／または②が 6 つ以上（17 歳以上なら 5 つ以上）あって 6 カ月以上持続している場合に，ADHD の医学的な診断がなされる。DSM-5 の診断項目の詳細については，「A-4 発達障害と医療」を参照されたい。

2）文部科学省の定義

　文部科学省（2003）は，DSM-IV-TR（2000）の診断項目を下敷きとして，ADHD を次のように定義している。

　　ADHD とは，年齢あるいは発達に不釣り合いな注意力，及び／又は衝動性，多動性を特徴とする行動の障害で，社会的な活動や学業の機能に支障をきたすものである。また，7 歳以前に現われ，その状態が継続し，中枢神経系に何らかの要因による機能不全があると推定される。

2. ADHD の指導

　我が国の学校関係者の間で，ADHD が広く知られるようになったのは 2000 年代に入ってからであるが，ほぼ同時期に始まった通常の学級における発達障害支援の取組で，真っ先に支援対象に挙げられたのが ADHD の子どもたちであった。それは，我が国の小・中学校の教育が，伝統的に一斉授業の形態を取り，子どもたち全員が同じ方法で学ぶことが求められていたからである。そうした学級・授業では，注意集中の困難や多動性・衝動性を示す ADHD の児童生徒は，いわゆる「困った行動」をする子として，非常に目立ちやすかった。

　ADHD 児への対応が課題となり始めた当初，学校・教師側の視点は，「いかに困った行動を減らすか，なくするか」という点に集中していたが，ADHD への理解が進むにつれて，ADHD 児の行動を問題にする前に，教室環境や授業の進め方，その中での教師の接し方など，周囲の側がまず変わる必要があるとの認識へと変わっていった。以下，学校・園における ADHD 児への支援のポイントを挙げておく。

　（1）**行動を客観的に捉える**：ADHD 児が示す「困った行動」への対応では，まず，ど

のような場面で，具体的にどのような行動が，どのくらいの頻度で生起するの
かを客観的に把握する必要がある。その際，行動が生じやすい場面だけでなく，
行動が生じにくいのはどのような場面なのか，「適切な行動」ができるのはどの
ような場面なのかも，合わせて観察する。

（2）**行動の原因を分析する**：ADHD 児が，周囲から見て「困った行動」をしてしま
うのは，なぜなのか。教室環境の問題なのか，周囲の接し方や反応のしかたによ
るものなのか，適切な行動が身についていないからなのか，など行動の原因を考
える。（1）（2）の取組にあたっては，応用行動分析の手法が有効である。応用
行動分析については，「第Ⅱ巻 C. 指導」の「C-6 行動面の指導」を参照され
たい。

（3）**まず周囲が変わる**：ADHD 児が示す行動面の問題に対しては，子どもを変えよ
うとする前に，まず周囲が変わることが大切である。それには，①教室環境の
整備（教室内の物理的刺激の量など），②わかりやすい指示・説明（簡潔なこと
ばや視覚的な手がかりの使用など），③課題の量と時間の調節，④「困った行
動」に対する教師の反応のしかた，などがある。

（4）**「適切な行動」を育てる**：子どもが「困った行動」をすると，周囲はその行動を
やめさせようとするが，注意したり叱ったりするだけでは効果がないことが多
いし，子どもの成長もない。大切なことは，子どもが「適切な行動」をしたと
きにすかさず褒め，適切な行動を増やしていくことである。回りくどいように
感じるかもしれないが，適切な行動が増えれば，困った行動は自然に減少する
と考える。適切な行動を育てる上では，ADHD 児に学級内で役割を与え，周囲
の子ども（人）たちから感謝される経験を積ませることも大いに役立つ。

（5）**医療との連携**（「A-4 発達障害と医療」参照）：ADHD に対しては，薬物療法が
大きな効果を示す場合もある。コンサータ，ストラテラなどの薬がすべての
ADHD に有効な訳ではないが，かなりの割合で効果が見られるので，教育支援
だけでは効果が上がりにくい場合，医療機関に相談することも考える。なお，薬
物療法は，薬が効いている間だけ症状を軽減するものであって，ADHD 自体を
「治す」ものではないこと，薬物療法の主眼は，薬の助けを借りて教育支援の効
果を上げることにある点を理解しておく必要がある。

A-2-5　ASD（自閉スペクトラム症）概論

1. ASD の定義

　ASD（Autism Spectrum Disorder：自閉スペクトラム症／自閉症スペクトラム障害）は，
ADHD と同様に，医学領域における診断用語である。DSM では，2010 年代の始めまで，自
閉症の特性がある人たちを広汎性発達障害（Pervasive Developmental disorders：PDD）
と総称し，その中に自閉性障害，アスペルガー障害，特定不能の広汎性発達障害などの下位
群を設けていたが，2013 年の DSM-5 から，これら 3 つをまとめて ASD とした。

　文部科学省は，特殊教育から特別支援教育への転換にあたって，指導・支援の新たな対象

として，LD，ADHD，高機能自閉症の3つを知的な遅れのない発達障害として挙げ（文部科学省，2003a，2004），高機能自閉症を次のように定義している。

> 高機能自閉症とは，3歳くらいまでに発症し，①他人との社会的関係の形成の困難さ，②ことばの発達の遅れ，③興味や関心が狭く特定のものにこだわることを特徴とする行動の障害である自閉症のうち，知的機能の発達の遅れを伴わないものをいう。また，自閉症は中枢神経系に何らかの要因による機能不全があると推定される。

ASDには，知的機能に遅れがある者とない者の両方があるが，この定義では，高機能自閉症とは，自閉症の診断基準に合致するもののうち，知的機能の程度が知的障害の範囲に入らないものを指す。かつて，「高機能」ということばが，「平均以上の高い知能」や「一般の人にはない優れた能力がある」と誤解されたこともあったが，高機能という語は，「知能検査の結果では，知的機能の遅れが認められない」という意味であることに留意されたい。

2. ASDの指導

1）ASDの指導・支援をめぐる経緯

ASDの教育の歴史は古く，我が国では，1960年代の後半から指導の取組が行われてきたが，自閉症が脳の機能障害に起因する発達障害であることが明らかになってからも，学校教育の領域では長きにわたって自閉症が「情緒障害」の範疇で取り扱われ，「情緒障害学級」の指導対象とされてきた。その結果，「情緒障害学級」で学ぶ児童生徒の約95％がASDの特性がある子どもという状態が続いていたが，2008（平成20）年になって小・中学校の学習指導要領解説で初めて「自閉症」と「情緒障害」が区別され，翌2009（平成21）年には「情緒障害特別支援学級」の名称が「自閉症・情緒障害特別支援学級」へと改められた。また，同じ年に，特別支援学校学習指導要領において，自立活動の新たな領域として「人間関係の形成」が設けられたが，これも自閉症の特性がある子どもの指導・支援を意識してのものである。

知的障害の有無にかかわらず，ASDは，他者とのコミュニケーションや社会的関係の形成に困難を示す固有・独立的な発達上の障害であり，知的障害教育や情緒障害教育とは異なる配慮・支援が必要であるが，そのことが教育行政に明示され始めたのは，ここ十数年のことなのである。

2）ASDの指導・支援のポイント

ヒトは社会を形成し，他者とさまざまにコミュニケーションしながら暮らす存在であるから，他者との関係の形成に困難があるASDの子ども（人）たちが学校・園生活や社会生活を送るためには，周囲の人たちの理解とさまざまなサポートが必要である。そうしたサポートの実際については，「第Ⅱ巻 C. 指導」の「C-2『聞く・話す』の指導」，「C-5 ソーシャルスキルの指導」で取り扱うので，ここではADHDの項と同様に，指導・支援の基本的なポイントを挙げておく。

（1）**ASDの特性を理解する**：ASDの子ども（人）たちには，①場面の見通しが立

てにくく，急なスケジュールの変更や自分の予想を超える事態で，混乱したり
パニックを起こしたりしやすい，②自分なりのやり方や手順へのこだわりを示
す（①とも関連），③感覚の過敏がある人が多く，一般の人には何でもないよう
な感覚刺激（特に音や感触，匂い）に強い不快を感じる，④他者の気持ちや考
えを推測したり場の雰囲気を理解したりすることが苦手で，相手の気持ちや都
合を考えずに行動してしまう，などの固有の特性がある。このことの理解なく，
定型発達の人と同じような接し方をしてしまうと，よかれと思って働きかけた
ことが「善意の押し売り」になり，支援者の意図とは裏腹に ASD の子ども（人）
を苦しめる結果になってしまう。ASD の子ども（人）と接する場合には，何よ
りもまず，ASD の特性を理解し，特性に応じた接し方やサポートを行うことが
大切である。

（2）**適切な行動のモデルを示す**：知的な遅れのない人を含めて，ASD には社会的な
理解の困難がある。そのため，場面にそぐわない行動をしたり，悪意なく他者
に不快感を与えたりすることがよく生じるが，こうしたとき，ただ注意や叱責
をするだけでは効果がないことが多い。それは，注意されたことで，その行動
が不適切だったとわかっても，ではどう振る舞うことが適切だったのかをつか
めていないからである。この状態で，注意・叱責が重なると，被害感情が高ま
り，周囲の人への敵意につながることもある。

　不適切な行動や言動が見られた場合には，不適切なことを伝えるだけでな
く，「こうすれば（言えば）よい」というモデルを示すことが重要である。最初
は，頭ではわかっていても，実際にはうまく行動できないこともあるが，行動
には移せなくても頭では理解している（口頭で説明できる）という段階も大切
である。また，本人に適切な行動を求めるだけでなく，その場面で他者がどの
ように振る舞っているかを観察させることも，適切な行動を身につける上で役
立つ。ASD の子ども（人）たちの社会的行動の指導については，認知的理解か
ら実際の行動へという順序で進めるようにする。

A-2-6　発達障害の近隣に位置する障害と二次的な問題

1. 発達障害の近隣に位置する障害

1）知的障害／知的能力障害（Intellectual Developmental Disabilities）

　知的障害は医学領域では精神遅滞（mental retardation）と呼ばれてきたが，DSM-5 で
は，知的能力障害（知的発達症／知的発達障害）に改められた。知的障害の教育的な定義は，
以下のとおりである（文部科学省，2013）。

　知的障害とは，一般に，同年齢の子供と比べて，「認知や言語などに関わる知的機能」
が著しく劣り，「他人との意思の交換，日常生活や社会生活，安全，仕事，余暇利用な
どについての適応能力」も不十分であるので，特別な支援や配慮が必要な状態とされ
ている。また，その状態は，環境的・社会的条件で変わり得る可能性があるといわれ

ている。

　知的障害の判断は，昔は知能検査の結果のみで行われていたが，上の定義にもあるように，今では，知的な働きと社会的な適応の発達の 2 側面から行われるようになっている。

2）発達性協調運動症／発達性協調運動障害（Developmental Coordination Disorder）

　最近，その存在と支援が注目されている障害で，全身の協調を必要とする運動（体操，縄跳び，ボール運動など）や指先の細かな動きがきわめて「不器用」で，学習に必要な手作業（書字やコンパスの使用など）や仲間との遊び（ゲームやスポーツ），日常生活動作（ボタンはめや着衣の整容など）に大きな困難がある状態を指す。この障害は LD とも重複しやすい。

3）チック症群／チック障害群（Tic Disorders）

　チックは不随意運動の一種で，「突然に出現し，不規則な間隔で繰り返す，持続時間の短い，急速な運動または発声」である。複数のタイプの症状が長期間続く場合は，トゥレット症候群と呼ばれる。チック症の原因は十分には明らかでないが，中枢神経系の機能障害が関係しており，心理的ストレスも影響すると考えられている。

2．発達障害にみられる二次的な問題

　二次的な問題（二次障害）とは，発達障害そのものではなく，周囲の人たちとの関係がうまくいかないことが原因で生じる心理的・行動的問題である。

　（1）**自尊感情の低下**：発達障害の特性が周囲の人たちに理解されず，適切なサポートが得られないために，失敗経験や周囲の否定的評価ばかりが積み重なると，自尊感情の適切な成長が妨げられ，著しく低下してしまう可能性がある。その結果，学習への意欲の低下，友達や先生に関わろうとする意欲の低下，反抗的態度や不適切行動，さらには，学校へ通うことの意欲の低下が生じてしまうことがある。

　（2）**不登校**：発達障害の子どもたちの中には，大なり小なりの登校渋り・不登校を経験している子が多い。根本的には，発達障害へのサポート体制が不十分なことが原因だが，より具体的には，学習に関わる問題と人間関係に関わる問題が考えられる。不登校というと，これまで人間関係の問題にスポットが当てられがちであったが，学習面の困難が子どもの登校意欲を著しく低下させる場合もあることに注意が必要である。

　（3）**いじめ被害**：不登校と同様に，いじめ被害を経験している発達障害の児童生徒も多い。いじめについては，発達障害の有無に関係なく，誰に対してもいじめは絶対に許さないという学校の一貫した方針と，早期発見・早期対応の体制づくりが重要である。

　（4）**被虐待**：発達障害の特性が保護者に理解されていないと，一般の子とは違う理解のしにくさ，育てにくさ，関わりにくさから，体罰の反復やそれがさらにエスカレートして虐待につながるリスクがある。

　発達障害の子ども（人）の場合，発達障害の特性から生じる困難（一次的問題）よりも，二次的な問題が学校生活や社会生活の妨げとなる場合が多い。また，二次的な問題が深刻化した状態では，一次的な問題が二次的な問題の陰に隠れてしまい，生徒指導上の問題と誤解されて，適切な対応がなされないこともある。発達障害の児童生徒の支援では，二次的な問題が生じていないかどうか常に注意深く観察し，問題が見られる場合には，まずそのことへの対応を考える必要がある。

A-2-7　発達障害をめぐる今後の課題

　2000年代に入って，発達障害に関わる教育，福祉，医療・保健，労働等の各分野における取組が進み始めた。特に，2005（平成17）年の発達障害者支援法の成立と施行，そして，2016（平成28）年の障害の社会モデルを取り入れた改正法の施行は，その流れを一層確かなものにしている。その一方で，発達障害をめぐる新たな課題が鮮明になってきた。以下に，主な課題を述べる。

（1）**概念の問題**：前述したように，発達障害のある人が示す社会生活上の困難には，その人が暮らす社会のありようが大きく影響する。そのため，国や文化によって，また時代の変化によって，発達障害の概念そのものが変わっていく可能性がある。さらに，発達障害の原因と推定されている「中枢神経系の機能障害」についても，近年，ヒトの脳には一人一人違いがあり，発達障害とは「脳の違いによる個性」だとする，ニューロダイバーシティの考え方及び運動も広まっている（村中，2020）。この考え方は，発達障害の支援にあたる者にとって非常に魅力的であるが，その一方，「高機能の人向けに作られた考え方だ」，「医学的な治療を否定している」といった批判があることも忘れてはならない。

（2）**対象の問題**：通常の学級で学習面の困難を示す児童生徒の中には，スローラーナー，学業不振と呼ばれてきた子や境界域の知的発達の子も多く存在する。特別支援教育を推進していく中で，そうした状態にある児童生徒への対応を，LDへの対応とどのように連続させたり，切り分けたりするかについて検討する必要がある。その際には，カーク以降の学習障害と精神遅滞の関係をめぐる論争も視野に入れておく必要がある（柘植・上野，2012）。

（3）**2Eの問題**：我が国では，これまで，ギフテッド（gifted）と呼ばれる自然科学や芸術の領域で卓越した能力を示す子どもたちは，特殊教育・特別支援教育の対象とはされてこなかった。多様性を尊重するインクルーシブ教育システムの構築が目指されるようになった現在，こうした子どもたちへの対応も特別支援教育の課題になり始めているが，ギフテッドの児童生徒の中に発達障害を併せ有する子（twice exceptional：2E）がいることが知られるようになってきた。現時点では，2Eの子どもたちは，適切な教育的対応がなされないまま放置されていることが多く，優れた能力を有するのに学校生活に適応できず，不登校に陥るケースも多いといわれている。こうした子どもたちに学校教育がどう対応していくかが，今後の課題である。

（4）**支援体制の問題**：特別支援教育が法制化されてから15年が経過し，学校・園では，さまざまな支援体制づくりが実践されてきたが，その一層の充実が必要である。とりわけ，特別支援教育コーディネーターについては，支援体制づくりの中核としての役割を強く期待されながら，その職務的位置づけが不明確という問題があり，役割の明確化と職務の制度化が必要となろう。

（5）**指導・支援とその評価の問題**：真に有効な個別の指導計画の作成・活用と，そこでの科学的根拠に基づいた指導（Evidence Based Practice：EBP）を確立すること，及び，長期的な観点に立った個別の教育支援計画の作成・活用が課題である。また，本人や保護者に対しては，単なる「説明責任」にとどまらない，指導がどれだけ効果を上げたかという「結果責任」が問われる時代になっている。

（6）**専門性の問題**：発達障害のある児童生徒の支援にあたる教員等の専門性の向上も今後の大きな課題である。特別支援教育コーディネーター，通常の学級担任（中学校や高校では教科担任），通級による指導の担当教員，特別支援学級担任，そして管理職の特別支援教育に対する理解と専門性向上のための研修システム（大学，大学院における現職教員のリカレント教育を含む）の充実の他，教員免許制度の再検討も必要である。特に，通級による指導に関する新たな免許の創設が望まれる。

　2007（平成19）年に行われた特殊教育から特別支援教育への転換とは，場の教育からニーズの教育への転換であり，「子どもたち一人一人の教育ニーズ」がキーワードとなるものであった。児童生徒のニーズが一層多様化している現在，行動面や対人関係面だけでなく，学習面においても，一人一人の特性とニーズを踏まえ，それに合致した学び方を支援者側が用意していく必要がある。その際，1990年代から米国の教育研究者たちが提唱していたLearning Differences（学び方の違い，学びの多様性）という考え方を，もう一度確認・吟味しておくことが大切であろう。

　〈謝辞〉
　本科目 A-2-2 の2「米国における発達障害への対応の歴史」については，『特別支援教育の理論と実践 第3版』「A-I 特別支援教育概論I」（上野一彦執筆）の文章を一部修正の上転載しています。転載をお許し下さった上野一彦先生に深く感謝申し上げます。

〔引用文献〕
　　American Psychiatric Association（2013）：Diagnostic and statistical manual of mental disorders Fifth Edition：DSM-5. American Psychiatric Press, Washington, DC. 高橋三郎，大野　裕（監訳）（2014）：DSM-5 精神疾患の診断・統計マニュアル. 医学書院.
　　外務省（2018）：障害者の権利に関する条約（日本語訳全文）.
　　一般社団法人日本 LD 学会（編）（2017）：LD・ADHD 等関連用語集〔第4版〕. 日本文化科学社.
　　一般社団法人日本 LD 学会（編）（2019）：LD の「定義」を再考する. 金子書房.
　　文部科学省（2001）：21 世紀の特殊教育の在り方について（最終報告）.
　　文部科学省（2003a）：今後の特別支援教育の在り方について（最終報告）.
　　文部科学省（2003b）：通常の学級に在籍する特別な教育的支援を必要とする児童生徒に関する全国

実態調査.

文部科学省（2004）：小・中学校における LD（学習障害），ADHD（注意欠陥／多動性障害），高機能自閉症の児童生徒への教育支援体制の整備のためのガイドライン（試案）.

文部科学省（2012a）：中央教育審議会特別委員会「共生社会の形成に向けたインクルーシブ教育システム構築のための特別支援教育の推進（報告）」.

文部科学省（2012b）：通常の学級に在籍する発達障害の可能性のある特別な教育的支援を必要とする児童生徒に関する調査結果について.

文部科学省（2013）：教育支援資料「3. 知的障害」.

文部省（1978）：軽度心身障害児に対する学校教育の在り方（報告）.

文部省（1992）：通級による指導に関する充実方策について（審議のまとめ）.

文部省（1999）：学習障害児の指導について（最終報告）.

村中直人（2020）：ニューロダイバーシティの教科書.

内閣府（2016）：障害を理由とする差別の解消の推進.

柘植雅義，上野一彦（2012）：サミュエル・A. カークが主張した学習障害と精神遅滞の関係を巡る最近の一連の学術論文と日本への示唆. LD 研究，21，297-304.

上野一彦（2016）：学習障害とは─学習障害の歴史─. こころの科学，187，10-14.

WHO(1980)：国際障害分類(International Classification of Impairment, Disability and Handicap : ICIDH).

WHO（1992）：The ICD-10 classification of mental and behavioral disorders : Clinical descriptions and diagnostic guidelines. 融　道男，中根允文，小宮山実（監訳）（1993）：ICD-10 精神および行動の障害─臨床記述と診断ガイドライン─. 医学書院.

WHO（2001）：国際生活機能分類─国際障害分類改訂版─. 厚生労働省（2002）「国際生活機能分類─国際障害分類改訂版─」（日本語版）. http://www.mhlw.go.jp/houdou/2002/08/h0805-1.html（2022 年 10 月 11 日閲覧）.

A-3
特別支援教育概論Ⅱ：特別支援教育のシステム

【概要】..................我が国における「発達障害」への支援の取組を歴史的に概観する。学習指導要領（平成29年改訂版），「障害のある子供の教育支援の手引」及び関連の報告・通知などの文部科学省の基本方針，及び関係法令（改正発達障害者支援法，改正障害者差別解消法，医療的ケア児支援法）等を踏まえて，特別支援教育のあり方について解説する。その上で，主に学校における特別支援教育のあり方とシステム等として，支援体制，特別支援教育コーディネーター，個別の指導計画と個別の教育支援計画，巡回相談，特別支援教育支援員，特別支援学校のセンター的機能，自立活動，就学の手続き，などについて述べる。

【キーワード】...........法的な整備と動向：発達障害者支援法・障害者差別解消法等／インクルーシブ教育システム／合理的配慮／学校における支援システムの構築／関係機関との連携

【到達目標と評価】.....①特別支援教育の意義とシステム，学習指導要領や関連する法令等の整備と動向について説明できる。
②学校における支援システム，特別支援教育コーディネーター，特別支援教育支援員の役割などについて説明できる。
③学校におけるさまざまな発達障害への支援体制を整備していく上で重要な課題を挙げることができる。

A-3-1　特別支援教育の意義

1. 特別支援教育への転換

　2007（平成19）年4月に特別支援教育への転換がなされ，同時に文部科学省初等中等教育局長「特別支援教育の推進について（通知）」が発出された。
　その通知には，特別支援教育の理念が以下のように示されている。

- 特別支援教育は，障害のある子どもの自立や社会参加に向けた主体的な取組を支援するという視点に立ち，子ども一人一人の教育的ニーズを把握し，その持てる力を高め，生活や学習上の困難を改善又は克服するため，適切な指導及び必要な支援を行うものである。
- また，特別支援教育は，これまでの特殊教育の対象の障害だけでなく，知的な遅れのない発達障害も含めて，特別な支援を必要とする子どもが在籍する全ての学校において実施されるものである。
- さらに，特別支援教育は，障害のある子どもへの教育にとどまらず，障害の有無やその他の個々の違いを認識しつつさまざまな人々が生き生きと活躍できる共生社会の形

成の基礎となるものであり，我が国の現在及び将来の社会にとって重要な意味を持っている。

　これらのことから，特別支援教育は，特別な支援を必要とする子どもが在籍するすべての学校において実施されるものであり，特別支援教育の推進・充実が障害の有無やその他の個々の違いを認識した，共生社会形成の基礎となるということである。

　この通知には，特別支援教育を推進する上での基本的な事項が示されており，その後にさまざまな施策や通知があるものの，第一に本通知の内容を確認することが重要となる。

2．障害のある子どもをめぐる国内外の動向

1）ICF（国際生活機能分類）

　近年，医学や心理学等の進展，社会におけるノーマライゼーションの理念の浸透等により，障害の概念も変化している。障害に関する国際的な分類としては，世界保健機関（以下，WHO）による「WHO 国際障害分類」（International Classification of Impairment, Disabilities and Handicap : ICIDH）の改訂版「ICF」（International Classification of Functioning, Disability and Health）が広く普及している。ICIDH が「疾病」「機能障害」「能力障害」「社会的不利」とマイナス面のみを分類するという考え方であったのに対し，ICF は「心身機能・構造」「活動」「参加」「環境因子」「個人因子」それぞれが相互に影響し合い，生活機能に支障を来す状態を障害と捉える。ICF は，疾病等に基づく側面と社会的な要因による側面を考慮した，「医学モデル」と「社会モデル」を統合したモデルとされ，「障害の軽重はその環境によって変化する」というのが今日の一般的な考え方である。

2）障害者の権利に関する条約

　「Nothing About Us Without Us」を合言葉に 2006（平成 18）年 12 月に国連総会において採択された「障害者の権利に関する条約」について，我が国は 2007（平成 19）年 9 月に署名し，2014（平成 26）年 1 月（同年 2 月発効）に批准した。この間，障害者基本法の改正（2011（平成 23）年），障害を理由とする差別の解消の推進に関する法律（以下，障害者差別解消法）の制定（2013（平成 25）年）など，障害者に関する一連の国内法の整備を行ってきた。

　「障害者の権利に関する条約」第 24 条教育には，「障害者を包容するあらゆる段階の教育制度（inclusive education system）および生涯学習を確保すること」「障害者が障害に基づいて一般的な教育制度（general education system）から排除されないこと」「障害のある児童生徒が障害に基づいて無償のかつ義務的な初等教育からまたは中等教育から排除されないこと」「障害者が，他の者との平等を基礎として，自己の生活する地域社会において，障害者を包容し，質が高く，かつ，無償の初等教育を享受することができること及び中等教育を享受することができること」「個人に必要とされる合理的配慮が提供されること」などが述べられている。

3）インクルーシブ教育システムの構築

　障害者の権利に関する条約が批准され，我が国においても共生社会の形成に向けたインク

ルーシブ教育システムの構築を進めていくことになり，2012（平成24）年7月，中央教育審議会において「共生社会の形成に向けたインクルーシブ教育システム構築のための特別支援教育の推進（報告）」（以下，中教審報告）がまとめられた（文部科学省，2012）。

　中教審報告には，現時点での我が国におけるインクルーシブ教育システム構築に向けた考え方，取組の方向性が示されている。同報告には，「共生社会の形成に向けて，障害者の権利に関する条約に基づくインクルーシブ教育システムの理念が重要であり，その構築のため，特別支援教育を着実に進めていく必要がある」ことが述べられている。中教審報告では，「インクルーシブ教育システムにおいては，同じ場で共に学ぶことを追及するとともに，個別の教育的ニーズのある子どもに対して，自立と社会参加を見据えて，その時点で教育的ニーズに最も的確に応える指導を提供できる，多様で柔軟な仕組みを整備することが重要」とされている。また，「基本的な方向性としては，障害のある子どもと障害のない子どもが，できるだけ同じ場で共に学ぶことを目指すべきである。その場合には，それぞれの子どもが，授業内容が分かり学習活動に参加している実感・達成感を持ちながら，充実した時間を過ごしつつ，生きる力を身に付けていけるかどうか，これが最も本質的な視点であり，そのための環境整備が必要である」とも示されている。

　インクルーシブ教育システムにおいては，本人及び保護者と学校や教員の間で適切な指導と必要な支援についての合意形成が図られ，関係者の共通理解のもと，障害の状態や教育的ニーズに応じて基礎的な環境が整備され，適切な合理的配慮が提供されることが望まれる。

4）合理的配慮と基礎的環境整備

　障害者差別解消法において，「障害者から現に社会的障壁の除去を必要としている旨の意思の表明があった場合において，その実施に伴う負担が過重でないときは，障害者の権利利益を侵害することとならないよう，当該障害者の性別，年齢及び障害の状態に応じて，社会的障壁の除去の実施について必要かつ合理的な配慮をするように努めなければならない」とされている。合理的配慮の決定・提供にあたっては，学校の設置者及び学校が体制面，財政面をも勘案し，均衡を失したまたは過度の負担については個別に判断することとなる。合理的配慮は一人一人の障害の状態や教育的ニーズ等に応じて決定されるものであり，設置者・学校と本人・保護者により，発達の段階を考慮しつつ合理的配慮の観点を踏まえ，可能な限り合意形成を図った上で決定し提供されることが望まれる。合理的配慮は発達の程度や適応の状態等によっても変わりうることから，柔軟に見直しを図る必要があり，十分な教育が受けられるよう提供できているかについて評価する必要がある。その際は，個別の教育支援計画，個別の指導計画等において合理的配慮について記載すること，次のライフステージに引き継ぐことが求められる。

　基礎的環境整備とは，合理的配慮の基礎となる環境整備であり，障害のある子どもに対し，法令に基づきまたは財政措置により，国，都道府県，市町村，学校が行う教育環境の整備を指している。合理的配慮の充実を図る上では，基礎的環境整備の充実は欠かせないことから，必要な財源を確保し，充実を図っていく必要がある。それぞれの学校の基礎的環境整備の状況により，提供される合理的配慮も異なることが考えられる。

A-3-2　法的な整備と動向

1．学校教育法等の改正

　2007（平成 19）年 4 月に学校教育法の一部を改正する法律が施行され，それまでの盲・聾・養護学校が，複数の障害種別に対応した教育を実施することができる特別支援学校の制度に変わるとともに，小学校，中学校，高等学校，中等教育学校及び幼稚園においては，障害のある子どものみならず，特別な支援を必要とする子どもに対し，障害による学習上または生活上の困難を克服するための教育を行うものとすることが，第81条第1項として加えられた。つまり，特別な支援を必要とする子どもが在籍している場合は，幼稚園から高等学校まですべての教育機関において特別支援教育は行わなくてはならないものになった。また，これまでの特殊教育の対象であった視覚障害，聴覚障害，知的障害，肢体不自由，病弱，言語障害，情緒障害，自閉症に加えて，通常の学級に在籍する LD，ADHD，高機能自閉症等も含めて必要な教育的支援を行うこととなった。

2．障害者基本法の改正

　障害者基本法は 1970（昭和45）年に制定され，2004（平成16）年 6 月に法律の目的，障害者の定義，基本的理念等が改正された。この改正において，交流及び共同学習を積極的に進めることが示された。また，付帯決議において，発達障害もこの法律が規定する障害者の範囲に含まれるものであると明記された。

　2011（平成23）年 8 月，障害者基本法の一部を改正する法律が施行された。第 1 条では，目的規定が見直され，「全ての国民が，障害の有無にかかわらず，等しく基本的人権を享有するかけがえのない個人として尊重されるものであるとの理念にのっとり，全ての国民が，障害の有無によって分け隔てられることなく，相互に人格と個性を尊重し合いながら共生する社会を実現するため，障害者の自立及び社会参加の支援等のための施策を総合的かつ計画的に推進することを目的とする」としている。

　また，第 2 条では障害者の定義が見直され，身体障害，知的障害，精神障害（発達障害を含む）その他の心身の機能の障害がある者であって，障害及び社会的障壁（事物，制度，慣行，観念等その他一切のもの）により継続的に日常生活，社会生活に相当な制限を受ける状態にあるものとされた。

　教育（第16条関係）については，年齢，能力に応じ，その特性を踏まえた十分な教育が受けられるよう，「障害者でない児童や生徒とともに教育を受けられるよう配慮しつつ，教育の内容や方法の改善，充実を図る等必要な施策を講じ」ること，「障害者である児童や生徒ならびにその保護者に対し十分な情報の提供を行うとともに，可能な限りその意向を尊重」すること，交流及び共同学習を積極的に進めることによって，その相互理解を促進すること，調査及び研究，人材の確保及び資質の向上，適切な教材の提供，学校施設その他の環境の整備を促進すること等が盛り込まれている。

3．障害者差別解消法の制定と改正

　すべての国民が，障害の有無によって分け隔てられることなく，相互に人格と個性を尊重し合いながら共生する社会の実現に向け，障害を理由とする差別の解消を推進することを目的として，2013（平成25）年6月に障害者差別解消法が制定され，2016（平成28）年4月から施行された。

　この法律の対象となる障害者とは，障害者基本法に規定されている身体障害，知的障害，精神障害（発達障害を含む）その他の心身の機能の障害（以下，障害）がある者であって，障害及び社会的障壁により継続的に日常生活または社会生活に相当な制限を受ける状態にあるものとされている。これは，障害者が日常生活または社会生活において受ける制限は，障害のみに起因するものではなく，社会におけるさまざまな障壁と相対することによって生ずるものとする，いわゆる「社会モデル」の考え方を踏まえており，障害者手帳の所持者に限らない。不当な差別的な取り扱いについては，国の行政機関・地方公共団体等，民間事業者（個人事業者やNPO等も含む）ともに禁止となっている。合理的配慮の不提供の禁止は，制定当時，国公立学校には法的義務，学校法人は努力義務になっていたが，2021（令和3）年6月の改正により，学校法人を含む民間事業所に対しても法的義務となった（ただし，施行については，公布日から起算して3年を超えない範囲内において政令で定める日となっている）。

　この法律では，国の行政機関や地方公共団体等及び民間事業者による「障害を理由とする差別」を禁止すること，差別を解消するための取組について政府全体の方針を示す「基本方針」を策定すること，行政機関等ごと，事業分野ごとに障害を理由とする差別の具体的内容等を示す「対応要領」「対応指針」を策定することが示されている。また，相談及び紛争の防止等のための体制の整備，啓発活動等の障害を理由とする差別を解消するための支援措置について定められている。

4．発達障害者支援法の改正

　発達障害者支援法は，議員立法により2004（平成16）年12月に成立し，2005（平成17）年4月1日から施行された法律である。この法律により，発達障害の定義と法的な位置づけが確立され，これまで福祉の支援の対象から外れていたLD，ADHD，ASD等の発達障害が各法に明記された。また，この法により，各都道府県・政令指定都市に必ず発達障害者支援センターを設置することとなった。

　定義（第2条）では，発達障害者とは，「発達障害（自閉症，アスペルガー症候群その他の広汎性発達障害，学習障害，注意欠陥多動性障害などの脳機能の障害で，通常低年齢で発現する障害）があるものであって，発達障害及び社会的障壁により日常生活または社会生活に制限を受けるものをいう」とされている。

　2016（平成28）年6月に目的・基本理念や定義，及び国民の責務，就労の支援，教育等の内容が改正され，切れ目なく支援を行うことが重要であること，個人としての尊厳に相応しい日常生活・社会生活を営むことができるようにすること，社会的障壁の除去の観点から，障害の有無によって分け隔てられることなく，相互に人格と個性を尊重し合いながら共生する社会の実現に資することなどが明記された。

また，基本理念（第2条の2）が新設され，発達障害者の支援は，地域社会において他の人々と共生することを妨げられないこと，社会的障壁の除去に資すること，個々の発達障害者の性別，年齢，障害の状態及び生活の実態に応じて，かつ，医療，保健，福祉，教育，労働等に関する業務を行う関係機関及び民間団体相互の緊密な連携の下に，その意思決定の支援に配慮しつつ，切れ目なく行われなければならないことなどが示された。

教育（第8条）では，「可能な限り発達障害児が発達障害児でない児童とともに教育を受けられるよう配慮しつつ，適切な教育的支援を行うこと，個別の教育支援計画の作成および個別の指導計画の作成の推進，いじめの防止等のための対策の推進その他の支援体制の整備を行うこと」，大学および高等専門学校においても，「個々の発達障害者の特性に応じ，適切な教育上の配慮をするものとする」ことが示された。

就労の支援（第10条）では，「事業主は，発達障害者の雇用に関し，その有する能力を正当に評価し，適切な雇用の機会を確保するとともに，個々の発達障害者の特性に応じた適正な雇用管理を行うことにより，その雇用の安定を図るよう努めなければならない」ことが示されている。

5. 就学決定の仕組みの変更

障害のある児童生徒の就学先決定の仕組みについて規定している学校教育法施行令が2013（平成25）年8月に一部改正され，従来は就学基準（学校教育法施行令第22条の3）に該当する障害のある子どもは特別支援学校に原則就学するという就学先決定の仕組みを改め，障害の状態，本人の教育的ニーズ，本人・保護者の意見，専門家の意見，学校や地域の状況等を踏まえた総合的な観点から，市町村教育委員会が就学先を決定することとなった。また，就学先決定後も柔軟に就学先を見直していくことが可能となった。

その際，本人・保護者に対して，できるだけ早い時期から就学に関する十分な情報提供を行うとともに，これまで以上に関係者が相互に密接な連携を図り，本人，保護者も含めた関係者の合意形成のもと，円滑な就学支援ができることが望まれている。

この改正の趣旨及び内容について，市町村教育委員会，学校・園，保護者等が十分に理解し，円滑に障害のある子どもへの教育支援がなされるように2013（平成25）年10月に「教育支援資料」が公表されたが，2021（令和3）年6月に学校に在籍する日常生活及び社会生活を営むために恒常的に医療的ケア※を受けることが必要不可欠である児童生徒等（以下，医療的ケア児）の就学など時代の変化に合わせて，「障害のある子供の教育支援の手引～子供たち一人一人の教育的ニーズを踏まえた学びの充実に向けて～」に改訂された（文部科学省，2021a）。

※「医療的ケア」とは，一般的には，病院などの医療機関以外の場所（学校や自宅など）で日常的に継続して行われる，喀痰吸引や経管栄養，気管切開部の衛生管理，導尿，インスリン注射などの医行為を指し，病気治療のための入院や通院で行われる医行為は含まれないものとされている（文部科学省，2021b）。

6. 学習指導要領の改訂と特別支援教育における変更のポイント

2017（平成29）年～2019（平成31）年に幼稚園，小学校，中学校，高等学校，特別支援学校の学習指導要領等が改訂された。特別支援教育に関する変更点は以下の5つである。

　　①個々の児童の障害の状態等に応じた指導内容や指導方法の工夫の実施
　　②特別支援学級や通級による指導における教育課程編成の基本的な考え方の理解
　　③特別支援学級に在籍する児童生徒及び通級による指導を受ける児童生徒のすべてに
　　　対する個別の教育支援計画，個別の指導計画の作成と活用の義務化
　　④各教科等の授業における手立ての検討と実施
　　⑤交流及び共同学習の一層の推進

　特に，④については，各教科等の学習指導要領解説に，学習過程における想定される困難さとそれに対する指導上の意図や手立てについての例示が記載されることとなった。

7.　教育と家庭と福祉の連携の強化

　子どもの指導・支援の効果的な実施のために，家庭や関係機関と信頼関係を構築し，円滑に情報交換する必要がある。しかし，2018（平成30）年3月に文部科学省と厚生労働省の副大臣が立ち上げた「家庭と教育と福祉の連携『トライアングル』プロジェクト」報告では，学齢期の障害のある子どもが放課後等デイサービス等の福祉制度を利用しているにもかかわらず，学校とそれらの施設の活動内容や課題，担当者の連絡先などが共有されていないなど，円滑なコミュニケーションが図られていないことが課題として挙げられた。

　そこで，文部科学省は同年8月に学校教育法施行規則を改正し，「個別の教育支援計画」を作成する際には，当該児童生徒または保護者の意向を踏まえつつ，保護者や関係機関等と当該児童等の支援に関する必要な情報の共有を図らなければならないこととした。

8.　医療的ケアを必要とする児童生徒及び家族への支援

　医療的ケア児の健やかな成長を図るとともに，その家族の離職の防止に資し，安心して子どもを産み，育てることができる社会の実現を目的とした「医療的ケア児及びその家族に対する支援に関する法律」が2021（令和3）年9月に施行された。同法は，医療的ケア児が医療的ケア児でない子どもとともに教育を受けられるよう最大限配慮しつつ適切に教育に関わる支援が行われるなど，個々の医療的ケア児の実態等に応じて，関係機関等相互の緊密な連携の下に，切れ目なく行うことを求めている。

　就学にあたって，設置者や学校が参考となるよう，「小学校等における医療的ケア実施支援資料～医療的ケア児を安心・安全に受け入れるために～」を文部科学省が作成している（文部科学省，2021b）。

A-3-3　学校における支援システムの構築

1.　学校全体としての組織的・計画的な体制整備の必要性

　文部科学省では，2004（平成16）年1月に「小・中学校におけるLD（学習障害），ADHD（注意欠陥多動性障害），高機能自閉症の児童生徒への教育支援体制の整備のためのガイドライン（試案）」を作成し，小・中学校における発達障害のある児童生徒に対する教育支援体制の整備を推進してきた。その後，特別支援教育の制度化，障害者差別解消法の施行，高等

学校における通級による指導の制度化などがあったことから，試案を大幅に見直し，2017（平成 29）年 3 月に「発達障害を含む障害のある幼児児童生徒に対する教育支援体制整備ガイドライン～発達障害等の可能性の段階から，教育的ニーズに気付き，支え，つなぐために～」を作成した。

1）教育委員会等に求められる役割

　各学校の設置者である教育委員会，国立大学法人及び学校法人等は，特別支援教育を推進するための基本的な計画の策定や各学校における支援体制や学校施設設備の整備充実，特別支援教育の理解啓発などの対応が求められている。特に教育委員会においては，教育，医療，保健，福祉，労働等の関係部局，大学，保護者，NPO 等の関係者からなる特別支援連携協議会の設置，指導主事等の専門性の向上などが求められている。

2）校内体制整備の基本的な考え方

　特別な支援を必要とする子どもに対する教育の質を一層充実させるためには，校長のリーダーシップのもと，学校運営計画（学校運営方針）の柱として，校内委員会等を中心とした全校体制での組織的・計画的な取組，個別の指導計画や個別の教育支援計画の作成と活用，人的配置等の支援体制の整備，教職員の専門性の向上，保護者や地域への理解啓発，外部の専門機関等との連携の推進等に積極的に取り組むことが大切である。

　特別支援教育は，診断の有無にかかわらず子ども一人一人の教育的ニーズを明らかにし，適切な支援を行うものである。そして，特別支援教育のシステムとは，特別な支援を必要とする幼児児童生徒への支援だけでなく，いじめや不登校，学級崩壊等の学校におけるさまざまな課題も含め，教職員が一人で悩んだり抱え込んだりしないように，必要に応じて，外部の専門家からの支援も受け，学校教育を地域が支えるシステムでもある。

3）校内委員会の役割

　特別な教育的支援を必要としている子どもへの支援は，校内委員会を組織し，校務分掌に位置づけ，校長のリーダーシップのもと，教職員がチームを組み，学校全体として取り組む必要がある。年間計画に基づき，定期的に子どもの支援について話し合うことも大切だが，必要なときにいつでも開催できるような課題に迅速に対応できる柔軟性も必要である。

　校内委員会には以下のような役割が考えられるが，校内での位置づけを明確化しておく必要がある。

- 子どもの学習上または生活上の困難の状態及び教育的ニーズの把握
- 教育上特別の支援を必要とする児童等を早期に発見するための仕組みづくり
- 特別な支援を必要とする子どもに対する支援内容の検討，その評価（ケース会議開催等）
- 個別の教育支援計画等の作成・活用，及び合理的配慮の検討・提供
- 特別支援教育に関する校内研修計画の企画・立案
- 保護者の相談窓口，地域への理解啓発の推進

　校内委員会は，校長のリーダーシップのもと，組織としての専門性を高めていくことが大

切である。

4）特別支援教育コーディネーターの指名と校務分掌への位置づけ

　特別支援教育コーディネーターは，各学校における特別支援教育推進のキーパーソンである。校内委員会・研修の企画・運営，関係機関・学校との連絡・調整，保護者の相談窓口等の役割を担う。校長が校務分掌に明確に位置づけ，校内の役割を明確にし，校内外に周知をしておく必要がある。

　校内委員会の推進役として位置づけられるが，校内の特別支援教育に関する事柄をすべて一人で抱え込むのではなく，問題解決の促進を図るため校内外の組織・資源を活かすこと，他の校務分掌と連携しうまく役割分担することなども重要な役割である。

　特別支援教育コーディネーターに求められる資質としては，特別支援教育について学ぶ意欲があることが第一である。意欲だけでなく，特別支援教育に関する理解，アセスメントや支援方法に関する知識や技能に加えて，校内外の関係者を活用できる調整力等も挙げられる。学校の実情に応じて，副校長，教頭，主幹教諭，教務主任，生徒指導主事等を指名する場合や，特別支援学級担任や通級担当教員，養護教諭を指名する場合も考えられる。機能の強化や人材育成も考え，複数指名している学校もある。

5）個別の教育支援計画及び個別の指導計画の作成と活用

　個別の教育支援計画とは，特別な支援を必要とする子ども一人一人の教育的ニーズを正確に把握し，長期的な視点で乳幼児期から学校卒業後までを通じて一貫して的確な支援を行うことを目的として作成されるものである。保護者も含め，子どもに関わる教育，医療，福祉，保健，労働等の関係機関の関係者が子どもに関わる情報を共有化し，支援の目標や内容，関係者の役割分担等についての計画を作成する。子どもを生涯にわたって支援する視点から，関係機関，関係部局の密接な連携協力を確保することが不可欠であり，一貫性，連続性のある支援に活用できることが意図されている。

　個別の指導計画は，子ども一人一人の障害の状態等に応じたきめ細かな指導が行えるよう，学校における教育課程や指導計画，当該子どもの個別の教育支援計画等を踏まえて，より具体的に子ども一人一人のニーズに対応して，指導目標や指導内容・方法等を盛り込んだものである。

　いずれも Plan（計画）− Do（実施）− Check（評価）− Action（改善）の PDCA サイクルを通して，支援をよりよいものにしていくこと，その内容を校内だけでなく，本人・保護者，連携する関係機関と共有することが求められる。

　また，特別な支援を必要とする子どもに対して提供されている「合理的配慮」の内容については，個別の教育支援計画等に明記し，PDCA サイクルにより見直し，引き継ぐことが重要である。

　なお，個別の教育支援計画及び個別の指導計画には，個人情報が記載されている。学校における個人情報の保護・管理については，校長が保管・管理の責任者となり，適切に保管・管理を行う。

6) 通常の学級の担任・教科担任の役割

通常の学級の担任・教科担任は，自身の学級に教育上特別の支援を必要とする子どもがいることを常に想定し，学校組織を活用し，子どものつまずきの早期発見に努めるとともに行動の背景を正しく理解する必要がある。また，教育上特別の支援を必要とする子どもの個別の教育支援計画及び個別の指導計画作成の中心を担い，適切な指導や必要な支援に活かすことが重要である。その際には，特別支援教育コーディネーターや特別支援学級担任，通級による指導担当教員など校内の専門家を活用する。

7) 特別支援学級担任・通級指導担当教員，養護教諭の役割

特別支援学級担任や通級指導担当教員は，担任や担当している児童生徒に対する指導の実施のみならず，校内の教育支援体制の整備にあたって，専門的な見地から助言を行う。校内委員会に参加したり，通常の学級を巡回したりするなどして，支援が必要な児童生徒に早期に気づき，支援につなげる役割がある。

また，養護教諭は，各学校の特別支援教育の校内体制の中で，児童等の心身の健康課題を把握し，子どもへの指導及び保護者への助言を行うなどの役割を担う。

これらの教員と通常の学級の担任，特別支援教育コーディネーターが指導内容や支援方法等の情報を共有するなどして，連携することが求められる。

8) 教員以外の専門スタッフの活用

校内支援体制を充実させていくためには，自治体や学校により配置されているスタッフの種類や数は異なるが，特別支援教育支援員やスクールカウンセラー，スクールソーシャルワーカー，医療的ケアを行う看護師，就労支援コーディネーター等の教員以外の専門スタッフも有効に活用する必要がある。校長は，教員と専門スタッフが連携・分担して組織的な支援が行えるよう，個別の教育支援計画等を活用し，児童等の実態把握や支援内容，校内での役割分担について，特別支援教育コーディネーターを中心に，共通理解を図ることが重要になる。

9) 専門家，専門機関との連携

教育委員会が配置・設置する専門家等や教育，医療，保健，福祉，労働等の関係機関との連携を推進する。

教育委員会に置かれた教育，医療，心理，福祉等の専門家で構成された専門家チームによる相談，専門の相談員が直接学校を訪問して学級担任や保護者等へ助言する巡回相談，特別支援学校のセンター的機能による相談や支援などの活用が考えられる。また，専門家チームや巡回相談員等の役割を特別支援学校の教員が担っている場合もある。障害種別に特別支援学校がセンター的機能のネットワークを構築し，地域の学校支援を組織的に行っている地域もある。

これらを活用する際には，担任一人の判断ではなく，校内委員会等の判断を踏まえて，特別支援教育コーディネーター等が窓口になり支援を依頼することになる。相談までに，担任，学年体制，校内体制の工夫により支援した結果などについて準備しておくことが相談をスムーズに実施することにつながる。

2．通級による指導の充実

　通級による指導とは，通常の学級に在籍している，言語障害，情緒障害，弱視，難聴等の障害がある児童生徒のうち，比較的軽度の障害がある児童生徒に対して，各教科等の指導は主として通常の学級で行いつつ，個々の障害の状態に応じた特別の指導を通級指導教室のような特別の指導の場で行う教育形態である。1993（平成5）年の学校教育法施行規則の改正により制度として始まり，2006（平成18）年4月に学校教育施行規則の一部が改正され，新たにLD及びADHDのある児童生徒が対象として加えられた。また，2018（平成30）年から高等学校においても通級による指導が制度化された。

　いずれの障害についても，通常の学級での学習におおむね参加でき，一部特別な指導を必要とする程度のものとされている。これは，通常の学級で教育を受けることを基本としているためである。

　個々の障害の状態に応じた特別の指導とは，特別支援学校における「自立活動」に相当する指導であり，障害による学習上または生活上の困難を改善し，または克服することを目的とする指導とされている。また，特に必要があるときは，障害の状態に応じて各教科の内容を取り扱いながら指導を行うことができる。各教科の内容を取り扱いながら行う指導とは，障害の状態に応じた特別の指導であり，単に教科学習の遅れを補充するための指導ではなく，障害による学習の困難さに対して，その困難さを軽減するための指導である。自立活動の詳細については，「特別支援学校教育要領・学習指導要領解説 自立活動編」に詳しい（文部科学省，2018a）。

　通級による指導の指導時間については，年間35単位時間（週1単位時間）からおおむね年間280単位時間（週8単位時間）以内が標準とされている（高等学校の場合，年間7単位を超えない範囲）。なお，LD及びADHDのある児童生徒の場合は，月1単位時間程度でも指導上の効果が期待できる場合があることから，これらの児童生徒に対して通級による指導を行う場合の授業時数の標準については，年間10単位時間が下限とされている。

　通級による指導の形態は，児童生徒が在籍している学校で指導を受ける「自校通級」，児童生徒が他の学校に通い指導を受ける「他校通級」，児童生徒が在籍している学校に通級指導担当教員が訪問して指導を行う「巡回指導」がある。

　通級の対象かどうかの判断は，校内委員会で検討するとともに，専門家チームや巡回相談を活用して十分な客観性を持って判断する必要がある。特にLDやADHDのある児童生徒の場合には，通常の学級での配慮や工夫により対応が可能な児童生徒もいることから，通級の対象か否かについては，医学的な診断のみにとらわれず総合的に判断することが大切である。

　小中学校段階の通級指導担当教員は，2017（平成29）年に教員定数の基礎定数化となり，10年間をかけて，通級を利用する子ども13人に1人措置されることとなっている。

　また，特別支援学級や通級指導担当教員については，当該学校種の免許が必要だが，障害のある子どもの教育の専門性を担保するための免許や資格の法令上の規定はない。しかし，特別支援教育を推進する要の教員として，その専門性や資質の向上が望まれている。

3．幼稚園等における特別支援教育

　保育所，幼稚園等においては，保護者を含め関係者が子どもの教育的ニーズと必要な支援

について共通理解を深めることにより，障害受容も含め合意形成を図ることがその後の円滑な支援につながっていく。保育の担当者が，学習面や行動面における特別な支援が必要なことについて早期に気づくことは多い。しかし，日常の気づきが具体的な指導・支援にはなかなかつながらない現状もある。必要な支援を複数の担当者で検討したり，正確な実態把握（アセスメント）やより適切な支援計画を作るために専門家等の活用を図ったりするなど，具体的な対応を組織的に進めることが大切である。

　保護者との信頼関係づくりへの取組を通じて，家庭での気づきも大切にしながら，情報を共有し，特別な支援を必要とすることについて保護者の理解を得ることが大切である。子どもの障害による困難さを理解するための支援，子どもとの関わり方を学び子どもとの良好な関係を育むための支援，子どもの発達を促すための子育てに関する支援，そして特別支援教育に関する十分な情報提供という支援が必要である。これらの支援は，保護者に対してだけでなく，幼児期の子どもに関わる保育士，教諭等にとっても重要な視点である。

A-3-4　特別支援教育を推進するにあたって

1．保護者・関係機関との連携

　学校での指導・支援をより効果的に実施するためには，保護者や関係機関との連携を欠かすことはできない。

　学校において，教育上特別の支援を必要とする児童等に効果的な教育的支援を行うためには，対象となる子どもの保護者のみならず，すべての保護者に対し，特別支援教育の重要性や特別支援コーディネーターをはじめ校内の教育支援体制について理解を得ることが大切である。学校だよりや教育相談等の機会の活用，PTA等の協力も得ながら，すべての保護者に対して特別支援教育の理解の推進を図ることが重要となる。その上で，保護者が不安に思ったこと等を相談しやすいように，相談窓口の明確化，相談する機会の設定，学校からの積極的な情報発信など相談しやすい雰囲気づくりをする必要がある。

　また，個別の教育支援計画の作成にあたっては，本人・保護者の参画が求められており，学校側と保護者側の教育的ニーズを整理しながら作成することとなる。

　特別な支援を必要とする子どもが，地域社会の一員として，主体的に社会参加していくためには，教育，医療，福祉，保健，労働等の関係機関が一体となって連携・協力し，社会全体として自立と社会参加について支援していく体制づくりを進めていく必要がある。地域において，医療，保健，福祉，労働等の関係機関の横断的な連携により，必要な支援について情報の共有化が図られ，また，生涯にわたり支援が継続されるよう，関係機関等の相互連携の下で，縦断的に連携がつながるためのネットワークを作っていく必要がある。多職種の専門家が多数，学校教育に携わることになることから，これまで以上に，管理職には，ビジョンを明確にし，組織的，計画的に取り組む学校経営のマネジメント力も求められる。

2．早期からの一貫した支援と情報の引継ぎ

　早期からの一貫した支援とは，地域において早期から受けてきた教育相談や療育等の支援が，就学後の支援へと円滑に引き継がれることである。早期からの教育相談や療育等の支援

の内容や生育歴等について，相談支援ファイルや就学支援シート，サポートファイル等にまとめられ，活用されている地域もある。その内容が，個別の教育支援計画や個別の指導計画に引き継がれていく。情報の引継ぎについては，特に支援の主体が変わる移行期に留意する必要がある。

　生涯にわたる一貫した支援には，縦と横の支援のつながりが重要である。縦のつながりとは，ライフステージを超えた学校間のつながりであり，横のつながりとは，学校と地域の関係機関とのつながりである。小学校，中学校，高等学校では教育目標・内容，教育方法等にも違いがある。校種間のこうした違いについて教職員はあらためて認識しておく必要がある。大切なことは長期的な視点で支援を考えることであり，子どもの実態を引き継ぐことも重要である。さらに文書だけの引継ぎではなく，文書をもとに関係者が顔を合わせ，話し合いができる情報交換の場を設けること，可能な限り，授業参観等の行動観察をして把握する機会があると，より的確な引継ぎができる。

3. 障害児・者に対する法令に関する最新の情報の収集

　特別支援教育の制度化以降，さまざまな法律が制定され，通知等が発出されている（表A-3-1参照）。特に2021（令和3）年以降，「障害者差別解消法」改正，「学校教育法施行規則」の一部改正，「医療的ケア児及びその家族に対する支援に関する法律」の施行など，その数が著しい。また，これらの動きだけでなく，「特別支援教育を担う教師の養成の在り方等に関する検討会議」，「特定分野に特異な才能のある児童生徒に対する学校における指導・支援の在り方等に関する有識者会議」，「特別支援学校教諭の教職課程コアカリキュラムに関するワーキンググループ」などの新たな法整備につながる会議も進行している。子どもに対する指導・支援や保護者，関係機関との連携や情報の引継ぎなどを効果的，効率的に進めていくためには，最新の法令，行政の動向を把握しておく必要がある。

　新聞や雑誌などで情報を収集することもできるが，文部科学省に関する最新情報については検索エンジンに「文部科学省，メールマガジン，新着情報」，厚生労働省に関する最新情報については「厚生労働省，メールマガジン，新着情報」をキーワードとして検索すると，各省が発行するメールマガジンの登録ページが見つかる。法律の施行や最新の会議の配布資料のダウンロードなどの情報がまとめられて送られてくるので参考となる。

　特別支援教育を推進する者は，常にデータを最新にすることがもっとも重要である。

表 A-3-1　特別支援教育に関する主な施策，法令，報告等

1992.3	通級による指導に関する充実方策について（審議のまとめ）
1999.7	学習障害児に対する指導について（報告）
2001.1	21世紀の特殊教育の在り方について（最終報告）
2003.3	今後の特別支援教育の在り方について（最終報告） 通常の学級に在籍する特別な教育的支援を必要とする児童生徒に関する全国実態調査結果公表
2004.1	小，中学校におけるLD（学習障害），ADHD（注意欠陥／多動性障害），高機能自閉症の児童生徒への教育支援体制整備のためのガイドライン（試案）
2005.4	発達障害者支援法の施行
2005.12	特別支援教育を推進するための制度の在り方について（答申） 障害者の権利に関する条約の国連における採択
2007.4	学校教育法の一部を改正する法律の施行（障害種別を超えた特別支援学校等） 特別支援教育の推進について（通知）
2007.9	障害者の権利に関する条約の署名
2008.4	小学校・中学校の学習指導要領および幼稚園の教育要領の改訂
2009.8	高等学校における特別支援教育の推進～高等学校ワーキング・グループ報告～
2011.8	障害者基本法の一部を改正する法律の施行（障害者の定義の見直し等）
2012.7	共生社会の形成に向けたインクルーシブ教育システム構築のための特別支援教育の推進（報告）
2012.12	通常の学級に在籍する発達障害の可能性のある特別な教育的支援を必要とする児童生徒に関する調査結果について
2013.4	障害者総合支援法の施行
2013.9	学校教育法施行令の改正（就学手続き等の改正）
2014.1	障害者の権利に関する条約の批准
2015.11	文部科学省所管事業分野における障害を理由とする差別の解消の推進に関する対応指針の策定
2016.4	障害を理由とする差別の解消の推進に関する法律（障害者差別解消法）の施行
2016.8	発達障害者支援法の一部を改正する法律（改正発達障害者支援法）の施行
2016.12	学校教育法施行規則の一部を改正する省令の公布（高等学校における通級による指導の制度化等）
2017.3	義務教育諸学校等の体制の充実及び運営の改善を図るための公立義務教育諸学校の学級編制及び教職員定数の標準に関する法律の改正（小中学校段階の通級による指導に係る教員定数の基礎定数化等） 発達障害を含む障害のある子どもに対する教育支援体制整備ガイドライン～発達障害等の可能性の段階から，教育的ニーズに気付き，支え，つなぐために～ 幼稚園教育要領，小学校及び中学校学習指導要領公示
2017.4	特別支援学校幼稚部教育要領　小学部・中学部学習指導要領公示
2018.3	高等学校学習指導要領公示 家庭と教育と福祉の連携「トライアングル」プロジェクト（報告）
2018.4	高等学校における通級による指導の開始
2018.8	学校教育法施行規則改正（個別の教育支援計画作成時の本人・保護者の意向確認と情報共有の義務化等）
2019.2	特別支援学校高等部学習指導要領公示
2019.3	初めて通級による指導を担当する教師のためのガイド
2020.1	新しい時代の特別支援教育の在り方に関する有識者会議（報告） 「令和の日本型学校教育」の構築を目指して～全ての子供たちの可能性を引き出す，個別最適な学びと，協働的な学びの実現～（答申）
2021.3	「令和の日本型学校教育」を担う教師の養成・採用・研修等の在り方について（諮問）

2021.6	障害を理由とする差別の解消の推進に関する法律（障害者差別解消法）の改正
	障害のある子供の教育支援の手引～子供たち一人一人の教育的ニーズを踏まえた学びの充実に向けて～
	小学校等における医療的ケア実施支援資料～医療的ケア児を安心・安全に受け入れるために～
	個別の教育支援計画の参考様式について（通知）
2021.7	生徒指導提要の改訂に関する協力者会議　第Ⅰ回
2021.8	学校教育法施行規則の一部改正（医療的ケア看護職員，特別支援教育支援員，情報通信技術支援員等の名称及び職務内容の規定等）
2021.9	医療的ケア児及びその家族に対する支援に関する法律の施行
	特別支援学校設置基準の公布等について（通知）
2021.10	「通常の学級に在籍する特別な教育的支援を必要とする児童生徒に関する調査」有識者会議　第Ⅰ回
	特別支援教育を担う教師の養成の在り方等に関する検討会議　第Ⅰ回
2021.12	特定分野に特異な才能のある児童生徒に対する学校における指導・支援の在り方等に関する有識者会議　論点整理
	特別支援学校教諭の教職課程コアカリキュラムに関するワーキンググループ　第Ⅰ回

〔引用文献〕

文部科学省（2007）：特別支援教育の推進について（通知）.

文部科学省（2012）：共生社会の形成に向けたインクルーシブ教育システム構築のための特別支援教育の推進（報告）.

文部科学省（2017）：発達障害を含む障害のある幼児児童生徒に対する教育支援体制整備ガイドライン～発達障害等の可能性の段階から，教育的ニーズに気付き，支え，つなぐために～.

文部科学省（2018a）：特別支援学校教育要領・学習指導要領解説 自立活動編（幼稚部・小学部・中学部）. https://www.mext.go.jp/a_menu/shotou/tokubetu/main/1386427.htm（2022年8月22日閲覧）.

文部科学省（2021a）：障害のある子供の教育支援の手引～子供たち一人一人の教育的ニーズを踏まえた学びの充実に向けて～.

文部科学省（2021b）：小学校等における医療的ケア実施支援資料～医療的ケア児を安心・安全に受け入れるために～. https://www.mext.go.jp/a_menu/shotou/tokubetu/material/1340250_00002.htm（2022年8月22日閲覧）.

〔参考文献〕

文部科学省（2018b）：改訂第3版 障害に応じた通級による指導の手引―解説とQ＆A―.

文部科学省（2019）：初めて通級による指導を担当する教師のためのガイド.

田中裕一（2022）：通常学級の発達障害児の「学び」を，どう保障するか―学校・家庭・福祉のトライアングル・プロジェクト―. 小学館.

田中裕一（監修）（2017）：小・中学校でできる「合理的配慮」のための授業アイデア集. 東洋館出版社.

田中裕一（監修）（2019）：新版「特別支援学級」と「通級による指導」ハンドブック. 東洋館出版社.

A-4

発達障害と医療

【概要】.....................「発達障害：学習障害（LD/SLD），注意欠如・多動症（ADHD），自閉スペクトラム症（ASD），発達性協調運動症（DCD）等」と関連する医学領域における知識・知見の基本について，DSM-5，ICD-11による診断基準と薬物療法をはじめとする医学的アプローチを中心に解説する。発達障害の併存，合併症などの他，発達障害に関する最近の医学的研究の動向も紹介する。医療と教育の連携のあり方についても述べる。

【キーワード】...........DSM-5／ICD-11／発達障害：学習障害（LD/SLD），注意欠如・多動症（ADHD），自閉スペクトラム症（ASD），発達性協調運動症（DCD）等／薬物療法／医療と教育の連携

【到達目標と評価】.....①DSM-5，ICD-11における「発達障害：学習障害（LD/SLD），注意欠如・多動症（ADHD），自閉スペクトラム症（ASD），発達性協調運動症（DCD）等」の診断基準の概要について説明できる。
②発達障害と関連する医学領域における知識・知見の基本について説明できる。
③「発達障害」に関連する併存・合併症について説明できる。
④「発達障害」に関連する薬物療法，種々の医学的アプローチについて説明できる。
⑤医療と教育の連携について説明できる。

A-4-1　医療における発達障害

1. 医療における発達障害の分類

1）DSM-5における分類（APA, 2013）

　DSM-5とは，米国精神医学会が発行している「精神疾患の診断・統計マニュアル」（Diagnostic and Statistical Manual of Mental Disorders：DSM）の第5版のことで，臨床の場で用いられる。DSM-5において発達障害は，神経発達症群／神経発達障害群（Neurodevelopmental Disorders）というカテゴリーの下にまとめられている。神経発達症群は，発達期，特に幼児期などの発達早期に発達上の問題が出現し，そのために，個人の生活，社会生活，学業，職業などの分野でうまくできない事態（impairments of functioning）が生じるもの，と説明されている。神経発達症群には，これまでの発達障害の概念に該当する6つの分類の他，常同運動症とチック症が含まれている。これは，常同運動症とチック症が従来の発達障害と同じであるということではなく，神経発達症群の説明内容と合致する特徴がこれら2つの疾患にあることから神経発達症群の下位分類として含まれたと考えるのがよいと思われる。なお，常同運動症とチック症は，発達性協調運動症と一緒に運動症群（Motor Disorders）の下位分類として位置づけられている。DSM-5の神経発達症群の中で従来の発

表 A-4-1　DSM-5：神経発達症群の分類 [注1]

①知的発達症／知的発達障害（知的能力障害）（Intellectual Developmental Disorder/Intellectual Disability）[注2]

②コミュニケーション症群／コミュニケーション障害群（Communication Disorders）[注3]

　（1）言語症（Language Disorder）

　（2）語音症（Speech Sound Disorder）

　（3）小児期発症流暢症（吃音）（Childhood-Onset Fluency Disorder (Stuttering)）

　（4）社会的（語用論的）コミュニケーション症（Social (Pragmatic) Communication Disorder）

③自閉スペクトラム症／自閉症スペクトラム障害（Autism Spectrum Disorder）

④注意欠如・多動症／注意欠如・多動性障害（Attention-Deficit/Hyperactivity Disorder）

⑤限局性学習症／限局性学習障害（Specific Learning Disorder）

⑥発達性協調運動症／発達性協調運動障害（Developmental Coordination Disorder）[注4]

注1）各分類の並びは，DSM-5 に記載されている順番である。

注2）DSM-5 本体では，Intellectual Disability が最初に示されているが，この用語は米国の法律に記載されていることに配慮して併記していると説明されている。日本精神神経学会は，Intellectual Developmental Disorder を推奨しているので，この表では用語の順を入れ替えてある。

注3）コミュニケーション症群は下位分類があることを示す複数形となっているため，主な下位分類を示してある。

注4）発達性協調運動症は，DSM-5 本体では運動症群（Motor Disordrs）の下位分類として位置づけられているが，運動症群には常同運動症やチック症など，従来の発達障害とまったく同じには位置づけられないものも含まれているので，ここでは発達性協調運動症を抜き出して示してある。

達障害に該当するものの分類を表 A-4-1 に示す。

2）ICD-11 における分類（WHO, 2019）

　ICD-11 とは，世界保健機関（WHO）による「疾病及び関連保健問題の国際統計分類（国際疾病分類）」（International Statistical Classification of Diseases and Related Health Problems：ICD）の第 11 版のことである。ICD は，世界各国の保健統計に用いられる。発達障害は，第 6 章「精神，行動，神経発達の疾患」（Mental, Behavioural or Neurodevelopmental Disorders）に位置づけられている。発達障害の 6 分類は，基本的に DSM-5 と同じであるが，名称は DSM-5 とは異なっているものがある。常同運動症とチック症が神経発達症群に含まれているが，DSM-5 にある運動症群のカテゴリーはなく，発達性協調運動症，常同症，チック症は，それぞれ神経発達症群の下位分類として独立して位置づけられている。

　ICD-11 の神経発達症群の中で従来の発達障害に該当するものの分類を表 A-4-2 に示す。発達性発話または言語群は DSM-5 のコミュニケーション症群に，発達性学習症は限局性学習症に，それぞれ相当する。DSM-5 のコミュニケーション症群下位分類にある社会的コミュニケーション症は，ICD-11 では発達性言語症のさらなる下位分類となっており，「主として言語の語用論的障害を伴う発達性言語症」の名称となっている。なお，微細な違いではあるが，ICD-11 では ADHD の英語名称で「／」が削除されているため，DSM-5 の訳語「注意欠如・多動症」と異なり ICD-11 の訳では「注意欠如多動症」となり「・」は記載されていない。

表 A-4-2　ICD-11：神経発達症群の分類 [注1]

①知的発達症（Disorders of intellectual development）

②発達性発話または言語症群（Developmental speech or language disorders）[注2]

　（1）発達性語音症（Developmental speech sound disorder）

　（2）発達性発話流暢症（Developmental speech fluency disorder）

　（3）発達性言語症（Developmental language disorder）

③自閉スペクトラム症（Autism spectrum disorder）

④発達性学習症（Developmental learning disorder）

⑤発達性協調運動症（Developmental motor coordination disorder）

⑥注意欠如多動症（Attention deficit hyperactivity disorder）

注1）各分類の並びは，ICD-11 に記載されている順番である。

注2）発達性発話または言語症群は下位分類があることを示す複数形となっているため，主な下位分類を示してある。

注3）日本語訳は，日本精神神経学会 ICD-11 新病名案（2018）による。

2.　発達障害の診断

　発達障害に関して，現在，診断の根拠となる生物学的な指標は見つけられていない。血液検査，脳波検査，頭部放射線検査などのいわゆる医学的検査は，発達障害の診断に役立つことはない。これらの検査は，発達障害と関連する身体的な問題の有無を確認するために行われる。発達障害の診断は，診断基準に準拠しながら，現在の状態，困難状況，発達経過，検査結果（特に心理検査），環境要因，家族歴などを総合的に判断して行われる。

A-4-2　神経発達症各論

　各論は，DSM-5 に準拠した内容が中心となっている。

1.　限局性学習症／限局性学習障害（Specific Learning Disorder：SLD）

1）疫学

　限局性学習症の有病率（ある時点である集団においてその問題を持っている人の割合。いわゆる頻度）は，調査によって異なるが学齢期の子どもでは 5 ～ 15％とされる。男女比は 2 ～ 3：1 と男児が多い。

2）診断基準

　DSM-5 の診断基準を表 A-4-3 に示す。項目 B は，標準化された個別の学業スキルに関する検査により確認することが基本である。学業スキルが著明に低いと判断する基準は，検査得点が－1.5 標準偏差以下の場合とされている。なお，標準化された学業スキル検査がない場合には代替可能な他の検査や学校のテスト結果などを参考にすることも認められている。項目 D は，除外項目である。診断に際しては，これらの項目に該当しないことを確認する必要がある。知的能力に関しては，遅れがないこと（IQ 70 以上）が条件とされる。したがって，境界知能であっても，その知的レベルに比して読み書きや計算などのスキルが著しく劣っている場合には，限局性学習症の診断を下してもよいことになる。ただし，学業スキ

表 A-4-3　限局性学習症の診断基準（APA, 2013）

A. 学習や学業的技能の使用に困難があり，その困難を対象とした介入が提供されているにもかかわらず，以下の症状の少なくとも１つが存在し，少なくとも６カ月間持続していることで明らかになる：

(1) 不的確または速度が遅く，努力を要する読字（例：単語を間違ってまたゆっくりとためらいがちに音読する，しばしばことばを当てずっぽうに言う，ことばを発音することの困難さをもつ）

(2) 読んでいるものの意味を理解することの困難さ（例：文章を正確に読む場合があるが，読んでいるもののつながり，関係，意味するもの，またはより深い意味を理解していないかもしれない）

(3) 綴字の困難さ（例：母音や子音を付け加えたり，入れ忘れたり，置き換えたりするかもしれない）

(4) 書字表出の困難さ（例：文章の中で複数の文法または句読点の間違いをする，段落のまとめ方が下手，思考の書字表出に明確さがない）

(5) 数字の概念，数値，または計算を習得することの困難さ（例：数字，その大小，および関係の理解に乏しい，１桁の足し算を行うのに同級生がやるように数字的事実を思い浮かべるのではなく指を折って数える，算術計算の途中で迷ってしまい方法を変更するかもしれない）

(6) 数学的推論の困難さ（例：定量的問題を解くために，数学的概念，数学的事実，または数学的方法を適用することが非常に困難である）

B. 欠陥のある学業的技能は，その人の暦年齢に期待されるよりも，著明にかつ定量的に低く，学業または職業遂行能力，または日常生活活動に意味のある障害を引き起こしており，個別施行の標準化された到達尺度および総合的な臨床評価で確認されている。17歳以上の人においては，確認された学習困難の経歴は標準化された評価の代わりにしてよいかもしれない。

C. 学習困難は学齢期に始まるが，欠陥のある学業的技能に対する要求が，その人の限られた能力を超えるまでは完全には明らかにはならないかもしれない（例：時間制限のある試験，厳しい締め切り期間内に長く複雑な報告書を読んだり書いたりすること，過度に重い学業的負荷）。

D. 学習困難は知的能力障害群，非矯正視力または聴力，他の精神または神経疾患，心理社会的逆境，学業的指導に用いる言語の習熟度不足，または不適切な教育的指導によってはうまく説明されない。

ルに関する検査は知的能力が暦年齢相当の子どもを対象として標準化されていることが通常であるため，境界知能の場合に学業スキルが著しく低いと判断する基準がなく，境界知能の子どもを限局性学習症と診断することには慎重さが求められる。特定項目は，該当する場合に診断名に併記することが推奨されている事項である。

　なお，文部科学省の学習障害の定義では，「聞く，話す，読む，書く，計算する又は推論する能力」の問題であるとされている（文部省，1999）。この定義で示されている「聞く，話す」ことの問題は，医療ではコミュニケーション症群（主として言語症）に該当するものと考えることができ，限局性学習症の診断はされない。

2. 注意欠如・多動症／注意欠如・多動性障害（Attention-Deficit/Hyperactivity Disorder：ADHD）

1）疫学

　有病率は，子どもで約5%，成人で約2.5%といわれている。男女比は，子どもで2:1，成人で1.6:1とされる。

2）診断基準

　診断基準を表 A-4-4 に示す。項目 D は，子どもでは，保護者が日常的に忘れ物や連絡物

表 A-4-4　注意欠如・多動症の診断基準（APA, 2013）

A.（1）および／または（2）によって特徴づけられる，不注意および／または多動性－衝動性の持続的な様式で，機能または発達の妨げとなっているもの：

（1）不注意：以下の症状のうち6つ（またはそれ以上）が少なくとも6カ月持続したことがあり，その程度は発達の水準に不相応で，社会的および学業的／職業的活動に直接，悪影響を及ぼすほどである。

　注：それらの症状は，単なる反抗的行動，挑戦，敵意の表れではなく，課題や指示を理解できないことでもない。青年期後期および成人（17歳以上）では，少なくとも5つ以上の症状が必要である。

（a）学業，仕事，または他の活動中に，しばしば綿密に注意することができない，または不注意な間違いをする（例：細部を見過ごしたり，見逃してしまう，作業が不正確である）。

（b）課題または遊びの活動中に，しばしば注意を持続することが困難である（例：講義，会話，または長時間の読書に集中し続けることが難しい）。

（c）直接話しかけられたときに，しばしば聞いていないように見える（例：明らかな注意を逸らすものがない状況でさえ，心がどこか他所にあるように見える）。

（d）しばしば指示に従えず，学業，用事，職場での義務をやり遂げることができない（例：課題を始めるがすぐに集中できなくなる，また容易に脱線する）。

（e）課題や活動を順序立てることがしばしば困難である（例：一連の課題を遂行することが難しい，資料や持ち物を整理しておくことが難しい，作業が乱雑でまとまりがない，時間の管理が苦手，締め切りを守れない）。

（f）精神的努力の持続を要する課題（例：学業や宿題，青年期後期および成人では報告書の作成，書類に漏れなく記入すること，長い文書を見直すこと）に従事することをしばしば避ける，嫌う，またはいやいや行う。

（g）課題や活動に必要なもの（例：学校教材，鉛筆，本，道具，財布，鍵，書類，眼鏡，携帯電話）をしばしばなくしてしまう。

（h）しばしば外的な刺激（青年期後期および成人では無関係な考えも含まれる）によってすぐ気が散ってしまう。

（i）しばしば日々の活動（例：用事を足すこと，お使いをすること，青年期後期および成人では，電話を折り返しかけること，お金の支払い，会合の約束を守ること）で忘れっぽい。

（2）多動性および衝動性：以下の症状のうち6つ（またはそれ以上）が少なくとも6カ月持続したことがあり，その程度は発達の水準に不相応で，社会的および学業的／職業的活動に直接，悪影響を及ぼすほどである。

　注：それらの症状は，単なる反抗的行動，挑戦，敵意などの表れではなく，課題や指示を理解できないことでもない。青年期後期および成人（17歳以上）では，少なくとも5つ以上の症状が必要である。

（a）しばしば手足をそわそわと動かしたりトントン叩いたりする。またはいすの上でもじもじする。

（b）席についていることが求められる場面でしばしば席を離れる（例：教室，職場，その他の作業場所で，またはそこにとどまることを要求される他の場面で，自分の場所を離れる）。

（c）不適切な状況でしばしば走り回ったり高い所へ登ったりする（注：青年または成人では，落ち着かない感じのみに限られるかもしれない）。

（d）静かに遊んだり余暇活動につくことがしばしばできない。

（e）しばしば“じっとしていない”，またはまるで“エンジンで動かされるように”行動する（例：レストランや会議に長時間とどまることができないかまたは不快に感じる；他の人達には，落ち着かないとか，一緒にいることが困難と感じられるかもしれない）。

（f）しばしばしゃべりすぎる。

表 A-4-4　注意欠如・多動症の診断基準（APA, 2013）（つづき）

　　（g）しばしば質問が終わる前に出し抜いて答え始めてしまう（例：他の人達の言葉の続きを言ってしまう；会話で自分の番を待つことができない）。

　　（h）しばしば自分の順番を待つことが困難である（例：列に並んでいるとき）。

　　（i）しばしば他人を妨害し，邪魔する（例：会話，ゲーム，または活動に干渉する；相手に聞かずにまたは許可を得ずに他人の物を使い始めるかもしれない；青年または成人では，他人のしていることに口出ししたり，横取りすることがあるかもしれない）。

B.　不注意または多動性－衝動性の症状のうちいくつかが 12 歳になる前から存在していた。

C.　不注意または多動性－衝動性の症状のうちいくつかが 2 つ以上の状況（例：家庭，学校，職場；友人や親戚といるとき；その他の活動中）において存在する。

D.　これらの症状が，社会的，学業的または職業的機能を損なわせているまたはその質を低下させているという明確な証拠がある。

E.　その症状は，統合失調症，または他の精神病性障害の経過中に起こるものではなく，他の精神疾患（例：気分障害，不安症，解離症，パーソナリティ障害，物質中毒または離脱）ではうまく説明されない。

の有無などを注意・確認していることにより，一見支障なく生活できているように見えることがある。保護者のそうした対応が必要とされる頻度（ほぼ毎日など）を確認することで推定できる場合が多い。

　ADHD の 3 特徴（不注意，多動性，衝動性）の組み合わせにより，3 特徴がすべて見られる状態（混在して存在），不注意だけが診断基準を満たす状態（不注意優勢に存在），多動性と衝動性だけが診断基準を満たす状態（多動・衝動優勢に存在）の 3 つに分けられる。不注意優勢タイプは，小児期には気づかれにくく，成人になってから不注意が問題となり診断されることも少なくない。不注意優勢は女性で比較的多いといわれており，成人の男女比で女性の割合が大きくなる要因のひとつと考えられる（吉益，2020）。

　知的発達症があっても，精神年齢に見合わないほど著しい不注意，多動性，衝動性が見られる場合は ADHD の診断を付けてもよいことになっている。ただし，ADHD との併存診断は，境界知能や軽度知的発達症までとするのが現実的な判断であろう。

　診断基準には含まれていないが，時間の流れがわからないという問題を伴うこともある。時間がないのにあわてない，遅れても平気などの状況が見られることは少なくない。

3.　自閉スペクトラム症／自閉症スペクトラム障害（Autism Spectrum Disorder：ASD）

1）疫学

　有病率は，世界的には人口の約 1%とされる。なお，5 歳までの ASD 累積発生率（その年齢までにその問題が診断される人の割合）2.75%（Sasayama et al., 2021）や，8 歳児において ASD と診断された児が 3.9%（CDC, 2021）など，最近はより多い頻度の報告もみられる。頻度増加の背景には，診断基準の明確化，診断概念の拡大，社会的認知の広まりなどが想定されている。研究者の多くは，ASD が実際に増加しているとは考えていないのが実情である（土屋他，2009）。男女比は 4：1 とされる。

表 A-4-5　自閉スペクトラム症の診断基準（APA, 2013）

A. 複数の状況で社会的コミュニケーションおよび対人相互反応における持続的な欠陥があり，現時点または病歴によって，以下により明らかになる（以下の例は一例であり，網羅したものではない）。

 (1) 相互の対人的－情緒的関係の欠落で，例えば，対人的に異常な近づき方や通常の会話のやりとりのできないことといったものから，興味，情動，または感情を共有することの少なさ，社会的相互反応を開始したり応じたりすることができないことに及ぶ。

 (2) 対人的相互反応で非言語的コミュニケーション行動を用いることの欠陥，例えば，まとまりのわるい言語的，非言語的コミュニケーションから，視線を合わせることと身振りの異常，または身振りの理解やその使用の欠陥，顔の表情や非言語的コミュニケーションの完全な欠陥に及ぶ。

 (3) 人間関係を発展させ，維持し，それを理解することの欠陥で，例えば，さまざまな社会的状況に合った行動を調整することの困難さから，想像上の遊びを他者と一緒にしたり友人を作ることの困難さ，または仲間に対する興味の欠如に及ぶ。

B. 行動，興味，または活動の限定された反復的な様式で，現在または病歴によって，以下の少なくとも 2 つにより明らかになる（以下の例は一例であり，網羅したものではない）。

 (1) 常同的または反復的な身体の運動，物の使用，または会話（例：おもちゃを一列に並べたり物を叩いたりするなどの単調な常同運動，反響言語，独特な言い回し）。

 (2) 同一性への固執，習慣への頑なこだわり，または言語的，非言語的な儀式的行動様式（例：小さな変化に対する極度の苦痛，移行することの困難さ，柔軟性に欠ける思考様式，儀式のようなあいさつの習慣，毎日同じ道順をたどったり，同じ食物を食べたりすることへの要求）。

 (3) 強度または対象において異常なほど，きわめて限定され執着する興味（例：一般的ではない対象への強い愛着または没頭，過度に限局したまたは固執した興味）。

 (4) 感覚刺激に対する過敏さまたは鈍感さ，または環境の感覚的側面に対する並外れた興味（例：痛みや体温に無関心のように見える，特定の音または触感に逆の反応をする，対象を過度に嗅いだり触れたりする，光または動きを見ることに熱中する）。

C. 症状は発達早期に存在していなければならない（しかし社会的要求が能力の限界を超えるまでは症状は完全に明らかにならないかもしれないし，その後の生活で学んだ対応の仕方によって隠されている場合もある）。

D. その症状は，社会的，職業的，または他の重要な領域における現在の機能に臨床的に意味のある障害を引き起こしている。

E. これらの障害は，知的能力障害（知的発達症）または全般的発達遅延ではうまく説明されない。知的能力障害と自閉スペクトラム症はしばしば同時に起こり，自閉スペクトラム症と知的能力障害の併存の診断を下すためには，社会的コミュニケーションが全般的な発達の水準から期待されるものより下回っていなければならない。

2）診断基準

　診断基準を表 A-4-5 に示す。DSM-5 では，診断には A と B の両方の項目を満たすことが必要とされ，DSM-IV で設定されていた診断基準の一部を満たす状態の下位分類（特定不能の広汎性発達障害）はなくなり，診断の厳格化が求められている。項目 B（4）は，ASD でときにいわれる感覚過敏と受け取れる日本語訳が含まれているが，原文は「hyper- or hypo-reactivity to sensory input」となっており，感覚刺激に対する過剰あるいは過小な反応と理解するほうが適切と思われる。掃除機の音に対して耳を塞ぐなど，ASD 児が特定の感覚刺激に対して同じ反応を繰り返すことから，感覚刺激への反応の問題が項目 B の限局された反復的な行動に入れられているものと思われる。DSM-5 では，自閉的な状態は ASD の診断 1 つにまとめられたため，知能障害（intellectual impairment），言語障害の有無などは，特

表 A-4-6　発達性協調運動症の診断基準（APA, 2013）

A. 協調運動技能の獲得や遂行が，その人の生活年齢や技能の学習および使用の機会に応じて期待されているものよりも明らかに劣っている。その困難さは，不器用（例：物を落とす，または物にぶつかる），運動技能（例：物を掴む，はさみや刃物を使う，書字，自転車に乗る，スポーツに参加する）の遂行における遅さと不正確さによって明らかになる。

B. 診断基準 A における運動技能の欠如は，生活年齢にふさわしい日常生活動作（例：自己管理，自己保全）を著明および持続的に妨げており，学業または学校での生産性，就労前および就労後の活動，余暇，および遊びに影響を与えている。

C. この症状の始まりは発達段階早期である。

D. この運動技能の欠如は，知的能力障害（知的発達症）や視力障害によってはうまく説明されず，運動に影響を与える神経疾患（例：脳性麻痺，筋ジストロフィー，変性疾患）によるものではない。

定項目として診断名に併記するように求められている。

　なお，現在，ASD では知的障害を伴わない場合が多いことが知られるようになった。8 歳 ASD 児の約 65%が知能指数（IQ）70 以上との報告（CDC, 2021）や，ASD 児の 42.8 〜 59.1%が IQ 86 以上であったとの報告もある（Katusic et al., 2021）。

4. 発達性協調運動症／発達性協調運動障害 （Developmental Coordination Disorder：DCD）

1）疫学

　有病率は小学生年代の 5 〜 6%とされる。男女比は 2：1 〜 7：1 である。

2）診断基準

　表 A-4-6 に診断基準を示す。協調運動とは，縄跳びなど，複数の筋肉あるいは筋肉群を用いて一定のまとまりのある動作をすることである。項目 A の協調運動の問題は，厳密には，標準化された検査を用いることが推奨されているが，日本ではまだ利用できる検査は開発されておらず，子どもの運動の観察や病歴などを踏まえ，総合的に判断することになる。その際，むしろ重要なのは項目 B で，協調運動に問題があるときに生じやすい生活上の大きな支障（たとえば，着替えに 15 分以上かかるなど）が確認されれば，その子どもの協調運動には大きな問題があるかもしれないと判断されることになる。発達性協調運動症は，単に不器用とか運動が苦手ということではなく，そのために生活上で大きな支障を来していることが診断上の重要な観点となる。

5. コミュニケーション症群／コミュニケーション障害群 （Communication Disorders：CD）

1）下位分類

　コミュニケーション症群は，音声言語（話しことば）の発達上の問題をまとめたものである。表 A-4-1 に示した 4 つの下位分類で構成されている。語音症は，我が国では機能性構音障害と呼ばれてきたもので，聴覚や構音機能に影響する身体的問題がないにもかかわらず発音が不明瞭なものである。小児期発症流暢症は，吃音のことである。この両者は，我が国

表 A-4-7　言語症の診断基準（APA, 2013）

A. 複数の様式の（すなわち，話す，書く，手話，あるいはその他）言語の習得および使用における持続的な困難さで，以下のような言語理解または言語産出の欠陥によるもの。

　（1）少ない語彙（単語の知識および使用）

　（2）限定された構文（文法および語形論の規則に基づいた文章を形成するために，単語と語の末尾を配置する能力）

　（3）話法（1つの話題や一連の出来事を説明または表現したり，会話をしたりするために，語彙を使用し文章をつなげる能力）における障害

B. 言語能力は年齢において期待されるものより本質的かつ量的に低く，効果的なコミュニケーション，社会参加，学業成績，または職業的能力の1つまたは複数において機能的な制限をもたらしている。

C. 症状の始まりは発達期早期である。

D. その困難さは，聴力またはその他の感覚障害，運動機能障害，または他の身体的または精神学的疾患によるものではなく，知的能力障害（知的発達症）または全般的発達遅延によってはうまく説明されない。

では音声言語障害の範疇で論じられ，対応されてきていることもあり，本章では言語症と社会的コミュニケーション症について解説する。

2）疫学

　DSM-5 では，下位分類個々の有病率は示されていない。ちなみに，DSM-IV-TR（APA, 2000）では，表出性言語障害は3歳以下の子どもで10～15％，小学生年代で3～7％，受容－表出混合性言語障害は幼児期で5％以下，小学生年代で3％以下，音韻障害（発達性構音障害）は6～7歳で2％，吃音は小学生年代以下で1％（男女比3:1）とされている。ちなみに，我が国では，いわゆることばの遅れは1歳6カ月児健診で4.3％（諸岡，2005），構音障害は小児の3％（磯野，2006），吃音は幼児期で5～8％，学齢期で1～2％（森，2018）との報告がある。

3）言語症

　診断基準を表 A-4-7 に示す。項目 A にある「書く」ことの問題とは，言語表出の手段として文章を作成することの問題が基本である。LD における書字や綴りの困難と混同しないようにしなければならない。言語能力は，観察と聞き取り及び標準化された言語能力検査で総合的に判断するとされている。我が国では，言語発達に関する検査がいくつか作成されているので，必要に応じてそうした検査を用いることになる。項目 D にあるように，聴力や知能に問題がなく，その他，言語発達に影響する身体問題がないにもかかわらず言語発達に遅れが見られる場合に言語症の疑いが持たれることになる。なお，項目 D に記載はないが，著しい刺激剥奪環境（たとえばネグレクトなど）での生育など生育環境にも問題がないことも条件となる。

4）社会的コミュニケーション症

　診断基準を表 A-4-8 に示す。ASD の診断基準（表 A-4-5）のうち，項目 A の（2）を満たすがそれ以外の項目は満たさない状態と理解するとよいであろう。

表 A-4-8　社会的コミュニケーション症の診断基準（APA, 2013）

A. 言語的および非言語的なコミュニケーションの社会的使用における持続的な困難さで，以下のうちすべてによって明らかになる。

　（1）社会的状況に適切な様式で，挨拶や情報を共有するといった社会的な目的でコミュニケーションを用いることの欠陥）

　（2）遊び場と教室とで喋り方を変える，相手が大人か子どもかで話し方を変える，過度に堅苦しいことばを避けるなど，状況や聞き手の要求に合わせてコミュニケーションを変えるための能力の障害

　（3）会話で相づちを打つ，誤解されたときに言い換える，相互関係を調整するための言語的および非言語的な合図の使い方を理解するなど，会話や話術のルールに従うことの困難さ

　（4）明確に示されていないこと（例：推測すること）や，字義どおりでなかったりあいまいであったりすることばの意味（例：慣用句，ユーモア，隠喩，解釈の状況によっては複数の意味をもつ話）を理解することの困難さ

B. それらの欠陥は，効果的なコミュニケーション，社会参加，社会的関係，学業成績，および職業的遂行能力の１つまたは複数に機能的制限をもたらす。症状の始まりは発達期早期である。

C. 症状は発達期早期より出現している（しかし，能力の限界を超えた社会的コミュニケーションが要求されるまでは，その欠陥は完全には明らかにならないかもしれない）。

D. その症状は他の医学的または神経疾患，および言語の構造や文法の領域における能力の低さによるものではなく，自閉スペクトラム症，知的能力障害（知的発達症），全般的発達遅延，および他の精神疾患ではうまく説明されない。

6. 知的発達症／知的発達障害／知的能力障害
（Intellectual Developmental Disorder : IDD）

1）疫学

　有病率は，全人口の約１％である。男女比は，軽度で 1.6：1，重度で 1.2：1 と，重症度が軽いほうが男性の割合が多い。知能障害の程度で知的発達症を分類した場合，軽度が知的発達症全体の 85%，中等度が 10%，重度と最重度で 5% といわれており，知的発達症全体では軽度のものが大多数を占める。

2）診断基準

　診断基準を表 A-4-9 に示す。前述したように，知能の低さだけでは診断されず，生活上の困難（適応行動の困難性）が同時にあることが診断する上での条件となっている。知能の遅れについては，DSM-IV までは知能検査で IQ 70 未満で判断するとされていたが，DSM-5 では知能検査に臨床評価も加えて総合的に判断すると変更されている。知能検査の結果には誤差があること，練習効果などさまざまな要因が検査結果に影響を与える可能性があること，知能検査は概念的スキルの評価には有用だが社会的スキルや実用的スキルが反映されにくいことなどが，知能検査だけで知的能力を判断しないことの主な理由とされている。

　適応行動については，米国知的障害・発達障害協会（AAIDD）の操作的定義が有名である。それは，「適応行動とは，概念的スキル，社会的スキル，実用的スキルの集合であり，日常生活の中で学習され，実施されるものである」（筆者訳）というものである（AAIDD, n.d.）。これを，かみ砕いて説明すると，その時代・社会・文化の中で年齢相当に期待される行動や達成できる事柄ということができるであろう。概念的スキルは言語・文字・数量などを扱う

表 A-4-9　知的発達症の診断基準（APA, 2013）

A. 臨床的評価および個別化，標準化された知能検査によって確かめられる，論理的思考，問題解決，計画，抽象的思考，判断，学校での学習，および経験からの学習など，知的機能の欠陥。

B. 個人の自立や社会的責任において発達的および社会文化的な水準を満たすことができなくなるという適応機能の欠陥，継続的な支援がなければ，適応上の欠陥は，家庭，学校，職場，および地域社会といった多岐にわたる環境において，コミュニケーション，社会参加，および自立した生活といった複数の日常生活活動における機能を限定する。

C. 知的および適応の欠陥は，発達期の間に発症する。

スキル（話す，読み書きなど），社会的スキルは対人行動や社会的ルールを扱うスキル（対人関係の維持，ルールの理解と遵守など），実用的スキルとは自立して生活を送るためのスキル（生活行動や就労など）のことである。これらのスキルの習得や習熟に問題があると，そのスキルを必要とする事柄に関する困難が生じる，つまりは，適応行動の問題が生じることになる。適応行動の問題は，日常生活状況の聴取で推測することができることも多いが，適応行動を評価する尺度（Vineland-II 適応行動尺度）を用いることで，保護者などの回答する人の主観が混じりにくくなり，より正確な評価が可能となる。

　なお，DSM-5 では，知的発達症の重症度分類は，IQ 値ではなく，適応スキルの状態で評価する形式となっている。

A-4-3　発達障害の併存症

1. 併存症と合併症及び「二次障害」

　併存症（comorbidity）とは，もともとの疾患とは別に独立して存在する疾患や問題のある状態をいう。もともとの疾患に伴いやすいが，因果関係はない。たとえば，ASD では定型発達よりもてんかんを伴いやすいことが知られているが，ASD だからてんかんになった訳でも，てんかんだから ASD になった訳でもない。この場合，てんかんは，ASD の併存症と捉えられる。合併症（complication）は，もともとの疾患や手術・検査が原因となり二次的に生じている別の疾患や問題のある状態をいう。合併症は，もとの疾患や検査の手技と因果関係がある。「二次障害」の用語は，発達障害領域においては，発達障害と関連した心理的ストレスを背景として新たに生じた心身の不安定な状態を意味して使われるのが一般的である。その意味では，「二次障害」は合併症に該当する。なお，併存症と合併症を明確に区別できないこともあり，以下では併存症としてまとめている。

2. 併存症

　発達障害に比較的認められやすい併存症を表A-4-10に示す。発達障害相互の併存関係は重要である。複数の発達障害への配慮，支援が必要となるからである。特に注意が必要なものとしては，LD では ADHD と ASD，ADHD では ASD と LD，ASD では ADHD と LD の併存がある。

　行動面・精神面の問題は，ADHD と ASD で併存しやすい。反抗挑発症は，反抗的で挑発

表 A-4-10 発達障害における併存症

1. 発達障害

　LD：ADHD，ASD，コミュニケーション症群，DCD

　ADHD：ASD，LD，知的発達症（軽度）

　ASD：ADHD，LD，知的発達症，DCD，言語症

　DCD：ADHD，ASD，LD，言語症

　言語症：LD，ADHD，ASD，語音症，社会的コミュニケーション症，DCD

　社会的コミュニケーション症：ADHD，LD

　知的発達症：ASD，ADHD

2. 精神的問題（行動問題・精神疾患など）

　主として幼児期～学童期

　　ADHD：反抗挑発症，不安症群

　　ASD：遺糞症，選択性緘黙，回避・制限性食物摂取症，適応障害（不登校），不安症群，易刺激性，
　　　反抗挑発症

　　知的発達症：遺糞症，選択性緘黙，適応障害（不登校），不安症群

　　常同運動症 *，衝動制御困難 *，興奮 *，自傷 *，暴力 *

　主として青年期以降

　　LD：不安症群，抑うつ障害群

　　ADHD：反抗挑発症，間欠爆発症，素行症，神経性過食症，不安症群，抑うつ障害群，双極性障害，
　　　物質関連障害群，自傷，自殺企図

　　ASD：適応障害（不登校），易刺激性，間欠爆発症，反抗挑発症，素行症，不安症群，強迫症，抑う
　　　つ障害群，思春期やせ症，自傷，自殺企図

　　知的発達症：適応障害（不登校），不安症群，抑うつ障害群，双極性障害

　　常同運動症 *，衝動制御困難 *，興奮 *，自傷 *，暴力 *

3. 身体問題（基礎疾患による身体問題を除く）

　ADHD：肥満，チック症群

　ASD：睡眠障害，消化器症状（腹痛，便秘，下痢），過敏性腸症候群，チック症群，肥満，てんかん

　DCD：過剰運動症候群

　知的発達症：肥満，てんかん

＊：中等度以上の知的発達症で見られやすい

的な言動を繰り返すが，直接に暴力を振るうことはないものである。素行症は，暴力や触法行為を繰り返すようになったものである。易刺激性とは，些細なことでイライラした態度や暴力的な言動を示すものである。間欠爆発症は，些細なことで突然に激しい暴力行為が生じるもので，易刺激性のようにかんしゃくの前にイライラした様子が見られず，衝動的に生じるが，30 分以内に落ち着いてしまうのが特徴である。食行動の問題は，ADHD では過食が，ASD では拒食が見られやすく，発達障害と摂食障害の併存も少なくない。回避・制限性食物摂取症とは，食べることの拒否・無関心により体重減少や生活活動の困難を生じているものの，やせ願望や体重増加への恐怖などの神経性やせ症の特徴がないものをいう。青年期以降，どの発達障害においても不安症と抑うつが重要となる。特に，ADHD と ASD では，抑うつから自傷や自殺企図が少なくないことが知られるようになってきている（尾崎・渡辺，2016）。ASD では，時に，幻覚や妄想など精神病様の症状を示すことがあるが，統合失調症と診断される人は多くはない。過剰運動症候群とは，関節の可動域が普通よりも大きいもので，生活に支障を来すほどではないことが多いが，時に，関節の脱臼や変形を生じることも

ある。

A-4-4　発達障害の成因

　医療における成因とは，病気の病因（原因）と病気による異常状態が生じる仕組み（病態生理）の両方を含む意味で用いられる。

1. 発達障害の病因（原因）

　特定の身体疾患が原因となって発達障害が生じていることはある。そうした原因疾患がもっともよく知られているのは，知的発達症である。染色体異常，出生時の脳障害，髄膜炎などさまざまな疾患により知能障害が生じることはよく知られている。

　しかし，発達障害，特に知能障害のない発達障害や知的発達症でも軽度知的発達症では，原因となる疾患が特定できない場合がほとんどである。原因疾患が特定できない発達障害に関しては，遺伝的素因と環境要因の両方が関係しているとする考え方が一般的となっている。なお，ここでいう環境要因とは，生活環境だけを指しているのではなく，身体内部や細胞さえも含む遺伝子を取り巻くすべての状況のことである。能力面の問題が中心の発達障害（LD，コミュニケーション症群，発達性協調運動症，軽度知的発達症）は，行動面の問題が中心の発達障害（ADHD，ASD）に比べ遺伝素因が関与する割合が大きい。

　発達障害との関連性が推定される候補遺伝子としては，ADHDで数十個以上，ASDで90個以上，LDで10個前後が報告されている（中井・内匠，2018；岡，2018；吉益，2020）。ADHDやASDでは，ゲノム（個々の遺伝子ではなく遺伝子のセットからなる遺伝情報の全体）の変異も多数（数百以上）報告されている。候補遺伝子やゲノム変異がこれだけ多数報告されているということは，発達障害には多数の遺伝子が関係していることを意味し，特定の遺伝子やゲノム変異だけで発達障害が生じることはないことを示している。

　遺伝の他によく知られている関連要因が低出生体重で，LD，ADHD，ASD，発達性協調運動症のリスクが高くなることが報告されている。また，父親の高年齢が子どものASDと関連していることが報告されている。

2. 発達障害の病態生理

　発達障害においてその特性が出現する機序の解明は，特定の脳機能障害仮説の構築，仮説で示された脳機能と関連する脳部位や神経伝達物質の検討などで行われている。

　ADHDの特徴が出現する仕組みについての仮説では，dual pathway model（実行機能と報酬系機能の異常）とtriple pathway model（時間処理の問題を加えたもの）が有名である。実行機能とは，ある目的達成のために必要な一連の行動を状況に応じて調節しながらスムーズに行えるように，関連する情報を統合し行動を統制していく脳の働きのことである。最近では，デフォルトモードネットワーク（DMN）障害説が有力となってきている。脳には何も課題等をしていない安静時においても活動（デフォルト脳活動）している部位が複数あり，DMNはこれらの複数の脳部位のつながりのことである。DMNを構成する主な部位は，内側前頭前野，後帯状皮質，楔前部，下頭頂小葉といわれている（図A-4-1，図A-4-2）。ADHDでは，DMNに障害があり，活動から活動への移行や切り替えがうまくいかないとさ

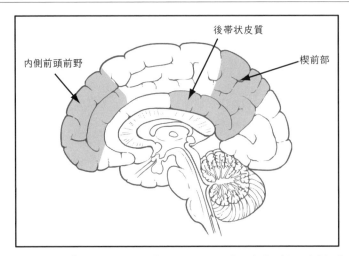

図 A-4-1　デフォルトモードネットワークの主な部位（大脳内側面）

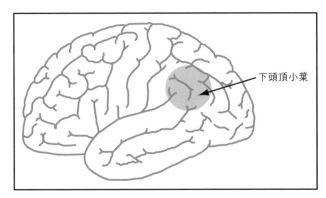

図 A-4-2　デフォルトモードネットワークの主な部位（大脳外側面）

れる。脳部位については，実行機能と関連する背外側前頭前野や尾状核（背側線条体），報酬系機能と関連する眼窩前頭皮質・前帯状回・側坐核（腹側線条体），時間処理機能と関連する小脳の異常が，それぞれ報告されている。神経伝達物質に関しては，ADHD では，ドーパミンとノルアドレナリンの調節に問題があることが推定されている。

　ASD 特性の説明仮説としては，ミラーニューロン障害説と心の理論障害説がある。ミラーニューロンとは，ある行為を自分で行うときと同じ行為を他の人が行うのを見ているときの両方で活動する神経細胞のことである。ミラーニューロンは，相手の意図の把握や共感性とも関連すると推測されていることから，その障害が ASD 特性と関連している可能性が推定される。心の理論とは，相手が考えていることを推測する脳の働きをいう。心の理論障害説は，ASD では心の理論の障害がコミュニケーションや対人行動の問題と関連しているとする仮説である。ただし，ASD においても DMN の異常が報告されており，ASD 特性も DMN の問題で解明しようとする方向になりつつある。脳部位に関しては，社会性の問題と関連して上側頭回・紡錘状回・線条体・扁桃体・眼窩前頭皮質・腹外側前頭前野，ミラーニューロンと関連して下前頭回や下頭頂小葉，心の理論と関連して内側前頭前野や側頭頭頂接合部の異

常が報告されている。神経伝達物質では，セロトニン系とドーパミン系の異常が報告されている。

　ADHD や ASD の特性の発生機序の解明は，DMN などの脳全体の神経ネットワークの視点から検討することが主流となってきており，特定の脳部位の異常で ADHD や ASD の特性をすべて説明できるとは考えないほうがよいであろう。

　LD の読み障害に関する主な仮説として，稲垣と矢田部（2010）は，音韻処理障害説（単語を構成する音韻の弁別障害），急速聴覚処理障害説（短時間で急速に変化する音の認知障害），視覚障害説（視覚処理全般の障害），大細胞障害説（動きの視知覚や眼球運動と関係する大細胞と呼ばれる視覚経路の神経細胞の機能障害），小脳障害説（小脳の障害による認知処理全般の自動化や運動統制の障害），二重障害説（音韻処理障害と素早い認知処理障害の両方の問題）の 6 つを挙げている。これらの中では，音韻処理障害が中心と考える研究者が多い。脳部位については，音韻処理と関連する左頭頂側頭移行部（縁上回・下頭頂小葉など）や単語形態認識と関連する左下後頭側頭回（紡錘状回など）の異常が報告されている（関・小枝，2010）。

A-4-5　医療における発達障害への対応

1. 心理社会的対応

　医療における子どもに対する心理社会的対応は，発達支援，助言，心理面安定のための心理的対応，心理教育が行われる。発達支援としては，作業療法（作業療法士），言語療法（言語聴覚士），心理職（公認心理師）による発達支援プログラムなどが行われる。助言，心理的対応は医師や心理職が，心理教育は医師が，それぞれ行う。心理教育とは，発達障害の特徴や対応の考え方などを説明し，発達障害および発達障害のある子どもへの理解を高める対応である。

　家族に対する心理教育，助言，心理的対応，子どもと関わる周囲の人（保育士・教諭など）への心理教育や助言は，いずれも医師が行っているのが通常である。

　ソーシャルスキルトレーニングやペアレントトレーニングなどの特定のスキル訓練及び学習指導などの教育的対応は，医療機関で実施しているところは限られている。

　その他，医療ソーシャルワーカー（MSW）が配置されている医療機関では，発達障害のある子どもや家族が利用できる制度の説明や関係機関への連絡・調整を MSW が行うこともある。

2. 薬物療法

　発達障害に対する薬物療法は，多動性など発達障害特性を背景とした問題の改善を目的とするものと，睡眠障害やてんかんなどの併存症の治療を目的としたものに分けられる。前者の薬物療法は，基本的には対症療法である。対症療法とは，症状の改善を目的とするもので，病気自体を治す治療法ではない。したがって，前者の薬物療法は，対応における第一選択とはならない。心理社会的対応で問題の改善が認められない場合に検討される。現在，我が国で発達障害への適応が承認されている薬剤は 7 種類（ADHD：4 薬，ASD：2 薬，発達

障害：I 薬）である。以下の薬品名は，一般名（商品名）となっている。商品名が２つある
ものは，前が先発医薬品，後が後発医薬品（ジェネリック医薬品）である。

1）ADHD に対する薬物療法

　ADHD の不注意，多動性，衝動性の改善を目的とした対症療法のための薬である。2022
年現在，我が国で承認されているのは４種類である。子どもの状態と薬の特徴を考慮し，薬
の選択が行われる。いずれの薬も，適応年齢は６歳以上である。

（1）中枢神経刺激薬

　我が国では，メチルフェニデート徐放錠は麻薬及び向精神薬取締法，リスデキサンフェタ
ミンメシル酸塩は覚醒剤取締法の対象となっている。処方，調剤は，適正流通管理委員会に
よって管理されており，所定の手続きを経て登録した医師しか処方できず，登録した薬局で
ないと調剤できない。

　①メチルフェニデート徐放錠（商品名：コンサータ）
　「錠」と記載されるが，実際はカプセル剤である。朝 I 回の服用で，10 〜 12 時間効果
が持続する。即効性で，数日間の使用で効果が判断できることが多い。多動性や衝動性が強
く周囲とのトラブルが多いなど，即効性が求められる状況で選択されることが多い。即効性
のため，適宜，休薬も可能である。副作用としては，食欲低下，腹痛，気分不快，頭痛，不
眠などがある。食欲低下は，服薬している子どもの半数近くに認め，昼の給食の摂食量が低
下することも少なくない。不眠が生じるので，夜の服用はできない。不安やチックを増強し
たり，てんかん発作を誘発することがあるので，そうした状態がある場合は，非中枢神経刺
激薬が選択される。

　②リスデキサンフェタミンメシル酸塩（商品名：ビバンセ）
　カプセル剤である。メチルフェニデート徐放錠と同じ系列の薬であり，上記①の記載がそ
のままこの薬にも該当する。ただし，メチルフェニデート徐放錠と薬理作用が異なる点も
あり，この薬のほうが効果持続時間がやや長く，効果も強いとされる。リスデキサンフェタ
ミンメシル酸塩は，他の３種類の ADHD 薬の効果が認められない場合にのみ使用が検討さ
れる。

（2）非中枢神経刺激薬
　①アトモキセチン（商品名：ストラテラ・アトモキセチン）
　錠剤及び液剤がある。I 日２回の服用で，効果は 24 時間持続する。効果が見られるまで
に 6 〜 8 週間かかる。効果発現までの期間が長いため，周囲とのトラブルが少なく，不注意
が優勢の状態で選択されることが多い。ADHD 薬の中で唯一液剤があるため，錠剤を服用で
きない子どもの選択肢となる。副作用としては，頭痛，食欲低下，眠気，腹痛などがある。

　②グアンファシン（商品名：インチュニブ）
　錠剤である。I 日 I 回の服用で，効果は 24 時間持続する。効果が見られるまでの期間は

１〜２週間である。グアンファシンは，イライラを改善する効果もあり，乱暴な行動や衝動性が強い場合に選択されることが多い。グアンファシンは，もともと成人の高血圧に用いられていた薬ということもあり，副作用としては，眠気，立ちくらみ，頭痛などがある。

2）ASD に対する薬物療法

　ASDの易刺激性に対する対症療法薬で，いずれも非定型抗精神病薬に該当する薬である。非定型抗精神病薬とは，ドーパミンとセロトニンに作用し（定型抗精神病薬はドーパミンへの作用が中心），これまでの抗精神病薬に比べると比較的副作用が少ないといわれる薬である。2薬とも，錠剤，口腔内崩壊錠（OD錠），細粒，液剤と剤型が揃っており，子どもが服薬しやすい剤型を選ぶことができる。

（1）リスペリドン（商品名：リスパダール・リスペリドン）
　1日1〜2回の服用で，効果は 24 時間持続する。効果を見ながら増量していく。服用量が合った場合は，数週間で安定した効果が見られることが多い。副作用としては，眠気，食欲増加，体重増加，アカシジア（じっとしていられない落ち着きのなさ），だるさ，便秘などがある。適応年齢は，5歳以上 18 歳未満とされている。

（2）アリピプラゾール（商品名：エビリファイ・アリピプラゾール）
　1日1回の服用で，効果は 24 時間持続する。効果を見ながら増量していく。服用量が合った場合は，2週間前後で安定した効果が見られることが多い。副作用としては，アカシジア，食欲増加，体重増加，眠気あるいは不眠，便秘などがあるが，全体としては軽い場合が多い。適応年齢は，6歳以上 18 歳未満とされている。

3）併存症の薬物療法

　発達障害の併存症の中で薬物療法の対象となるのは，診断名が付く身体疾患や精神疾患が主なものとなる。発達障害の有無にかかわらず，そうした疾患への有効性が確認されている薬が使われ，それら併存症に対する薬物療法は発達障害に特有のものではない。発達障害の併存症への治療で，発達障害への適応が承認されているのは1薬である。

（1）メラトニン（商品名：メラトベル）
　発達障害の入眠困難に対する薬である。入眠障害，中途覚醒などの睡眠リズムの問題はASDでよく見られることもあり，ASDで使われていることが多い。
　細粒剤で，1日1回，就寝前に服用する。服用量が合った場合には，数日で効果が見られることもある。メラトニンは，ヒトの体内で普通に分泌されるホルモンと同じものであり，副作用は少ないのが特徴であるが，時に，眠気，頭痛，吐き気などが見られることがある。適応年齢は，6歳以上で 15 歳までとされる。16 歳以上では，同様にメラトニンに作用するラメルテオン錠（商品名：ロゼレム）が検討されることになる。

3．入院治療

　子どもの攻撃的言動，特に暴力が家庭内で頻繁な場合，稀に，子どもを医療機関に入院さ

せる対応が行われることがある。家庭内での暴力が絶えない場合，家族が疲弊し親子関係も不安定となっていることが多い。入院治療は，そうした混乱している状況から子どもを保護し，子どもと家族の心理面の安定を目指して行われる。

A-4-6　医療と教育の連携

1. 連携とは

　連携とは，同じ目的を持った人・組織が，情報共有と意見交換を行うことで，状況に対する共通認識の構築とお互いの役割分担を行い，相互に連絡を取り合いながら協力して共通の目的の達成を目指して活動すること，ということができる。

2. 発達障害のある子どもに関する連携

1）共通の目的

　発達障害のある子どもに関して医療と教育が連携するときの共通の目的は，具体的には，子どもが困っている状況の改善といえる。困っている状況が改善することで，子どもは健康な生活を取り戻し，年齢相当の学校生活を送ることができるようになることが期待される。そのことは，医療と教育のそれぞれが持っている固有の目的にもかなうこととなる。

2）情報共有と意見交換

　望ましいのは，お互いに会って話し合う場を設定することである。しかし，双方の時間の制約や物理的な距離の問題もあり，顔を合わせる場の設定は難しいのが実際であろう。現実的な方法のひとつとして，子どもが医療機関を受診する際に，学校関係者が同席して診察の際に医師と意見交換をする方法が考えられる。その際，保護者の同意を得ることは当然であるが，子どもにも一言話しておくことが望ましい。学校関係者が同席することについては，事前に保護者から医師に伝えてもらい，了承を得ておくのがよいであろう。

　直接面談する場の設定が難しい場合は，文書による情報伝達が一般的である。ただし，文書による情報伝達は一方向であり，正しく情報が伝わるように具体的な記載を心がけることが重要である。たとえば，「いつも離席をしています」ではなく「毎日，1回か2回の離席が見られます」などである。また，事実と学校関係者側の考えも分けて記載するのがよいと思われる。

3）共通認識

　子どもが抱える困難状況に対して，同じ考え方を形成していくことは対応を考える上できわめて重要である。考え方が異なると，目指す方向が違ってくるため，必要と考える対応も異なってくるからである。医療と教育は，最終目的が子どもの健全な成長と発達という点で一致したとしても，そこに至る考え方が異なる。

　子どもの医療では，病的な状態がある場合は，その改善を行うことで，年齢相当の生活を可能とし子どもの成長・発達を保証するという考え方をする。病的な状態がないと判断された場合は，基本的には医療が積極的に関わる対象ではないとして，経過観察とすることが多

い。一方，教育は，病的な状態の有無にかかわらず，まだ到達できていない事柄をできるようにしていくことで，子どもの可能性を少しでも伸ばすという考え方が一般的と思われる。つまり，医療は，病的な状態がない限り医療的観点からは今のままでよいと考えるのに対し，教育は，今のままでよしとはせず今より少しでもよくしようと考える，ともいえる。この考え方の違いがあるため，教育からはもっと何をしたらよいかと考える状況であっても，医療からは何もしなくてよいとの回答しか得られないこともありうる。

こうした双方の考え方の違いを認識し，意見交換をしながらすりあわせていく作業が必要である。その作業により，子どもの状況に関する共通理解，さらには，対応の選択肢とその優先度に関する共通認識が形成されやすくなる。

4）役割分担

連携は，一方が他方を手伝うという関係ではない。問題状況改善のために医療と教育がその時点で実施可能な対応を考え，それぞれの分担を確認することが大切である。

役割分担を考える上で重要なことは，医療と教育ができることとできないことを把握しておくことである。発達障害に関して医療ができる主なことは，①診断，②薬物療法，③本人及び保護者への助言，④保護者に対する発達障害の説明（心理教育），⑤本人への診断名告知と説明となる。この他，スタッフがいる医療機関でできることとして，発達支援と心理的対応が挙げられる。一方，医療ができないことの代表は，学習指導に関することである。文字の読み書きが苦手な子，計算が苦手な子，勉強が苦手な子ができるようになる方法について，医療が提供できる事柄はほとんどないのが通常である。

もちろん，医療側も，教育が実施あるいは対応が可能なことと困難なことについて理解しておく必要がある。教育が提供できる代表的なことは，学習指導と集団活動であろう。困難なことの代表は，激しい攻撃的行動への対応や親子関係の問題への対応と思われる。

5）相互の連絡

医療と教育がそれぞれの役割を行っている間は，双方で情報交換を定期的に行うことが望ましい。たとえば，薬物療法を開始された場合，学校での状況は学校側から直接に教えてもらえるほうがより正確で適切な情報が医療側に伝わることになる。

連携開始後の定期的な情報交換は，文書で構わない。子どもの状況を担任が記載した文書を保護者が持参して受診するやり方が多いと思われる。発達障害のある子どもの状況や必要な情報を書き込むサポートブックを活用する方法もある。サポートブックは，保護者が子どもに関する情報を記入する部分の他，学校や医療機関など子どもと関わっている職種が記入する部分があるので，学校で必要な部分を記入してもらい，受診のたびに保護者に持参してもらうことで，定期的な情報交換が可能となる。医療機関が記入する欄については，医師が話すことを保護者に記入してもらう方法も多忙な医療機関では行われることがある。

3. 医療機関と学校の連携における留意点

1）医療機関での対応が限られる発達障害

LD については，診断が可能な医療機関は少なくないが，子どもへの直接の支援ができる医療機関はきわめて少ない。LD の疑いがある子どもの保護者に医療機関の受診を勧める場

合は，そのことを留意しなければならない。医療機関の受診は診断のためであり，子どもへの対応は受診後に学校と保護者とで相談しながら考えていくことになる旨を，事前に保護者に説明しておくのがよい。

　発達性協調運動症は，スクリーニングのための質問紙と協調運動評価のための検査バッテリーの日本語版の開発が行われつつあるが，現時点ではまだ完成していない。そのため，医療機関においても，発達性協調運動症を診断するための検査方法がないのが現状である。子どもの状態から疑うことは可能であり，程度が強い場合には臨床的に診断できることもあるが，確定診断が困難な場合も少なくない。発達性協調運動症について医療機関に相談する際には，確定診断が出ないこともあることを留意しておく必要がある。

2）保護者の同意

　子どもの状況や対応について医療機関に問い合わせを行う場合は，問い合わせに関する同意を保護者から事前に得ておかなければならない。医師は，診療で知り得た患者の情報について守秘義務を負っている。保護者の同意がなければ，問い合わせに応じられないのが通常である。

4. 連携がうまくいかないとき

　連携活動がうまく進まないとき，その主な背景として，①目的が一致していない，②子どもの状況についての共通認識がない，③役割分担に関する共通理解がない，④相互の連絡がない，⑤協力意識がない，の5点が考えられる。⑤は論外であるが，連携がうまくいかないがどうしても連携活動が必要と思われる場合には，顔を合わせる形で意見交換を行うのがよい。その際，①〜④について問題がないか双方で確認していくのがよいであろう。

〔引用文献〕

American Association on Intellectual and Developmental Disablties（AAIDD）（n.d.）：Defining criteria for intellectual disability. https://www.aaidd.org/intellectual-disability/definition（2022年7月6日閲覧）.

American Psychiatric Association（2000）：Diagnostic and Statistical Manual of Mental Disorders Fourth Edition Text Revision(DSM-IV-TR). American Psychiatric Association, pp.58-69.

American Psychiatric Association（2013）：Diagnostic and statistical manual of mental disorders Fifth Edition：DSM-5. American Psychiatric Press, Washington, DC. 高橋三郎, 大野　裕（監訳）（2014）：神経発達症群／神経発達障害群. DSM-5 精神疾患の診断・統計マニュアル. 医学書院, pp.31-85.

Centers for Disease Control and Prevention（CDC）（2021）：Prevalence and characteristics of autism spectrum disorder among children aged 8 years：Autism and developmental disabilities monitoring network, 11 sites, United States, 2018. Morbidity and Mortality Weekly Report, 70（11）, 1-16. https://www.cdc.gov/mmwr/volumes/70/ss/pdfs/ss7011a1-H.pdf（2022年3月28日閲覧）.

稲垣真澄, 矢田部清美（2010）：発生機序の仮説. 稲垣真澄（編）：特異的発達障害 診断・治療のための実践ガイドライン. 診断と治療社, pp.26-27.

磯野信策（2006）：発音の問題とその治療. 明倫歯科保健技工学雑誌, 9, 60-62.

Katusic, M.Z., Myers, S.M., Weaver, A.L. et al.（2021）：IQ in autism spectrum disorder：A population-based birth cohort study. Pediatrics, 148（6）, e2020049899. doi：

10.1542/peds.2020-049899

文部省 学習障害及びこれに類似する学習上の困難を有する児童生徒の指導方法に関する調査研究協力者会議(1999)：学習障害児に対する指導(報告). https://www.mext.go.jp/a_menu/shotou/tokubetu/material/002.htm（2022 年 3 月 19 日閲覧）.

森　浩一（2018）：小児発達性吃音の病態研究と介入の最近の進歩. 小児保健研究，77，2-9.

諸岡啓一（2005）：言語発達遅滞の診断と早期介入. 脳と発達，37，131-138.

中井信裕，内匠　透（2018）：自閉症の分子メカニズム. 生化学，90，462-477.

日本精神神経学会（2018）：ICD-11 新病名案. https://www.jspn.or.jp/uploads/uploads/files/activity/ICD-11Beta_Name_of_Mental_Disorders%20List(tentative)20180601.pdf（2022 年 2 月 22 日閲覧）.

岡　牧郎（2018）：併存症，遺伝子研究から発達性読み書き障害の病態を展望する. 脳と発達，50，253-258.

尾崎　仁，渡辺由香（2016）：自閉症スペクトラム児の自殺関連行動. 児童精神医学とその近接領域，57，489-496.

Sasayama, D., Kuge, R., Toibana, Y. et al. (2021)：Trends in autism spectrum disorder diagnoses in Japan, 2009 to 2019. JAMA Network Open, 4 (5), e219234. https://jamanetwork.com/journals/jamanetworkopen/fullarticle/2779443(2022 年 3 月 28 日閲覧).

関あゆみ，小枝達也（2010）：機能障害部位. 稲垣真澄（編）：特異的発達障害 診断・治療のための実践ガイドライン. 診断と治療社，pp.29-32.

土屋賢治，松本かおり，武井教使（2009）：自閉症・自閉症スペクトラム障害の疫学研究の動向. 脳と精神の医学，20，295-302.

World Health Organization (2019)：ICD-11 for Mortality and Morbidity Statistics (Version：02/2022) Browse. https://icd.who.int/browse11/l-m/en（2022 年 2 月 21 日閲覧）.

吉益光一（2020）：注意欠如多動性障害（ADHD）の疫学と病態—遺伝要因と環境要因の関係性の視点から—. 日本健康医学会雑誌，29，130-141.

B．アセスメント

B-1
総論：アセスメント

【概要】……………「発達障害：学習障害（LD/SLD），注意欠如・多動症（ADHD），自閉スペクトラム症（ASD），発達性協調運動症（DCD）等」について，乳幼児期から青年・成人期に至る特性の発達的な変化と発達課題の概要を押さえた上で，その実態を捉えるためのアセスメントの意義と目的について解説する。実態把握の方法として，生育歴，心理アセスメント，発達アセスメント，学力アセスメント，行動のアセスメント，学校や家庭など子どもが置かれている環境の把握等について述べる。各領域のアセスメントから得られた情報を総合して，どのように指導プログラムへと結びつけていくかについて概説する。

【キーワード】………生育歴・環境の把握／発達アセスメント／心理アセスメント／学力アセスメント／行動のアセスメント

【到達目標と評価】……①子どもの一般的な発達過程についてその概略を説明できる。
②さまざまな発達障害のある子どもの発達的変化・発達課題について説明できる。
③アセスメントの意義と目的，アセスメントの領域，内容，方法について説明できる。
④アセスメントと指導の関係について説明できる。
⑤アセスメントをする際の留意点や倫理面について説明できる。

B-1-1　発達過程と発達課題

　発達障害のある子どもたちの多くは，通常の教育を受け，同年齢の仲間集団の中で育っていくため，一般的な発達の順序や段階，それぞれの段階での課題を理解しておくことは，支援者や教師にとって重要である。各発達段階において，子どもの実態に即して，適切な目標を立て，効果的な方法で指導を行うことができるからである。ここではピアジェ（Piaget, J.）とエリクソン（Erickson, E.）の理論をもとに，青年期までの認知機能と心理・社会的発達課題を概観する。

1. 乳児期

　乳児期は，ピアジェの発達段階の「感覚運動期」（誕生〜2歳）に相当する。この段階は，感覚を通じて外界の刺激を取り入れ，運動によって周囲の世界に働きかけていくことによって認知が発達する。反射としての動作に始まり，8〜12カ月になると，動作がもたらす結果に興味を持つようになり，意図的な行動が増える。自分の働きかけとその結果との関係（たとえば，触る−音が鳴る）の理解は，因果関係の認識の基礎となる。感覚運動期後半になると「物の永続性」を獲得し，目の前のおもちゃを布で覆って隠されたときに，隠されたおもちゃを探そうとするようになる。これは，頭の中にイメージを保つという表象機能が発達し

たことによって，見えていなくても存在しているという認知が成立したことを意味する。

　ヒトは，大人の養育行動を必要とする未熟な身体・運動機能で生まれるため，乳児特有の愛らしい身体的な特徴や人の顔や声への選択的な関心など養育者から養育行動を引き出す仕組みが，生物学的に備わっている。さらに，子どもの「泣く」という発信に応じて，養育者がタイミングよく世話をし，豊かで心地よい刺激を提供すると，子どもは微笑み，機嫌のよい声をあげ，養育者の養育意欲を高める。こうした相互作用を繰り返し，子どもと特定の養育者との間に，特別な情緒的な絆である愛着（アタッチメント）が形成される。養育者から大切にされることで，子どもは自分や周囲への信頼感を抱くようになる。エリクソンの心理社会的発達課題によれば，この「基本的信頼感」が乳児期の課題である。

2. 幼児期

　ピアジェは，幼児期を「前操作期」（2 ～ 6，7 歳）とし，さらに前期と後期に分けている。前期幼児期は，「象徴的思考期」（2 ～ 4 歳）に相当する。ごっこ遊びが盛んに見られる時期であり，実物とは異なるものを用いて実物を表現すること，すなわち象徴機能が確立され，イメージやことばを使って考えたり，表現したりするようになる。心理・社会的発達の観点で見ると，言語に代表される認知機能，粗大運動や手指の巧緻性などの運動能力の発達に支えられながら，トイレットトレーニング等のしつけを通した方向づけによって，食事や排泄等身辺自立や自己統制の初歩的な力が獲得されていく時期である。生活自立の基礎となる「自律性」の獲得が，発達課題となる。

　後期幼児期は「直観的思考期」（4 ～ 6，7 歳）に相当する。この思考期の子どもは，たとえば，同数のおはじきを 2 組用意し，同じ間隔で並べて見せたときには，同じ数だとわかるが，一方の間隔を広げると，そちらの数が多いと思う。全体の長さという知覚的特徴に影響されて，同じ数であることが理解できなくなるのは，「保存」の概念が成立していないからである。また，他者の視点からの思考が難しく，他の人も自分と同じように知覚していると考える「自己中心性」（中心化）もこの時期の特徴である。また，概念の基礎や言語能力，協応運動や巧緻性が発達し，遊びを通して積極的に外界に働きかけるようになる。幼稚園などの集団生活におけるきまりなどの規律の範囲内で自分の要求を表現し，主体的に行動することを大人も求める。この時期の心理・社会的な発達課題は，「積極性」の獲得である。

3. 児童期

　児童期はピアジェのいう「具体的操作期」（6，7 ～ 11，12 歳）にあたり，自己中心的な思考が弱まっていく「脱中心化」が見られる。ピアジェの三つ山課題実験（異なる特徴の 3 つの山の模型を提示し，異なる位置に立つとどのように見えるかを問う）において，具体的操作期の子どもは，立つ位置によって見え方が変わることがわかる。そして，各位置からの見え方もわかるようになっていく。また，目の前にある物事についての論理的な思考が可能になり，「保存」の概念が獲得され，並べ方を変えても数は変わらないということが論理的に考えられるようになる。その他にも「系列化」や「分類」といった種々の操作が可能になる。

　児童期は，教師の指導・支援のもと，仲間との競争や協力関係の中で，運動技能や読み書きなどの基礎学力，対人関係に必要なソーシャルスキルや知識を獲得し，その活用を通して自

己効力感を獲得していくという心理・社会的な発達をみせる。知識や体験などを仲間と共有し合うことを通じて，社会的に期待される活動を自発的に，習慣的に営むという「勤勉性」の獲得が，この時期の発達課題となる。

4. 思春期・青年期

　青年期に入ると，子どもの心身は大きく変化する。金丸（2018）によると，第二次性徴が現れ，身体や情緒が変化するという点を強調するときに思春期といい，その時期も含みながら，思春期の後に続く心理的に安定するまでの時期を青年期という。

　ピアジェの認知発達の最終段階である「形式的操作期」（11，12 〜 14，15歳以降）になると，大人と同じような思考が可能になり，目の前の具体的な物事だけでなく，抽象的なことや仮定したことについても，論理的に考えられるようになる。たとえば，中学生になると，実際には存在しない負の数を学んだり，仮説的な思考が育つことによって将来についてより現実的に考えたりする。また，他者視点を取り入れたより現実的な自己理解になる。こうした思考の発達は，現実の自己と理想の自己とのギャップに悩んで自信を失ったり，他者の視線や考えを過剰に意識したり，将来に対して不安を高めたりしやすいという，この時期特有の様子につながっている。加えて，体の急激な変化や性ホルモンの活発な分泌ゆえに，心理的に不安定になりやすい時期でもある。

　心理・社会的には，保護者から心理的に自立しようとし，親しい友人との関わりや試行錯誤しながらの異性との関係構築を通して，自分を理解し，自我を再統合する時期である。他者と区別される自分を見出し，過去から現在の自分を受け入れ，将来への展望を持ち，社会の中に自分を位置づけることが求められる。自分は何者かという問いに対する自分なりの答え，すなわち「アイデンティティ」の獲得がこの時期の発達課題である。

B-1-2　発達障害のある子どもが発達過程で示すつまずき

1. 乳児期

　発達障害のある子どもは，本人からの要求発信が少なかったり独特であったり，養育者の表情の模倣や養育者からの働きかけへの反応が少なかったりすることがある。そのため，養育者はタイミングよく世話を焼き，心地よい刺激を提供することが難しくなる。また，子どもに感覚や注意力の偏りがある場合，養育者の働きかけや生活の中の刺激に過敏に反応したり，養育者からの働きかけをうまく取り入れられなかったりする。こうした状態が続けば，子どもは養育者に対して信頼感や安心感を抱けず，養育者は育児に対する意欲や自信を失う。この悪循環は，子どもと養育者との愛着の形成にネガティブに作用し，「基本的な信頼関係」の確立を難しくする。

2. 幼児期

1）前期幼児期

　ADHD の落ち着きのなさや ASD のこだわり行動や感覚の過敏さが強い場合，保護者はしつけに苦労する。子どもをなんとかコントロールしようとして，子どもが駄々をこねるたび

に要求をのんだり，虐待様のしつけになったりすると，子どもの自己統制は育たず，「自律性」の獲得も難しくなる。ことばや概念の発達の遅れがあれば，目立ってくる時期でもあり，子どもだけでなく，保護者が落ち着いて子どもに対応できるように支援する必要がある。

　前期幼児期の終わり頃から後期幼児期になっても，ASD の子どもは，他者の視点を意識し，「心の理論」（Theory of Mind）を獲得することが難しい。「～の場合，人は…と考える」というように人の心の動きについて，ある程度一貫した考え方をすることができないことが，対人関係やコミュニケーションの困難に関係していると考えられている。

2）後期幼児期

　幼稚園などの集団生活が始まり，コミュニケーション，ルールの理解，微細運動や協応運動などの遅れがはっきり見えてくる時期であり，不安や焦りを感じる保護者への心理的な支援も重要となる。ADHD や ASD のある子どもは，興味のあることには集中するが，周りと同じペースで行動できず，活動から逸脱することもある。指導者は扱いにくさを感じ，子どものわがままとして叱ったり，保護者のしつけに原因を求めたりする。また，LD のある子どもは，入学後の学習のつまずきを予見させる様子，たとえば，指示理解が弱くて集団行動が遅れる，文字や数の理解が他の幼児よりも遅いといった様子を見せる。一斉保育や遊びの中で失敗経験が重なることで，この時期に獲得すべき「積極性」は育ちにくくなる。

3. 児童期

　小学校に入学すると学習が本格的に始まり，LD としての学習困難が顕在化してくるが，その内容や程度における個人差は大きい。また，ADHD や ASD の特性は，二次的に学力に影響を及ぼすことがある。たとえば，ADHD のある子どもがケアレスミスで失点したり，ASD のある子どもが心情理解を必要とする文章読解でつまずいたりする。

　また，社会性の面は，ASD のある子どもは，児童期の終わり頃になると，他者の考えや他者から見ての自分を意識するようになることが多い。しかし，他者の考えを正しく推し量ることは難しく，適応状態の悪さが重なると，相手の意図を被害的に捉えがちになる。また，ADHD の衝動性は，相手への配慮に欠ける不用意な言動を引き起こすことがある。こうしたことはいずれも対人関係のトラブルにつながりやすい。

　発達障害の特性と関連する失敗経験は，自信や意欲の低下や苦手な学習や活動の回避につながり，練習が不足することによって，二次的に遅れや困難を大きくする。こうした悪循環に陥った子どもは，自己肯定感の著しい低下，強い不安や苛立ち，周囲への攻撃性などの心理的な問題を抱え，仲間との共有経験が乏しくなり，児童期に期待される「勤勉性」の獲得は，ますます難しくなる。支援に際しては，発達障害の特性と二次的に生じる心理的な問題の双方に目を向け，家庭と連携しながら対応することが求められる。

4. 思春期・青年期

　中学校以降は，抽象的で論理的な思考を要する学習が増えるため，全般的な知的発達が低めの場合，苦戦を強いられる。平均以上の知的発達であっても，たとえば，読みに困難を示す LD の場合，文字の読みが十分に自動化されていなければ，内容を理解し，論理的思考を発揮することに行きつかないこともある。LD などの障害に対する特別な指導だけでなく，障害

があっても授業などに参加できるように環境調整を行う合理的配慮の提供が必須である。合理的配慮は，特別支援教育がない高校卒業以降で特に重要となる。何らかの困難にぶつかったときに，必要だと思えば，本人から合理的配慮を求めなければならないため，自己理解や主体的な判断，相談の力が必要となる。支援は周りが与えるものではなく，本人の意思と判断で利用するものだという認識を本人と周りが持つことが，心理的自立が求められる青年期には重要である。苦労しながらも，自分の学習・学修や生活を舵取りできるようになることは，心理的な安定を高め，「アイデンティティの確立」を支える。

B-1-3　アセスメントの基本事項

1. アセスメントの目的

　アセスメントは，子どもの実態把握にとどまらず，診断や支援に活かされなければならない。ここでは支援のためのアセスメントを考える。まず，その子どもの主訴(つまずき，困っていること）を確認し，主訴に関連した内容や，主訴を説明できるような情報を収集する。次に，集めた情報を整理・統合して，つまずきや困難の背景を明らかにする。そして，自助資源（強い力や興味など子どもに内在する資源）や環境内の支援資源を活用した主訴の解決の方向性や指導・支援の方針を立てる。これがアセスメントのゴールである。

2. アセスメントの領域，種類

1）アセスメントの領域

　2001 年に WHO（世界保健機関）が提唱した ICF（国際生活機能分類）の枠組みを利用すると，子どもの全体像を捉えるために必要な情報が何であるかを知ることができる。

> 〔心身機能の障害〕認知機能，運動機能，感覚，医学的問題など
> 〔活動・参加とその制約〕コミュニケーション，学力，行動，情緒，対人関係，集団
> 　　　　参加，身辺自立，家事，買い物や移動，趣味，所属集団・家庭・地域・仕事で
> 　　　　の役割など
> 〔環境因子〕物的環境（家や学校の立地・構造，教室内の学習環境など），人的環境
> 　　　　（家族，指導者，同僚，友人，周囲の人の考えや関わり方），社会環境（政策や
> 　　　　制度）
> 〔個人因子〕生育歴・相談歴，教育歴，関心や趣味，将来の夢や希望など
> 〔健康因子〕病気，体調など

2）アセスメントの方法

（1）資料の整理

　子どもに直接行うものだけでなく，間接的なアセスメントからも有用な情報が得られる。まずは手元にある資料を分析し，収集すべき情報と収集方法などのアセスメント計画を立てるとよい。学校であれば，子どもの成果物（ノートや制作物など）がつまずきの特徴と背景要因の見立てに役立つ。また，指導や面談の記録，指導要録などの文書を時系列で整理する

と，子どもの変化や効果のあった指導・支援がわかる。

（2）面接法

　保護者から生育歴や家庭での様子，担任からクラスでの様子などを聞き取りながら，情報収集を行う。面接法の利点は，過去の情報が得られる点やその時々の調子に左右されずに普段の子どもの様子を把握できる点にある。面接対象者の考えと事実の明確な区別はできないが，指導や育児の要である担任や保護者が，どのように子どものことや経験を捉えているのかを知ることは非常に重要である。

　また，子どもに面接を行い，困っていること，受けている支援に対する考え，自身の強み，志望する進路や仕事などを聞くこともできる。自己理解や言語能力の育ちによって，本人が語る内容やレベルはさまざまであるが，聞かれることで考えるようになり，うまく話せるようになっていくものである。アセスメント自体に教育的・治療的意味があるのである。変わりたい方向を自身で見出し，その方向に変わろうとする本人に力を添えていくような動機づけ面接（ミラー・ロルニック，2007）の考え方や技法も参考になる。面接中のアイコンタクトや表情や動作，ことばの理解や表現，会話のキャッチボールや持続や展開などを観察し，障害に特徴的な行動や情緒の状態を把握することも大切である。

（3）観察法

　観察法では，子ども本人だけでなく，環境，両者の相互作用，利用できそうな支援資源について情報を収集する。観察に先立ち，観察の観点を明確にしておくとよい。たとえば，①資料の整理や②面接法で得た情報から「黒板の文字を見て記憶することが困難なために書き写すのに時間を要する」という仮説を立てたならば，板書をノートに取る際の視線や手元の動きを見ることのできる場所から，書き写し方（単位（1文字ずつ，単語，文），黒板を見る頻度や見方，鉛筆の持ち方，書き写す速さ，正確さなど），情緒的反応（意欲や焦りなど），その間の教師の働きかけとそれに対する反応，周りの子どもの書き写すペースや様子などを記録する。このように集団全体の様子や子どもと教師の相互作用を捉えたい場合には，子どもと関わりを持たない非参加観察法が適している。子どもに関わりながらの参加観察法は，指導の仕方を変えながら子どもの反応を探りたいときなどに適している。より組織的な行動観察方法として，特定の行動の原因，関わった人，その行動の展開過程，結果等を時間とともに記録する場面見本法，時間を区切ってある行動の頻度を調べる時間見本法などがある。目的に応じて適切な観察法を選択するとよい。

　観察者要因（訓練不足，ハロー効果：見かけや事前の情報に影響を受けて行動を見る傾向，寛大化エラー：より肯定的に行動を見る傾向，中心的エラー：極端な評価を避け，中庸に行動を評価しようとする傾向など）や，実施上の要因（観察場面の不適切さ，重要部分の見逃し，観察対象の行動の定義の曖昧さ，観察者やカメラの存在による子どもへの影響など）に留意し，仮説を立てたり裏づけたりする際の根拠となる観察データを収集する。

（4）検査法

　検査法で得られる結果（数値）を子どもの理解と支援に活用するには，検査に対する正しい理解が必要である。ここではフォーマル／インフォーマル，集団／個別について述べる。

表 B-1-1 生育歴で押さえておくこと

妊娠中・周生期	妊娠中の異常，出生時の妊娠週数，出産時の状況，アプガー指数，生下時体重，新生児黄疸の有無等 など
身体発達・運動発達	**首のすわり・おすわり・はいはい・始歩**の時期，聞こえや視力の問題の有無，粗大運動や微細運動，協応運動の発達，利き手 など
言語発達	**喃語・指差し・初語・二語文の時期**，ことばの理解の様子，表出語彙や構文の様子，発音，しりとりなどの音韻認識の発達 など
身辺自立	睡眠リズム，食事の様子，排泄の自立，着替え など
行動・社会性	**人見知りの有無と時期**，落ち着きのなさ，こだわり，人への関心や関わり方，遊びの様子，ルールの理解，場に応じた行動の様子 など
認知面	形や位置の理解，カテゴリーや概念の理解，描画，数や文字への関心 など

フォーマルな検査は，いわゆる標準化された検査のことであり，子どもの回答をもとに算出される粗点のままではなく，ある属性の集団での相対的な位置がわかるように変換した得点（偏差 IQ など）が得られる。検査手引きには，依拠する理論，標準化の過程，妥当性（測定しようとしていることを実際に測定できている程度）と信頼性（複数回実施した結果の一貫性がある程度など）も示されている。これらを熟知した専門性を有する検査者が実施する。インフォーマルな検査の代表例は，自作テストである。信頼性や妥当性は下がるが，指導者が目的や状況に合わせて柔軟に実施できるよさがある。

集団実施式検査は，おおよその適応状態の把握やつまずきの早期発見を目的に用いられることが多い。その結果から，ある内容を掘り下げて調べる必要があると判断されれば，適した個別実施式検査を選び，実施する。個別実施式検査では，時間制限があったり，補足説明が許されなかったりする内容もあるが，集団実施式と比べると，受検者の理解やペースを尊重して進められるため，力を発揮しやすいものとなっている。

B-1-4 アセスメントの内容と方法

1. 発達アセスメント

1）発達の経過の把握

発達障害のある子どもの育ちの経過には，現在のつまずきに関連した特徴が表れていることがよくある。そうした特徴を捉え，現在のつまずきの背景の理解や今後の支援の検討を行うことが，発達経過の把握の目的である。必要な情報の収集には，保護者からの聞き取り，母子手帳，家庭調査票，学校・園からの申し送り，専門機関の報告書などが用いられる。問題だけでなく，良好な適応の内容についても情報を集めておくと，実際の支援を考え，保護者と良い関係を作ることに役立つ。

（1）生育歴

表 B-1-1 は，乳幼児期の生育歴として，押さえておくべき事項である。太字の内容は，初期の発達のマイルストーンとして標準的な発現時期が知られているものである。発達には

個人差があり，生育環境によっても異なるため，ある程度幅を持って見るとよい。

（2）身体・健康面

既往歴（大きな怪我や病気など），アレルギー，聴力や視力（矯正の有無を含む）などの，健康状態と指導に際して配慮すべきことを把握する。

（3）教育歴

その子どもが経験してきた集団や教育方針の特徴と適応状況を把握する。

（4）相談歴

いつ，どこで，何について相談・受診し，どのような助言（診断や判断を含む）やケアを受けたのかを把握する。乳幼児健康診断の情報も得られるとよい。

2）発達検査

記憶力や言語能力などを中心に評価する知能・認知検査では十分に評価できない発達を捉える方法として，発達検査がある。発達検査は乳児期の子どもを対象に含め，運動など幅広い側面の発達を評価するものである。子どもをよく知る保護者や指導者が質問項目に回答するものと，子どもに課題を与えて，その反応を捉えるものに大別される。前者は実施が容易であり，検査場面では見ることのできない日常生活についても評価でき，子どもの体調や機嫌に左右されることなく，評価できるという利点がある。ただし，回答者の主観が回答に入る点に注意が必要である。後者は，子どもの反応や取り組み方を実際に観察し，検査者が定められた基準に従って評価するため客観性が高い。しかし，子どもが検査場面に馴染めなかったり，体調が悪かったりすると，普段の様子とずれた結果になる。

津守式乳幼児精神発達診断法（津守・稲毛，1965；津守・磯部，1965）は，0～7歳の子どもを対象として，主な養育者に普段の様子を質問し，各質問の通過・未通過を評定する質問紙である。0～3歳は家庭で見られる行動，3～7歳は幼稚園などでの行動についての日常的な観察に基づいて評価される。3～7歳の場合，「運動」「探索」「社会」「生活習慣」「言語」の5領域の発達段階水準が算出され，その子どもの発達の輪郭を捉えることができる。新版K式発達検査2020（新版K式検査研究会，2020）は，0歳～成人までを対象とし，精神発達のさまざまな側面について，全体的な発達の進み具合やバランスなどを評価し，発達の全体像を丁寧に捉えることを意図した検査である。「姿勢・運動」「認知・適応」「言語・社会」の3領域で構成され，提示された課題に対する子どもの反応に基づき，3つの領域とそれらすべてを総合した全領域について，発達年齢と発達指数が算出される。

2．心理アセスメント

発達障害のある子どもへの心理アセスメントは，知能・認知の特性を心理検査によって把握することが中心となる。まず，心理検査を用いる際の留意点を示す。

- 各検査の特徴を理解し，子どもの実態と目的に合う検査を選ぶ。
- 子どもの負担は最小，情報量が最大になる検査を選び，必要ならばバッテリーを組む。

- 信頼性，妥当性が確認されている最新版の検査を選ぶ。
- 検査の理論，実施・採点，解釈に精通し，熟練した検査者が実施する。
- 検査実施の目的などを本人や保護者に説明し，十分な理解と同意を得てから実施する。
- １つの検査や１回の結果を絶対視せず，算出される数値は幅を持って解釈する。
- 検査中の観察情報，他のアセスメント結果，普段の様子と関連づけて解釈する。
- 困難の背景にある認知特性の弱い面と支援に使える強い面の双方を解釈する。

１）知能検査

　知能は個別式の知能検査で測定する。ウェクスラー式知能検査は，高い信頼性と妥当性を備え，世界でもっとも広く使われている知能検査である。全般的な知能水準を示す FSIQ が得られる他，指標得点の比較などから知的機能を分析的に見る，つまり知能の個人内差を把握できる点に大きな特徴がある。適用年齢によって日本版 WPPSI-III（日本版 WPPSI-III 刊行委員会，2017）（2歳6カ月〜7歳3カ月），日本版 WISC-V（日本版 WISC-V 刊行委員会，2021）（5〜16歳），日本版 WAIS-IV（日本版 WAIS-IV 刊行委員会，2018）（16〜90歳）がある。心理検査を１つだけ行う場合，知能水準と知能の個人内差の両方を把握できるウェクスラー式知能検査が第一選択肢となることが多い。研究の進歩や社会の変化を受けて改訂を重ねており，最新版を使うことが望ましい。

　田中ビネー知能検査V（田中教育研究所，2003）（2歳〜成人）は一般知能を測定する。問題は１〜13歳級と，14歳以上に適用される成人級に大別される。前者は，各年齢の問題級ごとに割り当てられた問題をどの程度正答するかによって精神年齢を算出し，生活年齢との比率に基づく IQ を算出する。成人級は一般知能の水準を表す偏差 IQ（DIQ）に加え，4領域（結晶性，流動性，記憶，論理推理）の結果が得られ，分析的に評価することができる。

２）その他の心理検査

　知能検査と類似した心理検査として，認知過程を明らかにしようとする検査がある。代表的なもののひとつは，認知特性と学力の両面の測定を行うことのできる日本版 KABC-II（日本版 KABC-II 制作委員会，2013）（2歳6カ月〜18歳11カ月）である。認知尺度と習得尺度の枠組みを用いたカウフマンモデルでの解釈以外に，CHC 理論に基づく解釈を行うこともできる。また，記録用紙の行動観察チェック表を利用し，解釈に活かせる質的情報を得ることが可能である。その他に，認知特性を知能の PASS 理論（P：プランニング，A：注意，S：同時処理，S：継次処理）の観点から分析的に評価することのできる日本版 DN-CAS 認知評価システム（前川他，2007）（5〜17歳11カ月）がある。

　こうした子どもの知能・認知特性を包括的に評価する検査に加え，主訴などに応じて，言語や視知覚などに特化した検査を利用することもある。言語能力に関しては，理解語彙の発達を評価するための絵画語い発達検査（PVT-R）（上野他，2007）（3〜12歳10カ月），視知覚に関しては，「視覚と運動の協応」「図と地」「形の恒常性」「空間位置」「空間関係」の各領域の視知覚を評価する日本版フロスティッグ視知覚発達検査（DTVP）（飯鉢他，1977）（4〜7歳），幾何学図形を模写させて全体や個々のまとまり，歪みや逸脱等から知覚統合，脳機能障害，情緒的問題等を評価するベンダー・ゲシュタルト・テスト（BGT）（高橋，2018）

（5歳〜），「視知覚」「目と手の協応」「眼球運動」の視覚関連基礎スキルを評価するWAVES（竹田，2014）（4〜10歳11カ月）などがある。多側面の記憶を測定する検査として，日本版ウェクスラー記憶検査（WMS-R）（杉下，2001）（16〜74歳）がある。

3．学力のアセスメント

　学力のアセスメントでは，読み，書き，計算・数学的推論を中心に，習得レベルやつまずきの内容と特徴を把握する。日本LD学会が開発した学校で使うLD（Learning Differences）の判断と指導のためのスクリーニングキット（Learning Differences-Screening Kit for Academic Intervention Program：LD-SKAIP）（日本LD学会，2018）は，認知の特異性に起因するLDだけでなく，ADHDやASDなどによる学びにくさも含めた学び方の違い（Learning Differences）のある小学生を主対象とするタブレットを用いたアセスメントである。ステップⅠ〜Ⅲで構成され，ステップⅠはLD判断のための調査票（LDI-R）（上野他，2005）の拡大版であり，学習状況をよく知る教師が質問に回答することで，言語・聴覚面，視覚・運動面などの発達の概要を捉え，大まかな支援の方向性や精査の必要性を検討することができる。ステップⅡは，子どもが提示された課題に回答することで，基礎学習スキル（読字，書字，計算）の自動化の状態を評価するほか，これらのスキルの習得に関わる認知（音韻認識，視覚認知）についても把握が可能である。ステップⅢも子どもが回答し，実際の学習場面における読み（音読，読解），書き（作文），算数の習得・つまずきの内容や特徴の評価が可能である。LD-SKAIPの結果（図表や所見）は実施した内容に応じてほぼ自動的に算出される。全ステップを実施した場合，複数のステップに重複するつまずきを勘案した所見が得られる。他には，KABC-Ⅱ習得尺度，読み書きに特化したCARD包括的領域別読み能力検査（奥村他，2014）（小学生），STRAW-R改訂版標準読み書きスクリーニング検査（宇野他，2017）（小中学生）などが利用できる。

4．行動アセスメント

　行動アセスメントでは，質問紙法や観察法などの多様な方法が用いられる。

1）適応スキル

　発達障害のある子どもや大人にとって，学校，家庭，地域，仕事などへの適応に必要なスキルの獲得は重要である。S-M社会生活能力検査（第3版）（上野他，2016）（1歳〜中学生程度）は，子どもの社会生活能力について，おおよその発達水準や個人内差を簡便に評価することのできる質問紙検査であり，子どもをよく知る保護者などが，普段の子どもの様子に基づいて回答する。全般的な社会生活能力の発達水準に加え，6つの下位領域「身辺自立」「移動」「作業」「コミュニケーション」「集団参加」「自己統制」の発達年齢から個人内差を知ることができる。ASA旭出式社会適応スキル検査（肥田野，2012）（幼児〜高校生）も同様の実施法であり，社会自立の基礎となる社会適応スキルを評価できる。全検査スキルと4つの下位スキル「言語」「日常生活」「社会生活」「対人関係」について，同学年段階の子どもと比べての相対的な位置や相当年齢が得られ，必要に応じて臨床版プロフィールで詳細な分析も可能である。日本版Vineland-Ⅱ適応行動尺度（辻井・村上，2014）は，国際的に利用されている代表的な適応尺度の日本版であり，0〜92歳まで幅広い年齢に使用できる。先

の 2 つの検査と異なり，検査者が対象者をよく知る回答者に半構造化面接を行い，定められた基準で評価する方法を採用している。適応行動の 4 領域「コミュニケーション」「日常生活スキル」「社会性」「運動スキル」とオプションの「不適切行動」領域で構成される。適応行動の 4 領域の標準得点とそれらを総合した適応行動総合点によって，適応行動の全体的な発達水準と個人内差を把握できる。

2）障害特性に関わる行動の評定尺度

ADHD の行動の評価には，Conners3 日本語版（田中，2011）（6 〜 18 歳，保護者用，教師用，本人用），CAARS 日本語版（中村，2012）（18 歳以上，自己記入式，観察者評価式）などが使われる。ASD の行動に関しては，日本語版 SRS-2 対人応答性尺度（神尾，2017）（児童版：4 歳〜 18 歳，他者評定），AQ 日本語版（若林，2016）（児童用：6 〜 15歳，他者評価）（成人用：16 歳以上，自己評価）などがある。また，ASD などのある感覚刺激への反応傾向の評価には，日本版 SP 感覚プロファイル（辻井，2015）（3 〜 82 歳向け，保護者記入），ASD の心の理論障害仮説に基づいて作成された TOM 心の理論課題検査（森永・東，2000）（3 〜 7 歳）も利用できる。

対人関係や集団生活を適応的に行っていく上で必要な知識や技能をソーシャルスキルという。発達障害がある子どもはソーシャルスキルの獲得や使用に困難を示しやすく，研究や実践の領域で開発されている指導者向けの評定尺度を利用することができる。

3）情緒面のアセスメント

情緒面を測定するには，本人に口頭・筆記・描画で回答を求める質問紙や投影法を用いた心理検査を利用することができる。質問紙は，質問の意味を読んで理解でき，ある程度自己理解が育っている回答者に適している。曖昧な刺激への反応を通じて，外界に投影されたその人の内面を理解しようとする投影法は，適切に実施や解釈ができる専門的なスキルを持つ検査者によって行われる必要がある。他には，子ども本人に話を聞くこともできる。また，年齢が低い子どもの場合，保護者や担任から話を聞いたり，丁寧な観察を行ったりすることで，有用な情報が得られる。

4）機能的アセスメント

気になる行動は，その行動が起きる背景や状況，起きた結果と関連してその頻度や程度が変化する。応用行動分析学では，行動を個体と環境の相互作用として捉え，分析の枠組みとして，どのような状況で（A：Antecedent events（先行事象）），どのような行動が起き（B：Behavior（行動）），そのような結果になったのか（C：Consequent events（結果事象））という三項随伴性を用いる。三項随伴性の枠組みで，行動（B）の先行事象（A）と結果事象（C）に関する情報を集め，行動の機能（目的）を推測することが機能的アセスメントであり，三項の頭文字をとって ABC 分析と呼ばれることもある。

5. 環境のアセスメント

子どもの適応は，子ども自身の特性と環境との相互作用で変わってくるため，環境の把握は重要である。環境にはさまざまな次元があるが，ここでは学校に絞って述べる。発達障害

のある子どもの支援に関わる学校環境のアセスメントは，特別支援教育コーディネーターが行いやすい立場にある。物理的環境（教室の配置，教室内の物や掲示物，座席，教材など），指導（指導法，学級経営方針や指導観，担任の個性など），学校組織（校内支援体制，教職員間の関係性，教育委員会や関係機関との連携など）等の情報を収集・整理し，効果的な指導や連携の手がかりを得る。

　学級集団の特性に関しては，質問紙を用いるQ-U（小学生〜高校生）を利用することもできる。河村（2004）によると，本質問紙は学級満足度尺度，学校生活意欲尺度で構成され，前者の結果をもとに児童生徒を4つのタイプ（学校生活満足群，非承認群，侵害行為認知群，学級生活不満足群）に分け，個人の状態，学級集団の状態，個人と学級集団との関係を把握し理解し，適切な支援を行うために活用される。

B-1-5　アセスメントから指導へ

　アセスメントを通じて得た情報やそれらの総合的な解釈を踏まえて，子どもの特性に適した学びを促進させるような指導・支援の方針が立てられ，指導や支援の計画に反映されることになる。指導や支援は，PDCAサイクルで進められる。このサイクルをスタートさせる前にすべてのアセスメントを行おうとせず，子どもの負担や時間的制約を考慮し，必要最小限のアセスメントから導き出した方針や適した方法に基づいて，計画を立て（Plan），実施し（Do）ながら，並行して追加のアセスメントを行えばよい。また，指導・支援に対する反応や進捗状況を短時間のテストや観察で評価し（Check），指導・支援の方針を微調整し，指導・支援の計画も改善する（Action）。支援はさまざまな人や機関が連携して行われる。アセスメントは，関係者の連携を確かなものとし，一貫した支援に寄与するものではなくてはならない。

　なお，支援ニーズを持つ人・子どもへの支援は，支援者主導になりがちだが，支援の主体は支援対象である本人だということを忘れてはならない。本人が支援について理解し，納得と自らの判断の下で支援の内容や方法を選び，自らの成長や課題解決に向けて取り組むことの重要性はいうまでもない。この一連のプロセスにもアセスメントは貢献しうる。アセスメントで得た情報やわかりやすい説明の仕方などが活用できるからである。

B-1-6　アセスメントにおける留意点と倫理事項

　アセスメントに携わる者には，支援ニーズのある人の権利擁護に対する正しい理解と，個人情報保護や検査の扱いに対する高い倫理観が求められる。

1. インフォームドコンセント

　小野（2021）によれば，インフォームドコンセントの基本構成要素は，①知る権利，②専門家の説明義務，③自己決定権の3つである。アセスメントは，その目的，内容，結果の扱いについて，子ども本人と保護者にわかりやすく説明し，本人と保護者の理解と同意を得た上で実施される。また，結果についてわかりやすく伝えなければならない。あくまでも本人の自己決定の結果として，アセスメントが行われ，支援に活かされるのである。

　保護者への結果報告では，その子どもの強い面と弱い面をバランスよく伝えること，全体的な水準についてわかりやすく伝えることが大切である。数値だけではなく，普段の様子と関連づけながら，主訴の解決につながるように解釈を含めて説明する。

　子どもへの検査前ならびに結果の説明は，本人の理解しやすい表現や方法で行う。アセスメントによって得られる情報は子どもの自己理解を深めるためにも用いられる。アセスメントの結果に基づいて，本人が感じている困りごとへの対処の仕方や，よりよく力を発揮するための取組について話し合い，指導や支援の計画に反映させる必要がある。

2. 個人情報の保護とデータの保管

　アセスメントを通じて得た個人情報は，支援や相談の目的においてのみ利用すること，支援の対象者である本人や保護者の同意なしに，第三者に開示・提供してはならないことを理解しておく必要がある。アセスメントを行う各専門家には守秘義務があるが，連携して支援にあたる場合，「集団守秘義務」という考え方を採用するとよい。つまり，支援にあたるチームの中で守秘義務を履行するものである。集団守秘義務を負うメンバーを確定し，守秘の情報の範囲を確認する。支援に多くの人が関わる場合，直接の支援にあたるチームが知っている情報と学年や学校全体が知っている情報を分けて考える必要がある。こうしたことは本人や保護者に説明し，了解を得ておく必要がある。

　また，情報の保管方法についても，注意を払う必要がある。情報は施錠可能な棚などに保管し，採点途中の検査用紙を机の上に広げて席を離れることなどもないようにしたい。

3. 心理検査の取り扱い

　アセスメントにおける倫理基準については，米国心理学会（APA）による倫理基準をはじめ，複数の規定が存在する。心理検査を実施する者は，実施する検査（理論，実施から解釈までの方法）に精通しているだけでなく，心理検査の取り扱いも理解しておく必要がある。たとえば，検査を用いたアセスメント結果の分析表の写しをそのまま保護者に渡すのではなく，開示が許される範囲で報告書内に結果を示すようにする。詳細はリヒテンバーガーら（2008）や心理検査出版会社のウェブサイトを参照してほしい。また，検査道具や問題，記録用紙の管理にも注意し，適正なレベルの専門性を有している者以外に検査内容を開示することのないようにせねばならない。

〔引用文献〕
　　飯鉢和子，鈴木陽子，茂木茂八（日本版作成）（1977）：日本版 DTVP フロスティッグ視知覚発達検査手引き．日本文化科学社．
　　肥田野直（監修）（2012）：ASA 旭出式社会適応スキル検査．日本文化科学社．
　　一般社団法人日本 LD 学会（2018）：LD（Learning Differences）の判断と指導のためのスクリーニングキット理論・解釈マニュアル I．LD-SKAIP クラウドシステム，https://www.skaip-sens.net/（2022 年 2 月 11 日閲覧）．
　　神尾陽子（日本版作成）（2017）：日本版 SRS-2 対人応答性尺度マニュアル．日本文化科学社．
　　金丸智美（2018）：発達心理学―生涯にわたる心の発達―．クオリティケア．
　　河村茂雄（2004）：Q-U による学級経営スーパーバイズ・ガイド―小学校編―．図書文化．
　　エリザベス・O・リヒテンバーガー，ナンシー・マザー，ネイディーン・L・カウフマン他（著），上野一彦，染木史緒（監訳）（2008）：エッセンシャルズ 心理アセスメントレポートの書き方．日

本文化科学社.

前川久男，中山　健，岡崎慎司（日本版作成）（2007）：日本版 DN-CAS 認知評価システム．日本文化科学社.

ウィリアム・R・ミラー，ステファン・ロルニック（著），松島義博，後藤　恵（訳）（2007）：動機づけ面接法―基礎・実践編―．星和書店.

森永良子，東　洋（監修）（2000）：TOM 心の理論課題検査．文教資料協会.

中村和彦（監修）染木史緒，大西将史（監訳）（2012）：CAARS 日本版マニュアル．金子書房.

日本版 KABC-II 制作委員会（2013）：日本版 KABC-II マニュアル．丸善出版.

日本版 WAIS-IV 刊行委員会（2018）：日本版 WAIS-IV 知能検査―理論・解釈マニュアル―．日本文化科学社.

日本版 WISC-V 刊行委員会（2021）：日本版 WISC-V 知能検査―理論・解釈マニュアル―．日本文化科学社.

日本版 WPPSI-III 刊行委員会（2017）：日本版 WPPSI-III 知能検査―理論・解釈マニュアル―．日本文化科学社.

奥村智人，川崎聡大，西岡有香他（2014）：CARD 包括的領域別読み能力検査ガイドブック．ウィードプランニング.

小野純平（2021）：第 2 章 子どもを取り巻く環境の理解―アセスメント―．太田信夫（監修），石隈利紀，小野瀬雅人（編）：シリーズ心理学と仕事 7 教育・学校心理学．北大路書房，pp.31-51.

新版 K 式発達検査研究会（2020）：新版 K 式発達検査 2020 実施手引書．京都国際社会福祉センター.

杉下守弘（日本版作成）（2001）：日本版 WMS-R ウェクスラー記憶検査．日本文化科学社.

高橋省己（2018）：ベンダー・ゲシュタルト・テストハンドブック増補改訂版．三京房.

竹田契一（監修）（2014）：『見る力』を育てるビジョン・アセスメント「WAVES」．学研教育みらい.

田中教育研究所（2003）：田中ビネー知能検査 V 理論マニュアル．田研出版.

田中康雄（監訳）（2011）：Conners 3 日本語版マニュアル．金子書房.

辻井正次（日本版監修）（2015）：日本版 SP 感覚プロファイルユーザーマニュアル．日本文化科学社.

辻井正次，村上　隆（日本版監修）（2014）：日本版 Vineland-II 適応行動尺度マニュアル．日本文化科学社.

津守　真，稲毛教子（1965）：乳幼児精神発達診断法―0 才〜3 才まで―．大日本図書.

津守　真，磯部景子（1965）：乳幼児精神発達診断法―3 才〜7 才まで―．大日本図書.

上野一彦，名越斉子，旭出学園教育研究所（2016）：S-M 社会生活能力検査（第 3 版）．日本文化科学社.

上野一彦，名越斉子，小貫　悟（2007）：PVT-R 絵画語い発達検査手引き．日本文化科学社.

上野一彦，篁　倫子，海津亜希子（2005）：LDI-R―LD 判断のための調査票―手引き．日本文化科学社.

宇野　彰，春原則子，金子真人（2017）：改訂版標準読み書きスクリーニング検査（STRAW-R）．インテルナ出版.

若林明雄（日本語版構成）（2016）：AQ 日本語版自閉症スペクトラム指数．三京房.

B-2
心理検査法Ⅰ：ウェクスラー式知能検査

【概要】....................「発達障害：学習障害（LD/SLD），注意欠如・多動症（ADHD），自閉スペクトラム症（ASD），発達性協調運動症（DCD）等」の認知特性を把握するための代表的な基本検査であるウェクスラー式知能検査（WISC-Ⅳ・Ⅴ，WPPSI-Ⅲ，WAIS-Ⅳ）の理論と解釈について述べる。検査の目的と内容，主要な指標を中心に下位検査が何を測定しようとしているか，基本的な理解を図る。実施の概要，採点や結果の整理での所見にも触れながら，検査結果の解釈と検査報告書，結果の保護者への伝え方，結果を指導プログラムに役立てる基本的な方法について解説する。

【キーワード】...........ウェクスラー式知能検査／CHC理論／合成得点／全検査IQ（FSIQ）／指標得点／プロセス得点／結果の解釈／検査報告書／個人間差／個人内差

【到達目標と評価】.....①ウェクスラー式知能検査の内容と特徴を理解し，検査結果の意味を説明できる。
②各種合成得点，個人内差などの用語を説明できる。
③各合成得点（指標得点）や下位検査がどのような能力を測定しているか基本的な説明ができる。
④検査結果に表れた個人の認知特性を読み取る方法について説明できる。
⑤検査報告書の結果を活用する方法について説明できる。
⑥検査の限界や他の検査結果，情報との総合的解釈について説明できる。

Ⅰ　基本的な理論

B-2-1　概論

1. ウェクスラー式知能検査のラインナップ

　ウェクスラー式知能検査とは，米国の心理学者ウェクスラー（Wechsler, D.）によって開発された知能検査のシリーズである。現在は，幼児用のWPPSI，学齢期用のWISC，成人用のWAISという3つの検査がある。WPPSIの原名称はWechsler Preschool and Primary Scale of Intelligence，WISCはWechsler Intelligence Scale for Children，WAISはWechsler Adult Intelligence Scaleであるが，現在ではWPPSI，WISC，WAISが正式な検査名になっている。末尾に付されている-Ⅲ，-Ⅳといったローマ数字は，版を表している。
　表B-2-1に，現在日本や米国で使用されているウェクスラー式知能検査の一覧と，刊行年，適用年齢などをまとめた。

表 B-2-1　現在日本や米国で見かけるウェクスラー式知能検査一覧

	読み方	刊行年		適用年齢	備考
		米国版	日本版		
WISC-III	ウィスク・スリー	1991	1998	5歳0カ月〜16歳11カ月（米国版は6歳0カ月〜16歳11カ月）	2013年3月日本版検査器具販売終了
WAIS-III	ウェイス・スリー	1997	2006	16歳0カ月〜89歳11カ月	
WPPSI-III	ウィプシ・スリー	2002	2017	2歳6カ月〜7歳3カ月	
WISC-IV	ウィスク・フォー	2003	2010	5歳0カ月〜16歳11カ月（米国版は6歳0カ月〜16歳11カ月）	
WAIS-IV	ウェイス・フォー	2008	2018	16歳0カ月〜90歳11カ月	
WPPSI-IV	ウィプシ・フォー	2012	—	2歳6カ月〜7歳3カ月	指標がCHC理論に準拠
WISC-V	ウィスク・ファイブ	2014	2021	5歳0カ月〜16歳11カ月（米国版は6歳0カ月〜16歳11カ月）	指標がCHC理論に準拠

2. ウェクスラー式知能検査の特徴

　史上最初の知能検査であるビネー式の知能検査は，オムニバス形式で多様な課題を実施し，知能の発達水準を示す精神年齢と，それを生活年齢で割り100倍して求めるIQとが算出された。これらの数値は，**個人間差**，すなわち，集団内における受検者の位置を示すものである。

　一方，ウェクスラー式知能検査では，バッテリー形式，すなわち，小さな検査（下位検査という）の集合体という形式を取ることにより，個人間差に加え，個人内差，すなわち，受検者における得意，不得意の特徴をも数値化できるように作られている。

　個人内差を示す数値として，かつては言語性IQ，動作性IQというものがあったが，WAIS-IIIを最後に廃止された（米国版ではWPPSI-IIIが最後）。統計手法の発展に伴い，統計的根拠が弱いことが明らかになったからである。代わりに，統計的根拠に基づき知能の各領域の水準を示す数値として，WISC-III以降，群指数（Index Score）が導入された。これはWISC-IV，WPPSI-III以降，群指数改め指標得点と訳されるようになっている。要するに，現在のウェクスラー式知能検査における個人内差検討の中心は指標得点である。表B-2-2に指標得点の解説をまとめた。

　なお，個人内差を示す数値としては，各下位検査で算出される得点（評価点という）も利用できるが，指標得点の検討が優先される。

　発達障害には，特有の得意領域，不得意領域が見られることから，発達障害児者における能力の特徴を理解するために，ウェクスラー式知能検査が盛んに活用されるようになっている。

3. 検査改訂の経緯

　ウェクスラー式知能検査のうち，最初に登場したのはWISCであり，次いでWAIS，最後

表 B-2-2　ウェクスラー式知能検査の指標得点の意味・解釈

WISC-IV, WPPSI-III, WAIS-IV 指標得点名	WISC-V 主要指標名	対応する CHC 理論の広域能力	意味，解釈	弱い場合の観察所見，背景情報の例
言語理解指標 (Verbal Comprehension Index : VCI)	言語理解指標 (Verbal Comprehension Index : VCI)	結晶性知能 [Gc]	(1) ことばの知識にアクセスし応用する能力：言語能力（言語概念形成，言語推理，言語表現など）	語想起や言語表出が非流暢／説明が非流暢／説明が要領を得ず伝わりにくい／ことばの理解が非流暢／助詞の使用が不正確（文法の困難）／語彙が乏しい
			(2) 習得知識（語彙知識，基礎的知識，実用的・社会的知識など）※WISC-Vでは語彙知識以外は得点に反映されにくい。	長期にわたる不登校などにより学習空白がある
知覚推理指標 (Perceptual Reasoning Index : PRI)	視空間指標 (Visual Spatial Index : VSI)	視覚処理 [Gv]	細部を視覚的に見分け，視空間関係を理解し，幾何学模様を構成する能力：視覚処理能力（視覚認知，空間認知，視覚イメージ化 [心的回転など]，視覚－運動の協応など）	図形認知や定規類の使用の困難／グラフや地図の読み取りと作成の困難／描画の困難／眼球運動の制御困難／片付けの困難
流動性推理指標 (Fluid Reasoning Index : FRI) ※WPPSI-IIIにはない		流動性推理 [Gf]	対象の背景にある法則を検出したりルールを推理したりする能力：流動性推理能力（帰納的推理，量的推理，同時処理など）	新奇な課題や応用問題を，計画的かつ柔軟に解決することが困難
ワーキングメモリー指標 (Working Memory Index : WMI) ※WPPSI-IIIにはない	ワーキングメモリー指標 (Working Memory Index : WMI)	短期記憶 [Gsm]	(1) 情報を意識的に記銘し，短時間保持し，整理・変換・操作する能力：ワーキングメモリー（注意・集中を含む）※WISC-IV，WAIS-IV は聴覚のみ，WISC-Vは視覚も含む	行動や課題の目標・目的をどどこわすれる／段取りをどど忘れる／聞くことの困難（聞き漏らし，聞き間違い等／マルチタスク（同時に複数の処理・作業を行うこと）が困難／忘れ物が多い／暗算が苦手
			(2) 発達性ディスレクシアに関連 ※WAIS-IVを除く	音読が非流暢や流暢／特殊表記やカタカナの習得が困難／しばしばしりとりや逆さことばの音韻遊びの音韻を示す
			(3) 特異的言語障害に関連 ※WAIS-IVを除く	VCIの(1)と同じ
処理速度指標 (Processing Speed Index : PSI)	処理速度指標 (Processing Speed Index : PSI)	処理速度 [Gs]	(1) 視覚情報を識別し，選択・判断し，反応を実行する速さと正確さ：処理速度	作業が遅い
			(2) 視覚処理能力（視覚認知，視覚的短期記憶，視覚－運動の協応，視覚的探索など）に関連	書字・筆記の困難
			(3) 集中・注意・動機づけの持続に関連	集中や動機づけの持続が困難

日本版 WISC-V 理論・解釈マニュアル pp.129〜131 に基づくこう，他のウェクスラー式知能検査や下位検査の解説と矛盾しないよう表現を調整。
[ ] 内は CHC 理論のコード。

に WPPSI が登場した。その後の改訂に際しても，WISC，WAIS，WPPSI の順に新しい版が刊行されてきた。

　知能検査は定期的に改訂される必要がある。なぜなら，検査問題が社会や文化の実状に合わなくなったり（社会・文化的妥当性），検査問題の難易度が変化したりするからである。また，年々得点が甘くなっていくフリン効果（Flynn, 1984, 1987）という現象が知られており，IQ の平均が 100 になるように作り直す必要もある。さらに，新しい統計手法を取り入れたり，新しい知能理論を取り入れたりすることもある。

　以上のような理由から各検査は，かつては 25 年程度，最近は十数年のサイクルで改訂される。具体的な刊行年については表 B-2-1 に示した。

4.　CHC 理論

　CHC 理論（McGrew, 1997 ; Schneider & McGrew, 2018）は，知能因子理論の集大成である。すなわち，知能の種類を徹底的に整理した理論である。理論の根幹部分を提案した Cattell, Horn, Carroll の頭文字をとって CHC 理論と呼ばれる。

　CHC 理論では，知能は 3 層に整理されている（詳しくは大六（2016）を参照）。第Ⅰ層は徹底的に整理された知能の全種類であり，narrow ability と呼ばれ，CHC 理論の原型（McGrew, 1997）では 72 種類の知能が位置づけられた。これらを領域ごとにまとめたものが第Ⅱ層であり，広域能力（broad ability）と呼ばれ，CHC 理論の原型では 10 領域の知能が位置づけられた。さらに 10 領域をまとめて 1 つにしたものが第Ⅲ層であり，一般知能 g と呼ばれ，IQ の理論的根拠になっている。

　CHC 理論のうち，知能検査を作成する上でもっとも重要なのが，第Ⅱ層の広域能力である。すなわち，KABC-II の CHC モデルにおける各尺度は広域能力に対応しており，ウェクスラー式知能検査でも WISC-V になると，指標得点は広域能力に対応しているのである。ウェクスラー式知能検査の指標得点と CHC 理論の広域能力との対応関係を表 B-2-2 に示した。

　CHC 理論は 1997 年に登場し，米国では KABC-II はじめ多くの知能検査が CHC 理論に準拠するようになったが，WAIS-IV までのウェクスラー式知能検査は 5 つの広域能力を 4 つの指標得点で測定しており，CHC 理論への準拠が不完全であった。WPPSI-IV（日本版はない）以降，知覚推理指標が視空間指標と流動性推理指標に分割され，ようやく CHC 理論に準拠するようになった。

5.　知能検査の目的

　知能検査の目的はもちろん，知能の個人間差，個人内差などを明らかにすることにより，受検者の知能や認知の特徴を明らかにすることである。

　さらにいえば，特徴を明らかにすることにより，相談内容（主訴）に対する答えを示すことが重要である（上野・染木，2008, p.2）。日本でよく見かける知能検査結果の報告書は，どちらかといえば検査の解説に終始しているものが多いが，そうではなく，受検者についての解説を示すことが重要なのである。

B-2-2　検査の構成と内容

1. 検査の構成

　すでに述べたように，ウェクスラー式知能検査は，下位検査の集合体（バッテリー）になっている。WISC-IV, WPPSI-III, WAIS-IV, WISC-V について，IQ 及び指標得点を構成する下位検査を，表 B-2-3 ～表 B-2-8 に示した。また，各下位検査の概要と，測定する主な能力や関係する影響因を表 B-2-9 ～表 B-2-11 にまとめた。

表 B-2-3　日本版 WISC-IV の構成

下位検査	2 類似	6 単語	9 理解	13 知識	15 語の推理	1 積木模様	4 絵の概念	8 行列推理	11 絵の完成	3 数唱	7 語音整列	14 算数	5 符号	10 記号探し	12 絵の抹消
全検査 IQ（FSIQ）	○	○	○	△	△	○	○	○	△	○	○	△	○	○	△
言語理解指標（VCI）	○	○	○	△	△										
知覚推理指標（PRI）						○	○	○	△						
ワーキングメモリー指標（WMI）										○	○	△			
処理速度指標（PSI）													○	○	△

（左端「指標得点」は VCI・PRI・WMI・PSI の行をまとめる見出し）

IQ，指標得点の（　）内は省略表記。
下位検査名の上の数字は実施順序。
○は基本検査。通常，FSIQ や指標得点の算出に用いられる下位検査。
△は補助検査。通常，FSIQ や指標得点の算出に関与しない下位検査。

表 B-2-4　日本版 WPPSI-III　2 歳 6 カ月～ 3 歳 11 カ月の構成

	下位検査	1 ことばの理解	3 知識	5 絵の名前	2 積木模様	4 組合せ
	全検査 IQ（FSIQ）	○	○	△	○	○
指標得点	言語理解指標（VCI）	○	○	△		
	知覚推理指標（PRI）				○	○
総合得点	語彙総合（GLC）	●		●		

IQ，指標得点，総合得点の（　）内は省略表記。
下位検査名の上の数字は実施順序。
○は基本検査。通常，FSIQ や指標得点の算出に用いられる下位検査。
△は補助検査。通常，FSIQ や指標得点の算出に関与しない下位検査。
●は語彙総合得点の算出に必要な下位検査。

表 B-2-5　日本版 WPPSI-III　4歳0カ月〜7歳3カ月の構成

	下位検査	2 知識	4 単語	7 語の推理	9 理解	11 類似	1 積木模様	3 行列推理	5 絵の概念	10 絵の完成	13 組合せ	6 記号探し	8 符号	12 ことばの理解	14 絵の名前
	全検査 IQ（FSIQ）	○	○	○	△	△	○	○	○	△	△	△	○		
指標得点	言語理解指標（VCI）	○	○	○	△	△									
	知覚推理指標（PRI）						○	○	○	△	△				
	処理速度指標（PSI）											○	○		
総合得点	語彙総合（GLC）													●	●

IQ，指標得点，総合得点の（　）内は省略表記。
下位検査名の上の数字は実施順序。
○は基本検査。通常，FSIQ や指標得点の算出に用いられる下位検査。
△は補助検査。通常，FSIQ や指標得点の算出に関与しない下位検査。
●は語彙総合得点の算出に必要な下位検査。

表 B-2-6　日本版 WAIS-IV の構成

	下位検査	2 類似	5 単語	9 知識	13 理解	1 積木模様	4 行列推理	8 パズル	12 バランス*	15 絵の完成	3 数唱	6 算数	11 語音整列*	7 記号探し	10 符号	14 絵の抹消*
	全検査 IQ（FSIQ）	○	○	○	△	○	○	○	△	△	○	○	△	○	○	△
指標得点	言語理解指標（VCI）	○	○	○	△											
	知覚推理指標（PRI）					○	○	○	△	△						
	ワーキングメモリー指標（WMI）										○	○	△			
	処理速度指標（PSI）													○	○	△

IQ，指標得点の（　）内は省略表記。
下位検査名の上の数字は実施順序。
○は基本検査。通常，FSIQ や指標得点の算出に用いられる下位検査。
△は補助検査。通常，FSIQ や指標得点の算出に関与しない下位検査。
*16 〜 69 歳のみ

表 B-2-7　日本版 WISC-V の構成（関連指標を除く）

下位検査		2 類似	6 単語	11 知識	18 理解	1 積木模様	8 パズル	3 行列推理	7 バランス	12 絵の概念	19 算数	4 数唱	9 絵のスパン	13 語音整列	5 符号	10 記号探し	14 絵の抹消
主要指標	全検査 IQ（FSIQ）	○	○	△	△	○	△	○	○	△	△	○	△	△	○	△	△
	言語理解指標（VCI）	○	○														
	視空間指標（VSI）					○	○										
	流動性推理指標（FRI）							○	○								
	ワーキングメモリー指標（WMI）											○	○				
	処理速度指標（PSI）														○	○	
補助指標	量的推理指標（QRI）									○	○						
	聴覚ワーキングメモリー指標（AWMI）											○		○			
	非言語性能力指標（NVI）					○	○	○	○				○			○	
	一般知的能力指標（GAI）	○	○			○		○	○								
	認知熟達度指標（CPI）											○	○		○	○	

IQ，指標得点の（　）内は省略表記。
下位検査名の上の数字は実施順序。
○は IQ，指標得点の算出に用いられる下位検査。
△は○の下位検査の代替として FSIQ 算出に使用できる下位検査。
主要下位検査…主要指標の算出に必要な 10 下位検査。
二次下位検査…主要指標の算出に関与しない 6 下位検査。

表 B-2-8　日本版 WISC-V 関連指標の構成

下位検査		15 文字呼称速度・	16 数量呼称速度・	17 即時シンボル変換	20 遅延シンボル変換	21 再認シンボル変換
関連指標	呼称速度指標（NSI）	○	○			
	シンボル変換指標（STI）			○	○	○
	貯蔵と検索指標（SRI）	○	○	○	○	○

関連指標の下位検査は，日本では 2022 年時点では未刊行であり，
2023 年以降刊行予定。
指標得点の（　）内は省略表記。
下位検査名の上の数字は実施順序。
○は指標得点の算出に用いられる下位検査。

表 B-2-9　ウェクスラー式知能検査の言語理解指標（VCI）及び語彙総合尺度（GLC）における
　　　　各下位検査の概要，関係する主要な能力及び影響因

下位検査	所属する指標得点（WISC-V は主要指標）				課題の概要	関係する主な能力及び影響因
	WISC-IV	WPPSI-III	WAIS-IV	WISC-V		
類似	VCI 基本	4-7 VCI 補助	VCI 基本	VCI 主要	共通点ないし共通の概念を持つ2つのことばを口頭で提示し，その共通点ないし共通の概念を答えさせる。	言語能力（言語概念形成，言語推理，言語表現），語彙知識（特に上位概念），重要な特徴と重要でない特徴の区別など。
単語	VCI 基本	4-7 VCI 基本	VCI 基本	VCI 主要	語の課題では，単語を口頭（及びWISC-IV, WAIS-IVでは文字）で提示し，その意味を答えさせる。絵の課題では，絵を提示し，その名称を答えさせる。	言語能力（言語概念形成，言語推理，言語表現），語彙知識など。
知識	VCI 補助	2-7 VCI 基本	VCI 基本	VCI 二次	日常的な事柄や場所，歴史上の人物等，一般的な知識に関する質問にことばで答えさせる。	習得知識（基礎的知識），言語能力（言語表現）など。
理解	VCI 基本	4-7 VCI 補助	VCI 補助	VCI 二次	日常的な問題の解決や社会的なルール等についての質問をし，それに口頭で答えさせる。	言語能力（言語概念形成，言語推理，言語表現），習得知識（実用的・社会的知識）など。
語の推理	VCI 補助	4-7 VCI 基本	—	—	いくつかのヒントを口頭で提示し，そのヒントが示す物や概念を答えさせる。	言語能力（言語概念形成，言語推理），言語指示を理解する能力，情報を統合する能力など。
ことばの理解	—	2-3 VCI 基本，4-7 GLC	—	—	検査者が述べたことばに該当する絵を4つの選択肢の中から選ばせる。いわゆる絵画語彙検査。	言語能力（言語概念形成），語彙知識，言語指示を理解する能力など。
絵の名前	—	2-3 VCI 補助，4-7 GLC	—	—	絵を提示し，その名称を答えさせる。	言語能力（言語概念形成，言語表現），語彙知識など。

日本版 WISC-V 理論・解釈マニュアル（pp.10-15），日本版 WAIS-IV 理論・解釈マニュアル（pp.12-17），日本版 WPPSI-III 理論・解釈マニュアル（pp.20-25），日本版 WISC-IV 理論・解釈マニュアル（pp.18-23）に基づきつつ，指標得点の解説と矛盾しないよう表現を調整。
基本：WISC-IV, WPPSI-III, WAIS-IV の基本検査
補助：WISC-IV, WPPSI-III, WAIS-IV の補助検査
主要：WISC-V の主要下位検査
二次：WISC-V の二次下位検査
WPPSI-III の「2-3」「4-7」は該当する年齢

表 B-2-10　ウェクスラー式知能検査の知覚推理指標（PRI），視空間指標（VSI），
流動性推理指標（FRI），ワーキングメモリー指標（WMI）における各下位検査の概要，
関係する主要な能力及び影響因

下位検査	所属する指標得点（WISC-V は主要指標）				課題の概要	関係する主な能力及び影響因
	WISC-IV	WPPSI-III	WAIS-IV	WISC-V		
積木模様	PRI 基本	2-7 PRI 基本	PRI 基本	VSI 主要	積木または図版で提示されたモデルにならい，所定の数の積木を用いて，同じ模様を制限時間内に作成させる。	視空間能力（視覚－運動の統合），非言語的概念（解法の法則性など）形成など。
パズル	―	―	PRI 基本	VSI 主要	6 つの選択肢の中から，組み合わせると見本図形と同じ形になるもの 3 つを制限時間内に選ばせる。	視空間能力（視覚イメージ化）など。
絵の完成	PRI 補助	4-7 PRI 補助	PRI 補助	―	絵を見せ，その絵の中で足りない重要な部分を，指さし，またはことばで答えさせる。各問題の制限時間は 20 秒。	視空間能力（視覚認知），重要な特徴と重要でない特徴の区別など。
組合せ		2-3 PRI 基本，4-7 PRI 補助			制限時間内に，ピース（切片）を組み合わせて具体物の形を完成させるパズル課題。	視空間能力（視覚認知，視覚－運動の統合）など。
行列推理	PRI 基本	4-7 PRI 基本	PRI 基本	FRI 主要	一部分が空欄になっている図版を見せ，その空欄に当てはまる絵や図を 5 つの選択肢から選ばせる。	流動性推理能力（帰納的推理，同時処理），視空間能力（視覚イメージ化）など。
絵の概念	PRI 基本	4-7 PRI 基本	―	FRI 二次	2 〜 3 段に並んだ複数の絵を提示し，共通の特徴を持つ絵を各段から 1 つずつ選ばせる。	流動性推理能力（機能的推理）など。
バランス	―	―	PRI 補助	FRI 主要	重りの一部が隠されている天秤ばかりを見せ，その隠されている重りとして適切なものを 5 つの選択肢の中から，制限時間内に選ばせる。	流動性推理能力（帰納的推理，量的推理）など。
算数	WMI 補助	―	WMI 基本	FRI 二次	算数の問題を口頭で提示し，紙や鉛筆を使わずに暗算で，制限時間内に答えさせる。	流動性推理能力（量的推理），ワーキングメモリー，言語指示を理解する能力など。
数唱	WMI 基本	―	WMI 基本	WMI 主要	検査者が決められた数字（数系列）を読み上げ，それと同じ順序（順唱），逆の順序（逆唱），または昇順（数整列：WAIS-IV，WISC-V のみ）で，その数字を言わせる。	聴覚ワーキングメモリー（注意・集中を含む），継次処理など。

（次ページにつづく）

表 B-2-10　ウェクスラー式知能検査の知覚推理指標（PRI），視空間指標（VSI），
流動性推理指標（FRI），ワーキングメモリー指標（WMI）における各下位検査の概要，
関係する主要な能力及び影響因（つづき）

下位検査	所属する指標得点（WISC-V は主要指標）				課題の概要	関係する主な能力及び影響因
	WISC-IV	WPPSI-III	WAIS-IV	WISC-V		
絵のスパン	―	―	―	WMI 主要	いくつかの絵を見せて覚えさせ，回答ページの選択肢の中から同じ絵を選択させる。覚える絵が複数である場合，正しい順序で選択するほうが高い得点が与えられる。	視覚ワーキングメモリー（注意・集中を含む）など。
語音整列	WMI 基本	―	WMI 補助	WMI 二次	数とカナが混じった系列を読み上げ，まず数を昇順に，次にカナを五十音順に並べかえて言わせる。	聴覚ワーキングメモリー（注意・集中を含む）など。

日本版 WISC-V 理論・解釈マニュアル（pp.10-15），日本版 WAIS-IV 理論・解釈マニュアル（pp.12-17），日本版 WPPSI-III 理論・解釈マニュアル（pp.20-25），日本版 WISC-IV 理論・解釈マニュアル（pp.18-23）に基づきつつ，指標得点の解説と矛盾しないよう表現を調整。
基本：WISC-IV，WPPSI-III，WAIS-IV の基本検査
補助：WISC-IV，WPPSI-III，WAIS-IV の補助検査
主要：WISC-V の主要下位検査
二次：WISC-V の二次下位検査

表 B-2-11　ウェクスラー式知能検査の処理速度指標（PSI）における各下位検査の概要，
関係する主要な能力及び影響因

下位検査	所属する指標得点（WISC-V は主要指標）				課題の概要	関係する主な能力及び影響因
	WISC-IV	WPPSI-III	WAIS-IV	WISC-V		
符号	PSI 基本	4-7 PSI 基本	PSI 基本	PSI 主要	制限時間内に記号をできるだけ速くたくさん書かせる。WPPSI-III，WISC-IV 5～7歳，WISC-V 5～7歳：見本にならい，幾何図形の中に，対応する記号を書かせる。WISC-IV 8～16歳，WAIS-IV，WISC-V 8～16歳：見本にならい，数字の下に，対応する記号を書かせる。	処理速度，視覚処理能力（視覚認知，視覚的短期記憶，視覚－運動の協応，視覚的探索など），集中・注意・動機づけの持続など。

下位検査	所属する指標得点（WISC-V は主要指標）				課題の概要	関係する主な能力及び影響因
	WISC-IV	WPPSI-III	WAIS-IV	WISC-V		
記号探し	PSI 基本	4-7 PSI 基本	PSI 基本	PSI 主要	左側の見本の記号が，右側の記号グループの中にあるか否か判断させ，制限時間内にできるだけ速く回答させる。WISC-IV：左側の見本の記号が，右側の記号グループの中にあるか否かを判断させ，回答欄の「ある」「ない」を○で囲ませる。WPPSI-III，WAIS-IV：左側の見本の記号が，右側の記号グループの中にあれば，その記号を○で囲み，なければ「ない」を○で囲ませる。WISC-V：左側の見本の記号が，右側の記号グループの中にあれば，その記号に線を引き，なければ「ない」に線を引かせる。	処理速度，視覚処理能力（視覚認知，視覚的短期記憶，視覚－運動の協応など），集中・注意・動機づけの持続など。
絵の抹消	PSI 補助	―	PSI 補助	PSI 二次	WISC-IV，WISC-V：多くの絵が配置されたワークシートの中から，動物の絵を探して線を引かせる。絵の配置には不規則配置と規則配置があり，制限時間は各 45 秒。WAIS-IV：多くの図形が配置されたワークシートの中から，見本と同じ図形を探して線を引かせる。WISC と異なり，順番に回答。制限時間は各 45 秒。	処理速度，視覚処理能力（視覚認知，視覚的探索など），集中・注意・動機づけの持続など。（WISC では回答の順序が問われないので，プランニングスキルの影響は符号，記号探しより大きい）

日本版 WISC-V 理論・解釈マニュアル（pp.10-15），日本版 WAIS-IV 理論・解釈マニュアル（pp.12-17），日本版 WPPSI-III 理論・解釈マニュアル（pp.20-25），日本版 WISC-IV 理論・解釈マニュアル（pp.18-23）に基づきつつ，指標得点の解説と矛盾しないよう表現を調整。
基本：WISC-IV，WPPSI-III，WAIS-IV の基本検査
補助：WISC-IV，WPPSI-III，WAIS-IV の補助検査
主要：WISC-V の主要下位検査
二次：WISC-V の二次下位検査
WPPSI-III の「2-3」「4-7」は該当する年齢。

2. 実施法の概要

　現在の S.E.N.S 養成カリキュラムでは，ウェクスラー式知能検査の実施技術は必須とはされていないため，ここでは実施法の概要のみ述べる。詳細については，各検査の実施・採点マニュアルを熟読し，また，日本文化科学社主催の検査技術講習会などを受講されたい。

　まず，表 B-2-3 〜表 B-2-6 で示したように，WISC-IV，WPPSI-III，WAIS-IV には，実施必須の基本検査と，必要に応じて実施する補助検査とがある。WISC-IV，WAIS-IV は基本検査 10 で実施所要時間は 60 〜 80 分，WPPSI-III は 2 歳 6 カ月〜 3 歳 11 カ月では基本検査 4 で実施所要時間は 40 分，4 歳 0 カ月〜 7 歳 3 カ月は基本検査 8 で実施所要時間 50 〜 70 分である。実施所要時間が常にこれより長くなる検査者は，実施技術に問題がある可能性が考えられる。

　補助検査は，受検者の相談内容に応じて必要最少限を選ぶことになっており，すべてを実施することは推奨されていない。ただし，何らかの理由で基本検査が無効になる等した場合には，補助検査を実施して基本検査の代替とし，IQ や指標得点を算出する。

　一部の問題項目を除き，検査問題の正解を受検者に教えてはならない。なぜなら，二度三度と同じ検査を受ける可能性があるからである。また，検査問題の漏洩は職業倫理に反する行為であり，受検者ができた問題項目やできなかった問題項目を指導・支援者や保護者に伝えることは禁じられている。検査問題をトレーニングに使ったり，検査器具を使ってトレーニング課題を作ったりすることも禁じられている。そもそも，検査問題をトレーニングして正解できるようになっても，相談内容（主訴）は改善しないことが知られている。

　知能検査を繰り返し受検すると，前回の問題を覚えていたり，前回より速く正解できたりして，再受検時の得点が上昇することが知られており，これを履歴効果（history effect）という。日本版 WISC-III では 2 年程度履歴効果が持続することが報告されており（岡田他，2010），これは他のウェクスラー式知能検査でも同様と考えられる。つまり，履歴効果のない検査結果を得ようとするならば，検査の間隔を 3 年あける必要があるということになる。

　言語理解指標の下位検査では，受検者の回答は逐語記録することが推奨されている。なぜなら，そこに言語の障害などの特徴が反映されており，重要な観察所見になる可能性があるからである。また，類似，単語，理解については，受検者の回答を 2，1，0 点の 3 段階で採点することになっており，しかもしばしば数秒で判断することが求められるため，採点基準や採点例に十分習熟し，また，類似と単語については採点の一般原則にも習熟して実施する必要がある。

B-2-3　検査結果の解釈

1. 解釈の前提

　ウェクスラー式知能検査等によるアセスメントの位置づけを，図 B-2-1 に示した。

　すでに述べたように，アセスメントは相談内容（主訴）に応えるために実施される。したがって，主訴に応じてどのような検査や観察などを行うかを計画する必要がある。また，主訴を説明できるような行動や検査結果が見られるかどうかを念頭に置いて検査を実施し，ま

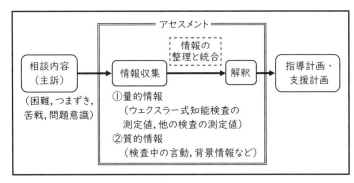

図 B-2-1　心理・教育アセスメントにおける情報収集と解釈

た解釈することが重要である。

　アセスメントにおいて収集すべき情報は，量的情報（つまり検査の数値）だけでなく，行動観察や回答内容などの質的情報もまた重要である。また，アセスメントには，検査結果の**解釈**までが含まれる。解釈にあたっては，量的情報と質的情報を整理し，矛盾なく統合することが求められる。数値だけで解釈することをブラインド・アナリシスといい，解釈の可能性を列挙することはできるが，可能性の中から受検者に当てはまるものを絞り込むことはできない。つまり，相談内容（主訴）に応えることはできない。量的情報に基づく解釈の各選択肢と一致する質的情報の例を，表 B-2-2 の「弱い場合の観察所見，背景情報の例」の項目に掲載した。量的情報と質的情報が一致すると，その解釈が採択されることになる。

　指導計画，支援計画は，解釈に基づいて立案される。その際，欠点の訓練を考えるだけでなく，強い能力が相談内容（主訴）の克服に活かされていることが望ましい。

2．検査結果の集計と，量的情報解釈の基礎となる統計

1）粗点

　検査の実施が終了すると，まず下位検査ごとに得点を集計して合計点を算出する。これは粗点と呼ばれる。

2）標準得点

　粗点はそのままでは他の下位検査とも，また他の人の結果とも比較できず，つまり，個人内差も個人間差もわからない。そこでこれを比較可能な得点である評価点に換算する。粗点から評価点への換算表は，年齢ごとに分かれている。それは，同じ粗点であっても，同集団の中で高いか否かの位置づけは年齢によって異なるからである。WPPSI は 3 ～ 4 カ月ごと，WISC は 4 カ月ごと，WAIS は 2 ～ 10 年ごとに異なる換算表が用意されており，いずれも実施・採点マニュアルに掲載されている。なお，WAIS については，20 ～ 34 歳を基準とした換算表も用意されているが，これは知能発達のピークと比較するための参考としてのみ用いられる。

　評価点というのは，標準得点の一種である。標準得点というのは，図 B-2-2 のような山型の得点分布（正規分布という）を仮定した得点であり，分布の中心である平均と，分布の幅を示す標準偏差（Standard Deviation：SD）が決められている。評価点の場合，平均は

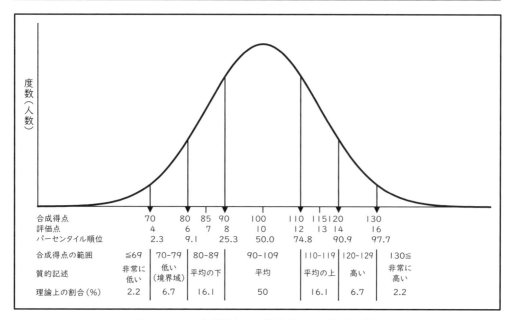

図 B-2-2　合成得点の人数分布，及び記述分類

10, 標準偏差は 3 に決められている。標準偏差 3 ということは，平均 10 より標準偏差 1 個分（3 点分）低い得点は 7，標準偏差 2 個分（6 点分）低い得点は 4 ということである。正規分布では，標準偏差の幅に含まれる人数の割合は常に決まっている。

　次に，下位検査の評価点は，表 B-2-3 ～表 B-2-8 に従って合計され，**全検査 IQ（FSIQ）**及び**指標得点**に換算される。全検査 IQ 及び指標得点は，まとめて**合成得点**と呼ばれることがある。下位検査を合成して算出されるからである。この評価点合計から合成得点への換算表は年齢ごとではなく，WPPSI-III では 2 歳 6 カ月～ 3 歳 11 カ月と 4 歳 0 カ月～ 7 歳 3 カ月の 2 種類だけであり，WISC では 5 歳 0 カ月～ 16 歳 11 カ月全体で同じ換算表，WAIS でも 16 歳 0 カ月以上の全年齢で同じ換算表が用いられる。いずれも実施・採点マニュアルに掲載されている。

　合成得点もまた標準得点の一種であり，図 B-2-2 に示すとおり，平均は 100，標準偏差は 15 に決められている。標準偏差 15 ということは，平均 100 より標準偏差 1 個分（15 点分）低い得点は 85，標準偏差 2 個分（30 点分）低い得点は 70 ということである。IQ 70 未満が知的発達の遅れを判断する 1 つの目安とされることがあるが，それは IQ 70 が平均からちょうど標準偏差 2 個分低い値だからである。

3）パーセンタイル順位

　上で述べたように，正規分布では，標準偏差の幅に含まれる人数の割合は常に決まっている。図 B-2-2 に示したように，合成得点 90 ～ 109 の範囲には，受検者全体の 50% が含まれる。同様に，合成得点 80 ～ 89 の範囲には，受検者全体の 16.1% が含まれる。合成得点 70 ～ 79 の範囲には 6.7% が，69 以下の範囲には 2.2% が含まれる。

　正規分布のこの性質を利用すると，受検者の合成得点や評価点が下から何%の位置である

かを知ることができ，これをパーセンタイル順位という。たとえば，合成得点70（評価点4）は下から2.3%の位置になり，つまりパーセンタイル順位は2.3となる。同様に，合成得点80（評価点6）のパーセンタイル順位は9.1，合成得点90（評価点8）のパーセンタイル順位は25.3である。合成得点100，評価点10は，ちょうど平均であるから，上から数えても下から数えても50%の位置になり，パーセンタイル順位は50になる。

　パーセンタイル順位の詳細な値は，実施・採点マニュアルの「評価点合計を合成得点に換算する表」に掲載されている。

4）信頼区間

　定規にしても体重計にしても検査にしても，すべての測定器具には誤差がつきものである。信頼区間というのは誤差の範囲のことであり，ウェクスラー式知能検査では特に合成得点に対して信頼区間を示すことになっている。

　ウェクスラー式知能検査では，信頼水準90%及び95%という2種類の信頼区間が利用可能である。信頼水準90%の信頼区間とは，その範囲に真の値が存在する確率が90%であることを意味する。

　たとえば日本版WISC-Ⅳの場合，全検査IQ 85に対する信頼水準90%の信頼区間は80～91，信頼水準95%の信頼区間は79～92である。もっと広げて信頼区間を78～94にすると，信頼水準は99%に達する。このように信頼区間の幅を広げれば，その分信頼水準も高くなる。なぜなら，幅が広いほうが，その範囲に真の値が存在する確率が高くなるからである。しかし一般的には，信頼区間の幅が広いと検査結果の解釈が難しくなる。たとえば，信頼区間78～94であると，78は次項の質的記述では「低い（境界域）」，94は「平均」の水準になり，幅広い水準にまたがってしまい，全検査IQは平均なのか，遅れの可能性があるのかが，曖昧になってしまうのである。そのような理由から，比較的幅の狭い信頼水準90%の信頼区間が推奨されている。

　信頼区間の詳細な値は，実施・採点マニュアルの「評価点合計を合成得点に換算する表」に掲載されている。

5）合成得点の質的記述（qualitative descriptions）

　受検者における合成得点の水準，つまり個人間差は，数値ではなく分類カテゴリで記述することもあり，記述分類（日本版WISC-Ⅳ），分類（日本版WPPSI-Ⅲ），分類記述（日本版WAIS-Ⅳ，日本版WISC-Ⅴ）などと呼ばれる。図B-2-2に示したように，たとえば合成得点90～109の範囲は「平均」，80～89の範囲は「平均の下」などと記述される。

　質的記述を用いる場合，合成得点そのものに対してではなく，合成得点の信頼区間に対して記述することが推奨される。たとえば，ある受検者の全検査IQが85であった場合，「平均の下」と記述するのではなく，全検査IQ 85の90%信頼区間である80～91に基づいて，「平均の下」から「平均」と記述するのである。

　質的記述については，図B-2-2に記載されているものがすべてであるが，理論・解釈マニュアルにも解説が載っている。

6）テスト年齢

　WPPSI 及び WISC の各下位検査に対しては，「2）標準得点」で述べた評価点の他に，テスト年齢を求めることができる。これは，各下位検査の粗点が，何歳何カ月の平均に相当するかを示すものである。各下位検査における能力の発達水準を示すものと考えることができるが，田中ビネー知能検査や新版 K 式発達検査のように課題と年齢が対応づけられているわけではないので，あくまでも発達水準の参考程度と考えるべきである。

7）差の有意性の判定

　指標得点同士の差，下位検査の評価点同士の差，各下位検査の評価点と評価点平均との差，また，後述するプロセス得点間の差については，明確に差があるといえるのか，それとも誤差の範囲であるかを，統計的基準に基づいて判定することになっている。判定の結果，明確に差があるといえた場合，「統計的に有意な差がある」という。

　ウェクスラー式知能検査ではいずれも，2 種類の判定値（基準）が用意されている。すなわち，「.15（有意水準 15%）」「.05（有意水準 5%）」である（ただし，WISC-V では，「.15（有意水準 15%）」「.10（有意水準 10%）」「.05（有意水準 5%）」「.01（有意水準 1%）」の 4 種類）。有意水準 15% というのは，差があるという判断が間違っている確率が 15% あることを示しており，したがって 85% の確率で真に差があることを意味する。同様に，有意水準 5% というのは，95% の確率で真に差があることを意味する。

　有意水準 15% のほうが基準が甘く，「有意な差がある」という判定が出やすい。すでに述べたように，ウェクスラー式知能検査の目的は受検者の知能や認知の特徴を明らかにすることであり，そのためには多くの差を検出したほうが特徴を捉えやすいことから，有意水準 15% の判定値を使用することが推奨されている。

　有意性判定の詳細な判定値は，実施・採点マニュアルに掲載されている。

　統計的に有意な差があった場合，得点が高いほうの指標や下位検査は得意，低いほうは不得意であると考えられる。ただし，得点が低く不得意であったほうが障害を示しているか否かは，得点だけで判断することはできない。

8）標準出現率（base rate）

　指標得点同士の差，下位検査の評価点同士の差，各下位検査の評価点と評価点平均との差，また，後述するプロセス得点間の差については，「7）差の有意性の判定」で差があるといえた場合，その差が大きいか否かについても検討したくなる。その目安となる数値が，標準出現率である。

　差の標準出現率は，その差の出現率を示しており（厳密にいうとその差の絶対値以上の差を示す受検者の出現率を示しており），値が小さいほど，その差は大きいと考えられる。たとえば日本版 WISC-IV の場合，ある受検者の言語理解指標（VCI）－知覚推理指標（PRI）の差が 20 点であり，VCI ＞ PRI であったとすると，その標準出現率は 8.6% である（厳密にいうと検査作成に協力した受検者全員を基準とした出現率）。これは，20 点以上の差を示す受検者が 8.6% しかいないことを示しており，かなり大きな差であると考えられる。およその目安として，標準出現率が 10 ～ 15% 以下である場合，出現率の低い大きな差であると考えられる。

表 B-2-12　基本的な解釈の流れ（日本版 WAIS-IV 理論・解釈マニュアル pp.109-115）

ステップ	解釈する事柄	使用する主たる情報
1	全検査 IQ（FSIQ）を報告・記述する	FSIQ，パーセンタイル順位，信頼区間
2	言語理解指標（VCI）を報告・記述する	VCI，パーセンタイル順位，信頼区間
3	知覚推理指標（PRI）を報告・記述する	PRI，パーセンタイル順位，信頼区間
4	ワーキングメモリー指標（WMI）を報告・記述する　※WPPSI-III にはない	WMI，パーセンタイル順位，信頼区間
5	処理速度指標（PSI）を報告・記述する	PSI，パーセンタイル順位，信頼区間
6	指標間の得点の差を評価する	有意差の有無，標準出現率（記録用紙分析ページのディスクレパンシー比較欄）
7	強い下位検査と弱い下位検査を評価する	平均より高い下位検査（S）および低い下位検査（W），標準出現率（記録用紙分析ページの S と W の判定欄）
8	下位検査間の得点の差を評価する	下位検査間の有意差の有無，標準出現率（記録用紙分析ページのディスクレパンシー比較欄）
9	下位検査内の得点のパターンを評価する（プロセス・アプローチ）	記録用紙における各下位検査のページを参照し，問題項目の得点パターンに注目
10	プロセス分析	検査中の行動観察，および，記録用紙分析ページのプロセス分析欄　※WPPSI-III にはプロセス分析欄はない

　なお，IQ 79 以下の受検者では一般的に差は小さめであることから，たとえば上記と同じ 20 点差であっても標準出現率は 1.4%ときわめて小さくなる。一方，IQ 120 以上の受検者では一般的に差は大きめであることから，たとえば上記と同じ 20 点差であっても標準出現率は 11.9%と比較的ありふれた値になる。そのため，IQ 79 以下，あるいは IQ 120 以上の受検者では，IQ 水準別の標準出現率の使用が推奨されており，一方，IQ 80 ～ 119 の受検者では，検査作成に協力した受検者全員（標準化サンプル全体）による標準出現率の使用で十分である。

　標準出現率には，上記のように差の大きさを示すものの他に，後述するプロセス得点のうち評価点が算出されないものについて，成績の良し悪しを示すものもある。すなわち，ワーキングメモリー指標の下位検査における最長スパン（記憶の容量を示す値），及び，WISC-V におけるエラースコア（特徴的な誤反応の出現数）である（表 B-2-14）。

　なお，標準出現率が導入されたのは WISC-IV，WPPSI-III 以降である。WAIS-III では「出現頻度」「累積パーセンテージ」等と呼ばれており，標準出現率とは算出方式が若干異なっており，記録用紙に記入欄は用意されていない。WISC-III では標準出現率はない。

3. 検査結果の解釈

　検査結果を解釈する方法はいろいろあるが，ここでは代表的な方法として，WAIS-IV 理論・解釈マニュアルに記載されている解釈の流れを紹介する（表 B-2-12）。WISC-IV，WPPSI-III は WAIS-IV とほぼ同じ流れで解釈できる。WISC-III，WAIS-III は，言語性 IQ，動作性 IQ の解釈を廃止すれば，それ以外は WAIS-IV とほぼ同じ流れで解釈できる。WISC-V の解釈については，一部に WAIS-IV を超える内容があることから，後ほど別途説

明する。

　検査結果の解釈においては，合成得点の解釈が優先される。つまり，ステップ1～6が優先ということである。

1）ステップ1：全検査IQ（FSIQ）の報告・記述

　最初に検討すべきなのは全検査IQ（FSIQ）であり，受検者の全体的な知能水準を示している。指標や下位検査の得点パターンが同様であっても，知能水準が異なると，受検者の状態像や使える指導・支援法は異なってくる。知能水準が高いほどメタ認知（つまり，自分の弱点を自覚し，また，自ら工夫してそれを補うこと）が期待できる。

　また，FSIQの解釈でもうひとつ重要なのは，知能水準と学業との差の検討である。知能水準と学業成績との間に乖離が見られる場合，LDや不適切な教育・養育などの問題がある可能性が考えられる。

　指標得点間，あるいは下位検査の評価点間に顕著なばらつきが見られる場合，指標や下位検査の解釈が重要になってくるが，そのような場合であっても，FSIQの解釈を欠かしてはならない。

　なお，ワーキングメモリー指標や処理速度指標が著しく低い（あるいは高い）ために，FSIQが低めに（あるいは高めに）算出されてしまうことがある。このような場合，知能の中心的部分を反映する一般知的能力指標（GAI）を算出することにより，真の知能水準を知ることができる。ワーキングメモリー指標や処理速度指標が著しく低いということは，LDでしばしば見られる検査結果である。

　GAIは，日本版WISC-IVでは補助マニュアルで，日本版WAIS-IVでは理論・解釈マニュアルで提供されている。言語理解指標及び知覚推理指標に属する計6つの基本検査について評価点を合計し，マニュアルに掲載されている換算表を参照してGAIを算出する。ただし，言語理解指標と知覚推理指標に顕著な差（たとえば23点以上の差）がある場合は，GAIは算出しないことになっている。

2）ステップ2：言語理解指標（VCI）の報告・記述

　言語理解指標（VCI）の解釈は2つある（表B-2-2）。

　1つ目の解釈は言語能力である。VCIが低得点であり，かつ，表B-2-2にある「語想起や言語表出が非流暢」などの観察所見が得られれば，その受検者は言語能力が弱いと解釈できる。受検者が特異的言語障害である場合，WISCではVCIだけでなく，ワーキングメモリー指標（WMI）も低得点になることが知られている（表B-2-2「ワーキングメモリー指標」参照）。つまり，後述する指標パターン（図B-2-3）では，VCI低パターンよりも，パターン⑧のように指標パターンがN字型になることが多い。

　なお，ウェクスラー式知能検査では，ことばを聞き取って理解する力（リスニング力）や文法能力などは必ずしも測定できておらず，VCIの得点に反映されないことがある。その場合，必要に応じてKABC-IIやLCSA学齢版言語・コミュニケーション発達スケールなど他の検査を実施する。

　VCIのもう1つの解釈は習得知識である。語彙力などは，習得知識であるとともに，言語能力でもある。習得知識は，たとえば長期にわたる不登校などで学習空白が生じた場合に低

下する可能性があり，VCI の低得点となって検査結果に現れる。

3）ステップ 3：知覚推理指標（PRI）の報告・記述

　知覚推理指標（PRI）では，すでに述べたように CHC 理論における視覚処理，流動性推理という 2 つの能力が混在していることから，解釈は 2 つあることになる（表 B-2-2）。

　1 つ目の解釈は視覚処理能力である。PRI が低得点であり，かつ，表 B-2-2 にある「図形認知や定規類の使用の困難」などの観察所見が得られれば，その受検者は視覚処理能力が弱いと解釈できる。後述する指標パターン（図 B-2-3）ではパターン⑤だけでなく，処理速度指標も低いパターン⑦（逆 N 字型）もよく見られる。

　なお，ウェクスラー式知能検査では，視覚処理のどの分野・領域に困難があるかを詳細に検討するのは難しいので，必要に応じて『見る力』を育てるビジョンアセスメント「WAVES」やレイの複雑図形検査など他の検査を実施する。

　PRI のもう 1 つの解釈は流動性推理能力である。PRI が低得点であり，かつ，表 B-2-2 にある「新奇な課題の解決が困難」などの観察所見が得られれば，その受検者は推理能力が弱いと解釈できる。

4）ステップ 4：ワーキングメモリー指標（WMI）の報告・記述

　ワーキングメモリー指標（WMI）の解釈は 3 つある（表 B-2-2）が，このうち発達性ディスレクシアと特異的言語障害については，WISC のみ該当する。WAIS では解釈は 1 つである。WPPSI-III には WMI はない。

　1 つ目の解釈はワーキングメモリー能力である。WMI が低得点であり，かつ，表 B-2-2 にある「行動や課題の目標・目的をど忘れする」などの観察所見が得られれば，その受検者はワーキングメモリー能力が弱いと解釈できる。ワーキングメモリー能力のみ弱く，他に弱いところのない受検者では，後述する指標パターン（図 B-2-3）のパターン⑥になる。

　ADHD ではワーキングメモリー能力が弱いという報告がいくつかあるため，ウェクスラー式知能検査では WMI が低いはずと考えている専門家をよく見かけるが，WISC や WAIS の理論・解釈マニュアルを見ると，実際には ADHD の平均プロフィールでは WMI よりも PSI のほうが低くなっている。これは，後述するとおり PSI が集中の持続を反映しやすいためである。

　WMI の 2 つ目の解釈は WISC に限定されたもので，発達性ディスレクシアの症状のひとつである音韻障害が反映されるというものである。WMI が低得点であり，かつ，表 B-2-2 にある「音読が非流暢」などの観察所見が得られれば，その受検者は発達性ディスレクシアである可能性が考えられる。後述する指標パターン（図 B-2-3）では，パターン⑥よりもパターン⑪のほうが多く，つまり，処理速度指標も低得点であるパターンが多く，その場合，漢字の書字の習得にも苦戦していることが多い。

　なお，WISC の結果だけで発達性ディスレクシアと決めるのは危険であり，LD-SKAIP や KABC-II，改訂版 標準読み書きスクリーニング検査（STRAW-R）など，読み書きのつまずき及びその原因やメカニズムを明らかにする検査も実施する必要がある。

　WMI の 3 つ目の解釈も WISC に限定されたもので，これについてはステップ 2 の VCI のところですでに述べた。

5）ステップ5：処理速度指標（PSI）の報告・記述

処理速度指標（PSI）の解釈は，理論的には処理速度ひとつであるが，実際の臨床場面ではこの解釈だけでは役に立たず，少なくとも3つの解釈を知っている必要がある（表B-2-2）。

1つ目の解釈は処理速度である。PSIが低得点であり，かつ，表B-2-2にある「作業が遅い」という観察所見が得られれば，その受検者は処理速度が遅いと解釈できる。しかし，単に処理速度が遅いというだけでは，入試における特別措置は受けられないし，指導計画も立てにくく，処理速度が遅い原因を検討する必要がある。たとえばASDではしばしばマイペースゆえに処理速度が遅くなっているが，それは速度が問題の本質ではなく，他者の動きに関心がないことが問題の本質である。別の例としては，うつ病や統合失調症を発症しても，処理速度は遅くなることがある。

このように，処理速度の低下はさまざまな原因から生じるので，後述する指標パターン（図B-2-3）で，純粋にPSI低パターンになることは少ない。たとえばASDの場合は，WMIだけが高いパターン③であったり，言語も弱いパターン⑩であったりする。

2つ目の解釈は視覚処理能力であり，これは知覚推理指標と共通の解釈であるが，処理速度指標では特に筆記・書字との関係が強い。PSIが低得点であり，かつ，漢字書字の習得に苦戦したり，マスの中に文字を収めるのが困難であったりという観察所見があれば，視覚処理，特に筆記スキルが弱いと解釈できる。指標パターン（図B-2-3）としては，視覚処理に困難を示すパターン⑦，あるいは，発達性ディスレクシアでよく見られるパターン⑪などがある。

3つ目の解釈は集中，注意，動機づけの持続である。PSIが低得点であり，かつ，課題や遊びにすぐ飽きて集中が続かない等の観察所見が得られれば，その受検者は集中や動機づけの持続が困難であると解釈できる。この解釈が当てはまるのはADHDの人であることが多い。

6）ステップ6：指標間の得点差の評価

このステップでは，指標間に有意な差があるか，また，差がある場合は標準出現率を参照し，差の大きさを検討する。それにより，受検者の得意な領域，不得意な領域を明らかにする。

特に不得意な領域については，日常生活の様子を調べ，単なる不得意だが自分で補償できているのか，それとも補償できずに障害になっているのかを検討し，また，相談内容（主訴）の原因になっているか否かを検討する。また，得意な領域については，それが相談内容（主訴）の改善にどのように役立てられるかを考える。

7）ステップ7：強い下位検査（S）と弱い下位検査（W）の評価

すでに述べたように，ウェクスラー式知能検査の結果の解釈では，合成得点が優先されるべきである。しかし，指標内で下位検査間に顕著な得点差が見られた場合は，その意味を解釈してもよい。

下位検査の解釈にあたっては，基本検査10の評価点を平均し，それより有意に高い得点の下位検査を強い下位検査（Strengthの頭文字をとってSと略す）とし，有意に低い下位検査を弱い下位検査（Weaknessの頭文字をとってWと略す）とする。

　ただし，基本検査 10 の平均の代わりに，言語理解指標（VCI）の下位検査 3 つの平均と，知覚推理指標（PRI）の下位検査 3 つの平均を用いることがある。これは，（1）VCI と PRI との間に有意な差がある受検者で用いたほうがよい場合が多く，また，（2）基本検査に 1 つだけ突出した評価点の下位検査がある受検者では必ずこちらを用いることになっている。なお，VCI 平均と PRI 平均を用いる場合，ワーキングメモリー指標と処理速度指標の下位検査については S と W の評価はしない。

　すでに述べたように，知覚推理指標では 2 種類の能力が混在していることから，下位検査間で得点が分かれることがあり，しばしば S と W の評価が有効である。すなわち，「積木模様」「パズル」「絵の完成」は視覚処理能力を反映しやすい下位検査であり，一方，「行列推理」「バランス」「絵の概念」は流動性推理能力を反映しやすい下位検査である。

8）ステップ 8：下位検査間の得点差の評価

　下位検査に関するもうひとつの解釈法として，場合によっては下位検査同士を直接比較し，有意差があるか，また，差がある場合はその差が大きいかを検討したくなることがあるかもしれない。主としてワーキングメモリー指標の 2 つの下位検査，及び，処理速度指標の 2 つの下位検査を比較する。各下位検査の解釈は，表 B-2-9 ～表 B-2-11 の一番右の欄にまとめた。ただし，下位検査の解釈は熟練を要し，特に単独の下位検査の解釈は非常に困難である。強引な解釈，こじつけの解釈をしても，相談内容（主訴）に応えることはできないし，指導計画にも結びつかないことに留意する必要がある。

9）ステップ 9 ～ 10：下位検査内の解釈（プロセス・アプローチ）

　最後に下位検査内を分析する。

　たとえば，得点パターンを分析する。一般的には，最初のほうのやさしい問題項目に連続して正答し，後のほうの難しい問題項目に連続して誤答し，その下位検査が終了する。しかし，やさしい問題項目でもところどころ誤答する受検者がいたとすると，集中力にムラ，あるいは知識にムラがあるのかもしれない。

　また，検査中の行動観察も重要である。たとえば，「わかりません」「習ってない」という回答が多い場合，単なる能力や知識の不足だけでなく，防衛的傾向，あるいは不安による検査回避である可能性も考えられる。別の例として，知覚推理指標の下位検査などで，難しい問題項目になると制限時間まで考えずに比較的短時間で「できません」と回答することが多かった場合，耐性が弱く，衝動性がある可能性が考えられる。さらに，「わかりません」「できません」という意思表示がなく，無反応のまま次の問題項目に進むことが多かった場合，社会的スキルの不足，自信の不足，反抗的態度，極度の不安などの可能性が考えられる。

　観察の内容によっては，ステップ 2 ～ 5 の指標得点の解釈と結びつけることになる。たとえば，言語理解指標の下位検査において，質問されてから回答し始めるまでの時間が長かったとすると，それは「語想起や言語表出の非流暢」を示しており（表 B-2-2），言語能力が弱いという解釈が支持されることになる。

　WISC-IV, WAIS-IV, WISC-V では，下位検査内の解釈に量的な分析も用意されており，プロセス分析と呼ばれる。算出できる得点やディスクレパンシーとその解釈を，表 B-2-13 ～表 B-2-14 にまとめた。プロセス分析で算出される得点をプロセス得点といい，

表 B-2-13　ウェクスラー式知能検査のプロセス分析の意味・解釈：プロセス評価点

	算出される数値	WISC-IV	WAIS-IV	WISC-V	意味，解釈
プロセス評価点	積木模様：時間割増なし（Block Design No Time Bonus：BDn）	○	○	○	時間割増点を除外した積木模様の成績。
	積木模様：部分点（Block Design Partial Score：BDp）	―	―	○	完成できなかった模様に対しても，正しく置けた積木の数だけ得点を与える。
	数唱：順唱（Digit Span Forward：DSf）	○	○	○	順唱に対する評価点。情報の順序の記憶が求められる。
	数唱：逆唱（Digit Span Backward：DSb）	○	○	○	逆唱に対する評価点。情報の順序の記憶と逆転操作が求められる。
	数唱：数整列（Digit Span Sequencing：DSs）	―	○	○	数整列に対する評価点。情報の整列操作が求められる。
	絵の抹消：不規則配置（Cancellation Random：CAr）	○	―	○	不規則配置に対する評価点。
	絵の抹消：規則配置（Cancellation Structured：CAs）	○	―	○	規則配置に対する評価点。
プロセス評価点のディスクレパンシー比較	積木模様－積木模様：時間割増なし	○	○	○	遂行速度の影響の大きさを示す。「積木模様＜積木模様：時間割増なし」である場合，遂行速度が遅いことを意味する。
	積木模様－積木模様：部分点	―	―	○	細部への注意や遂行速度の影響の大きさを示す。「積木模様＜積木模様：部分点」である場合，細部への注意が困難，あるいは遂行速度が遅いことを意味する。
	数唱：順唱－数唱：逆唱	○	○	○	情報の逆転操作の影響の大きさを示す。「順唱＞逆唱」である場合，逆転操作が困難であることを意味する。
	数唱：順唱－数唱：数整列	―	○	○	情報の整列操作の影響の大きさを示す。「順唱＞数整列」である場合，整列操作が困難であることを意味する。
	数唱：逆唱－数唱：数整列	―	○	○	情報の逆転操作と整列操作のどちらが強い，あるいは弱いかを示す。
	語音整列－数唱：数整列	―	―	○	数とカナが混じった系列の整列操作と，数のみの系列の整列操作で，差があるかどうかを示す。
	絵の抹消：不規則配置－絵の抹消：規則配置	○	―	○	視覚的探査において規則配置が助けになるかどうかを示す。

※ WPPSI-III にはプロセス得点はない
算出される数値の（　）内は WISC-V における省略表記と，その原語

表 B-2-14　ウェクスラー式知能検査のプロセス分析の意味・解釈：プロセス評価点以外

	算出される数値	WISC-IV	WAIS-IV	WISC-V	意味，解釈
最長スパン	順唱：最長スパン（Longest Digit Span Forward：LDSf）	○	○	○	順唱における記憶容量。
	逆唱：最長スパン（Longest Digit Span Backward：LDSb）	○	○	○	逆唱における記憶容量。
	数整列：最長スパン（Longest Digit Span Sequencing：LDSs）	－	○	○	数整列における記憶容量。
	絵のスパン：最長刺激（Longest Picture Span Stimulus：LPSs）	－	－	○	視覚的な記憶容量。正しい順序で回答できた問題項目の刺激数。
	絵のスパン：最長回答（Longest Picture Span Response：LPSr）	－	－	○	正しい順序で回答できた問題項目の選択肢数。
	語音整列：最長スパン（Longest Letter-Number Sequence：LLNs）	－	○	○	語音整列における記憶容量。
最長スパンのディスクレパンシー比較	順唱：最長スパン－逆唱：最長スパン	○	○	○	情報の逆転操作によって記憶容量がどの程度影響を受けるかを示す。
	順唱：最長スパン－数整列：最長スパン	－	○	○	情報の整列操作によって記憶容量がどの程度影響を受けるかを示す。
	逆唱：最長スパン－数整列：最長スパン	－	○	○	情報の逆転操作と整列操作のどちらが記憶容量が大きいかを示す。
エラースコア	積木模様：輪郭の誤り（Block Design Dimension Errors：BDde）	－	－	○	模様全体の形状を捉えるのが困難である可能性が考えられる。
	積木模様：回転による誤答（Block Design Rotation Errors：BDre）	－	－	○	標準出現率10%以下である場合，心的回転（mental rotation）能力に問題がある可能性が考えられる。
	符号：回転による誤答（Coding Rotation Errors：CDre）	－	－	○	標準出現率10%以下である場合，心的回転（mental rotation）能力に問題がある可能性が考えられる。
	記号探し：類似エラー（Symbol Search Set Errors：SSse）	－	－	○	標準出現率10%以下である場合，衝動性，注意欠如，視覚認知に問題がある可能性が考えられる。
	記号探し：回転エラー（Symbol Search Rotation Errors：SSre）	－	－	○	標準出現率10%以下である場合，心的回転（mental rotation）能力に問題がある可能性が考えられる。

※ WPPSI-Ⅲ にはプロセス得点はない
算出される数値の（　）内は WISC-V における省略表記と，その原語

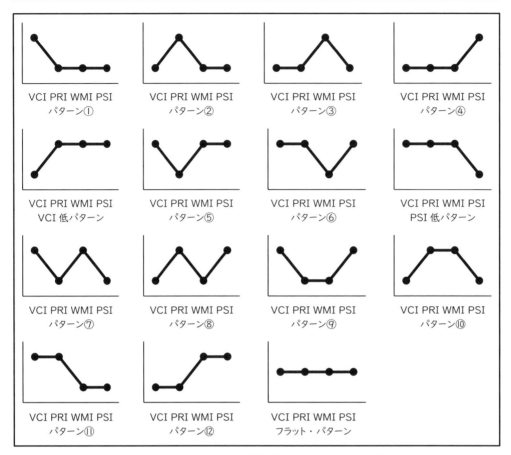

図 B-2-3　WISC，WAIS における指標得点のパターン（上野他，2015）

表 B-2-13 のプロセス評価点，及び，表 B-2-14 の最長スパンとエラースコアがある。表 B-2-13 のプロセス評価点では，積木模様，数唱，語音整列（WISC-V のみ），絵の抹消について，ディスクレパンシー比較を行うことができる。また，表 B-2-14 の最長スパンのうち数唱についても，ディスクレパンシー比較を行うことができる。

4. 指標得点のパターン

　WISC 及び WAIS では，検査結果を解釈するための前項とは別の方法として，指標得点のパターンで解釈するという方法がある（上野他，2015）。指標得点のパターンを，図 B-2-3 にまとめた。すべてのパターンを網羅しているわけではないので，場合によってはパターンを組み合わせて解釈する必要がある。

　図 B-2-3 では，すべてのパターンが均等に出現するわけではなく，番号のついていないパターンは，比較的出現率が低い。

　最後にあるフラット・パターンは，解釈しづらいパターンである。検査を作成したときのデータ（標準化データ）によると，定型発達児者であっても，フラットな検査結果になる人はわずか数％しかいないことがわかっている。明らかに主訴があって困っている受検者であるにもかかわらず，フラットな検査結果が得られた場合，少なくとも以下の 3 つの可能性を

検討する必要がある。（1）WISC，WAIS では測定できない知能領域（次項参照）に問題がある。（2）4 つの指標すべてが弱点である。（3）FSIQ 79 以下であり併存症のない受検者では，指標間の差は小さくなる。

　図 B-2-3 のパターンのうち，③⑤⑥⑦⑧⑩⑪，及び VCI 低パターン，PSI 低パターンについては，前項で説明した。また，フラット・パターンについては上記のとおりである。それ以外のパターンについては，上野他（2015）を参照されたい。

5．ウェクスラー式知能検査では測定できない知能領域

　「B-2-1 概論」で述べたように，CHC 理論における代表的な知能領域（広域能力）は 10 領域であり，このうちウェクスラー式知能検査が測定しているのは 5 領域である。

　ウェクスラー式知能検査では測定できない広域能力は，聴覚処理（CHC 理論のコードは Ga），長期記憶と検索（Glr），読み書き（Grw），数量の知識（Gq），反応・判断速度（Gt）である。これらのうち，反応・判断速度（Gt）以外の 4 つは LD に関係するものであり，重要である。ある受検者がこれら 4 領域に何らかの問題を示していたとしても，ウェクスラー式知能検査では問題を見つけられないことになる。したがって，LD が疑われる受検者の場合には，ウェクスラー式知能検査だけでアセスメントを終わらせることなく，LD-SKAIP や KABC-II，STRAW-R など，これら 4 領域を測定する検査を実施する必要がある。

B-2-4　ウェクスラー式知能検査の未来──WISC-V

　日本版 WISC-V は，最新のウェクスラー式知能検査である。2022 年 2 月に発売されたばかりであり，まだ目に触れる機会は少ないと思われるが，簡単に紹介する。

1．理論的背景と検査の構成

　WISC-V が CHC 理論に準拠していること，それに伴い，従来の知覚推理指標が，視空間指標（VSI）と流動性推理指標（FRI）に分割されたことは，「B-2-1 概論」で述べた。VSI，FRI の解釈は表 B-2-2 に記載されている。

　検査の構成は表 B-2-7，表 B-2-8 のとおりである。このうち，表 B-2-8 の関連指標については，2022 年時点では刊行されておらず，後日発売を予定している。関連指標の下位検査は 5 つあり，FSIQ や主要指標の算出には関与しない。5 つの下位検査のうち「呼称速度・文字」「呼称速度・数量」は，RAN（Rapid Automatized Naming）として知られる検査であり，前者は文字の名称想起の流暢さ，後者はサビタイジングの流暢さを調べている。また，「即時シンボル変換」「遅延シンボル変換」「再認シンボル変換」は，記号とその意味の対連合記憶を調べており，直後再生，遅延再生，遅延再認の 3 種類の下位検査になっている。貯蔵と検索指標（SRI）は，CHC 理論では長期記憶と検索（Glr）に対応するものであり，読み書きや算数の LD における原因メカニズムを調べる指標となっている。

　関連指標以外の下位検査の説明は，表 B-2-9 〜表 B-2-11 にまとめた。

2．補助指標

　WISC-V では，表 B-2-2 にある 5 つの主要指標の他に，補助指標というものが 5 つ追加

されており，それは表 B-2-7 の下半分に記載されている。

　量的推理指標（QRI）は，流動性推理能力のうち，特に数量に関する推理能力を調べる指標である。

　聴覚ワーキングメモリー指標（AWMI）は，ワーキングメモリー能力のうち，特に聴覚に関する下位検査を集計したもので，下位検査の内容的には WISC-IV のワーキングメモリー指標（WMI）とほぼ同じである。

　非言語性能力指標（NVI）は，言語回答を必要としない 6 つの下位検査で構成される指標である。日本語に不慣れな外国籍の人や，言語に障害がある人の本来の知能水準を調べるための指標である。

　一般知的能力指標（GAI）については，ステップ 1 の FSIQ の解釈の項ですでに述べた。知能の中心である知識と思考力を調べるための指標である。

　認知熟達度指標（CPI）は，短期記憶や単純作業など知能の中では周辺的な能力であるが，GAI を発揮するためには不可欠となる基礎スキルの熟達を調べるための指標であり，主として GAI との比較に用いられる。

　これら補助指標は常に算出するものではなく，分析の必要がある受検者に対して算出する。解釈の手順としては，表 B-2-12 におけるステップ 8 とステップ 9 の間で解釈を行う。

3. 最後に

　関連指標の下位検査が刊行されれば，WISC-V は CHC 理論の 6 領域をカバーするようになり，測定できる能力の範囲が広がるだけでなく，LD の原因メカニズムにも迫れるようになる。相談内容（主訴）に応えるという目的を，これまで以上に果たすことが期待される。

　また，iPad 版の発売も予定されており，実施や集計の負担が軽減することが期待される。

〔引用文献〕

大六一志（2016）：CHC（Cattell-Horn- Carroll）理論と知能検査・認知検査―結果解釈のために必要な知能理論の知識―. LD 研究, 25 (2), 209-215.

Flynn, J.R.（1984）：The mean IQ of Americans : Massive gains 1932 to 1978. Psychological Bulletin, 95, 29-51.

Flynn, J.R.（1987）：Massive IQ gains in 14 nations : What IQ tests really measure. Psychological Bulletin, 101, 171-191.

McGrew, K.S.（1997）：Analysis of the major intelligence batteries according to a proposed comprehensive CHC framework. In D.P. Flanagan, J.L. Genshaft & P.L. Harrison (Eds.) : Contemporary intellectual assessment : Theories, tests and issues. Guilford Press, New York, pp.151-180.

日本版 WAIS-IV 刊行委員会（2018）：日本版 WAIS-IV 知能検査―理論・解釈マニュアル―. 日本文化科学社.

日本版 WISC-IV 刊行委員会（2010）：日本版 WISC-IV 知能検査―理論・解釈マニュアル―. 日本文化科学社.

日本版 WISC-V 刊行委員会（2022）：日本版 WISC-V 知能検査―理論・解釈マニュアル―. 日本文化科学社.

日本版 WPPSI-III 刊行委員会（2017）：日本版 WPPSI-III 知能検査―理論・解釈マニュアル―. 日本文化科学社.

岡田　智，水野　薫，横田圭司他（2010）：発達障害の子どもの WISC-III 知能検査法の再検査間隔に関する研究―練習効果と安定性について―. 児童青年精神医学とその近接領域, 51 (1),

31-43.

Schneider, W.J. & McGrew, K.(2018)：The Cattell-Horn-Carroll theory of cognitive abilities. In D.P. Flanagan & E.M. McDonough（Eds.）：Contemporary intellectual assessment: Theories, tests, and issues. 4th Ed. Guilford Press, New York, pp.73-163.

上野一彦, 松田　修, 小林　玄他（2015）：日本版 WISC-IV による発達障害のアセスメント—代表的な指標パターンの解釈と事例紹介—. 日本文化科学社.

上野一彦, 染木史緒（監訳）（2008）：エッセンシャルズ 心理アセスメントレポートの書き方. 日本文化科学社.

事例..

B-2-5　検査結果解釈の実際

　本章の「基本的な理論」（以下，理論編）で説明したことに基づき，本項では，具体的な事例に即して検査結果の解釈について解説する。なお，事例は臨床場面でみられる事柄をもとに構成した架空のものである。

1.　事例の概要

　中学 2 年生，男子 A。

　通常の学級に在籍。これまで特別な配慮や支援は受けていない。中学生になり，学習意欲の低下が著しく，登校渋りも出始めたため教育相談につながり WISC-IV の受検に至った。

　本児は，書字に苦手さが見られ，特に漢字や英単語を覚えることに困難さがある。字形の想起が難しいだけでなく，画数の多い漢字では，手本を見ながら写しても誤って書くことがある。また，文字を書くときに欄外にはみ出しやすく字形も整わない。中学になり板書を写す作業が増え，成績に関わるノート提出も課せられるようになったことが負担になっていた。

　授業や作業において，注意・集中の持続が困難で，気が散りやすい面がある。宿題等の課題を一息に終わらせることができず，時間がかかる。また，忘れ物や失くし物も多く，持ち物が揃わないことがよくある。

2.　WISC-IV の検査結果

　　［実施時生活年齢］14 歳 7 カ月
　　［実施検査と所要時間］実施検査…基本検査 10　　補助検査 2（「算数」「絵の抹消」）
　　　　　　　　　　　　　　所要時間…基本検査 75 分　補助検査 15 分

　A の WISC-IV の検査結果を以下に示す。
　　［検査結果］表 B-2-15
　　［5 つの合成得点プロフィール］図 B-2-4
　　［下位検査の評価点プロフィール］図 B-2-5
　　［検査中の様子（質的情報）］

　　　検査室に入ったときは，やや緊張した様子であったが，検査者との短い雑談の中で表情が柔らかくなった。全般的に検査には協力的であった。

　　　言語表出課題では深く考えず「わからない」と言うことが複数回見られた。隣室で物音がすると容易に注意がそれて，聞き返しが見られた。「積木模様」では誤りに気づいても正しく構成し直すことが難しかった。「数唱」の「逆唱」では指を折りながら覚えていた。検査の終盤では溜息をつくことが増え，貧乏ゆすりも見られた。

表 B-2-15　事例 A　WISC-Ⅳ 検査結果

	評価点合計	合成得点	パーセンタイル順位	信頼区間（90%）
全検査 IQ（FSIQ）	91	92	30	87- 98
言語理解指標（VCI）	31	101	53	94-108
知覚推理指標（PRI）	29	98	45	91-105
ワーキングメモリー指標（WMI）	20	100	50	93-107
処理速度指標（PSI）	11	76	5	71- 87

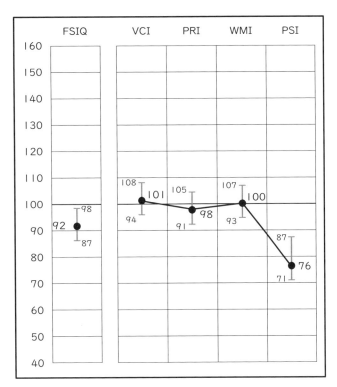

図 B-2-4　事例 A　5 つの合成得点プロフィール

3. 検査結果の解釈

1）全体的な知的発達水準

　A の FSIQ は 92，パーセンタイル順位 30 であり，90%信頼区間で下限 87 から上限 98 の間に全体的な知的能力が位置していると推定される。これは記述分類でいえば「平均の下」から「平均」の範囲にあり，A の全体的な知的発達水準は年齢相応のレベルであるといえる。しかし，4 つの指標得点のバランスを見ると PSI と他の 3 指標との間に大きな差異が見られるため，FSIQ の水準を念頭に置きつつ，それぞれの指標得点や 4 指標のバランスからも A の認知特性について十分に考察を行う必要がある。

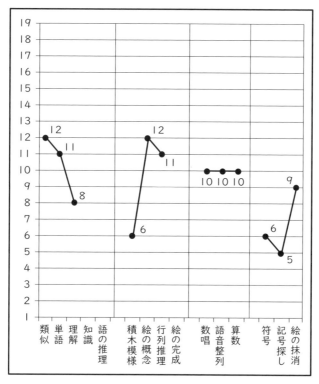

図 B-2-5　事例 A　下位検査の評価点プロフィール

2）各指標得点の特徴

（1）VCI の特徴

　VCI の得点は 101（90％信頼区間 94-108），パーセンタイル順位 53，「平均」の範囲にある。語想起の困難や語彙の乏しさは見受けられず，言語理解力や語彙力，言語表現力は標準的な能力を有していると考えられる。「類似」では，身につけた知識や経験を活かして正しい答えを即答していたが，「理解」では，複数の回答が求められる場合，1 つの観点からしか答えられなかったり即座に「わからない」と言うことがあった。

（2）PRI の特徴

　PRI の得点は 98（90％信頼区間 91-105），パーセンタイル順位 45，「平均」の範囲にある。PRI は，指標全体として見ると標準的な水準の能力を示しているが，下位検査レベルでばらつきが見られるため，単一の指標としての解釈は避けたい。評価点を見ると，「積木模様」6，「絵の概念」12，「行列推理」11 であり，「積木模様」と他 2 つの下位検査の間に大きな差異が認められる。これは理論編で述べたように PRI 内に混在する 2 つの CHC 理論における因子，視覚処理と流動性推理の能力の差異によるものと考えられる。下位検査レベルでの解釈は慎重を要するため，留意することを含め後の項で詳述する。

（3）WMI の特徴

　WMI の得点は 100（90％信頼区間 93-107），パーセンタイル順位 50，「平均」の範囲

表 B-2-16　事例 A　指標得点間の差の検討

指標 （得点）	比較	指標 （得点）	差 （絶対値）	有意差 （15％水準）	標準出現率 （全体）
VCI（101）	=	PRI（98）	3	なし	
VCI（101）	=	WMI（100）	1	なし	
VCI（101）	>	PSI（76）	25	あり	8.2％
PRI（98）	=	WMI（100）	2	なし	
PRI（98）	>	PSI（76）	22	あり	10.4％
WMI（100）	>	PSI（76）	24	あり	8.8％

注）ここでは 2 つの指標得点間の有意差を便宜上，等号と不等号で示す。有意差がない場合は等号で，有意差がある場合は数値の大小の情報も含め不等号で示している。一般の数学での用法とは異なることに注意。

にある。A は忘れ物が多いため，学級担任は記憶力に困難があると予想していたが，実際の WMI の結果は標準的な能力を示していた。「逆唱」では指を折りながら覚えるという工夫が見られた。「順唱」と「逆唱」の間に有意差（統計的に意味のある程の明確な差）は見られなかった。

（4）PSI の特徴

　PSI の得点は 76（90％信頼区間 71-87），パーセンタイル順位 5，「低い」（境界域）から「平均」の範囲にある。「符号」では記憶に頼らず手本を逐一参照して写し書きをしていた。記入する際にマス目からはみ出すこともあった。「記号探し」では素早く回答しようと努力していたが即座の判断ができず苛立った様子も見られた。また，誤答が 4 つ生じた。

　PSI を構成する「符号」と「記号探し」の評価点には大きな差異は認められず，ともに低い結果であった。

3）指標間の得点差の評価

　4 つの指標得点を比較すると，PSI が，他の 3 つの指標に比べ 15％水準で有意差があり，標準出現率もいずれもまれな差であった（表 B-2-16）。すなわち，VCI，PRI，WMI が測定する能力が同年齢集団の中で，ほぼ標準的な水準を保っているのに対し，PSI で測定する能力は境界域にあり，この特徴が A の支援ニーズにどのように関与するのかがアセスメントのポイントとなる。PSI の低さから視覚処理能力や注意・集中の能力の弱さが示唆される。PSI は筆記作業にも大きく関わるが，学校教育では筆記作業の比重は大きく，それが A の学習意欲の低下につながった可能性もある。

4）下位検査の解釈

　単独の下位検査の数値だけでは解釈の根拠に乏しいため，基本的には結果の解釈は 5 つの合成得点（FSIQ と 4 つの指標得点）を中心に行う。しかし，指標内の評価点にばらつきがあり，特定の下位検査の結果が明らかな特徴を示している事例もある。そのような場合は，日頃の受検者の実態や他の検査結果からの情報等と突き合わせて，多角的な視点を持って解釈を行うことが重要である。

　事例 A は，「積木模様」の低さから視覚処理の能力に弱さがあることが示唆されているが，

表 B-2-17　事例 A　日常の様子（質的情報）

学習面

聞く	理解力はあるが，聞き漏らしが多い。
話す	語彙力があり，言語表現力は年齢相応の力があると思われる。 関心のあることはよく話すが，一方的なため，会話の中で相手とのバランスを取ることは苦手である。
読む	時々勝手読みや行を飛ばして読むことがある。
書く	字形が整わず，記入欄からはみ出してしまうことが多い。漢字を覚えることが困難で筆記は平仮名ばかりになる。板書を写す速度が遅いため，途中であきらめてノートを取らないことが多い。
計算する	計算に大きなつまずきはないがケアレスミスが多い。暗算では，指を使って計算することがある。
推論する	パターンで解決したり法則性を見出すことは比較的得意であるが，日常生活の中で先を見通して行動したり，因果関係を理解したりすることは，やや苦手である。

生活面・行動面

注意・集中	注意が転導しやすく集中が継続しない。比較的短時間で取り組めるような宿題でも一息に行えない。
多動性・衝動性	授業中，着席はしているが貧乏ゆすりが多い。学校の係や委員会などでは，思いつきで立候補したり案を出したりするが，熱意が持続せず場当たり的な行動が少なくない。
固執傾向	学校生活に影響するような強いこだわりは見られないが，他者の意見を受け入れずに自分の意見を言い募ることがある。
対人関係	交流のある友達はいるが，マイペースなため時々トラブルになる。

運動面

粗大運動	体育は得意ではない。運動会のダンスの振りつけがなかなか覚えられない。
微細運動	手先が不器用。文字の大きさを揃えて書けない。プリントを糊で貼るときに皺が寄ったり斜めになったりする。
その他	整理整頓が苦手で，鞄や机の中が雑然としている。目の前にあっても気が付かず探し物をしていることがある。忘れ物や失くし物が多い。

この検査結果と実態が一致しているかを確認することが大切である。A の場合，画数の多い漢字の視写に困難があり，視覚処理能力の弱さが日頃の様子からも窺える。

4．日常の様子（質的情報）の把握

支援方針や指導計画を立案するためには，WISC-IV から得られる数値（量的情報）だけでなく，行動観察などから得た質的情報も必要である。表 B-2-17 に A の質的情報をまとめた。

5．行動観察からの情報も踏まえた WISC-IV の結果の解釈

前述のとおり，A の全般的な知的水準は「平均の下」から「平均」の範囲にある。しかし，指標間の比較から，VCI，PRI，WMI が「平均」の範囲にあるのに対し，PSI は「低い」（境界域）から「平均の下」であり，PSI が他の 3 つの指標と比べて有意に低い結果となった。この差異は，3 つの指標のいずれとの比較においても顕著なものであった。

PSI で測定する能力は，日本版 WISC-IV 理論・解釈マニュアルによれば，単純な視覚情

報を素早く正確に読み込む力（視覚処理能力），順に処理あるいは識別する力，視覚的短期記憶や注意，視覚−運動協応の能力を測定するとされる。Aの主訴に見られる漢字学習や視写の苦手さ，手先の不器用さ，注意・集中の維持の困難さの実態と検査結果に現れたPSIの低さは一致する。さらに，PRIの指標内のばらつきに着目し下位検査レベルの解釈も加えるなら，視覚処理能力に関わる「積木模様」の低さも，Aの主訴と一致する。

　Aの主訴には注意・集中の問題が含まれている。PSIの低さとの関連は前述のとおりだが，同マニュアルによれば，WMIも注意力や集中力の測定に関わるとされている。しかしAのWMIの結果には，注意・集中の弱さは現れていない。検査中の行動観察では，言語課題の際，隣室の物音で注意がそれて聞き返しがあったことから注意の転導性の高さがうかがえるが，刺激が統制された状況においては記憶課題に集中することができたと思われる。課題に取り組む際，集中を妨げる刺激の有無や強さが，Aの場合は大きく関与する可能性が示唆される。

6.　支援方針

　支援方針は，特定の検査結果だけでなく，日常の行動観察から得た情報と併せて実態に即した形で立案する。ここでは，①主訴に現れる困難さへの対応，②強みとなる自助資源の活用，③環境調整，④二次的な問題の予防としての情緒面のケアの4点から考えたい。事例Aの支援方針の一案を以下に記す。

　　①主訴に現れる困難さへの対応
　　• 授業時における筆記の負担を軽減する
　　　　（例：板書内容を記したプリントを用意する。タブレット端末を活用して板書を撮影したり，フリック入力でノートを取ったりする。手書きする場合，漢字使用を強制しない）
　　• 課題の量や学習時間を調整する
　　　　（例：課題を小分けにして，一度に取り組む量を減らし，小さなゴールを複数設定することで学習のモチベーションを保ちやすくする。宿題等の課題についてAの集中の度合いに合わせて量や学習時間を調節する）
　　• 持ち物管理や時間管理について指導計画に含める
　　　　（例：教材や配布プリントの整理の仕方，大切な情報のリマインド，持ち物管理について認知特性を考慮した方法を工夫する）
　　②強みとなる自助資源の活用
　　• 回答方法を筆記に限定せず口頭での回答の機会を設ける（VCIの個人内での高さ，「聞く」「話す」能力に問題がないことから）
　　　　（例：学習の到達度を確認する際にペーパーテストだけでなく口頭試問形式を取り入れる）
　　③環境調整
　　• 妨害刺激をできるだけ除き注意・集中が保持できるようにする
　　　　（例：教室内の座席の位置を配慮する。集中が保てなくなったときのシェルター（避難場所）となる空間を校内に確保する。通級指導教室の利用を検討し，個別指

導や小集団指導の機会を設ける）

④二次的な問題の予防としての情緒面のケア

- スクールカウンセラーによる定期的な心理的サポートの機会を設ける
- 自己理解を促進する指導の機会を設ける
- 本人参加型で個別の指導計画を立案する

B-2-6　発展的解釈のポイント

　検査結果を確実に指導に活かしていくには，より広い観点からの解釈も必要になる。ただし，いたずらに細かい分析をすればよいわけではない。どのような場合にどのような観点が必要となるかを判断することも，検査を活用する者に求められる力量のひとつである。このことは，心理職に代表される検査実施者のみならず，検査結果をもとに指導計画を立案する教員等の指導者（支援者）にも必要といえるだろう。

1. プロフィールパターンの水準の観点

　結果の解釈において，5つの合成得点の解釈は重要である。それぞれの得点の水準のみならず，4つの指標得点間に見られるばらつきは，受検者の認知特性の一端を表している。理論編でも触れたように，指標得点のパターンに基づき解釈する方法（上野他，2015）があるが，それぞれのパターンの形状だけでなく，そのパターンがどのような水準で展開されているかを押さえることは，結果を解釈する上で大切なポイントである。

　Aの事例を例に挙げて解説すると，Aの合成得点のプロフィールパターンをFSIQ 120の水準で展開してみると図B-2-6のようになる。両者は，「4つの指標得点のうちVCI, PRI, WMI間に有意差が見られず，PSIだけが他の3指標と比較して有意に低い」という点で共通しているが，大きな特徴を示しているPSIのレベルが境界域にあるか平均域にあるかという点で異なる。図B-2-4のAの場合は，PSIの低さが主訴と深く関わっている可能性が高いが，FSIQ 120の水準に基づく図B-2-6では，PSIの低さが日常の観察からは把握しづらい可能性もある。さらに，PSI以外の3つの指標については，個人内差の観点では強みであっても，その強みが個人間差の観点で平均的なレベルなのか高いレベルにあるのかによって支援方針は変わってくるであろう。

2. 一般知的能力指標の観点

　WISC-IVの4つの指標のうちVCIとPRIは，知的能力の中核をなす能力といえる。一方，WMIとPSIは，中核をなす能力が十分なパフォーマンスを果たすための記憶や処理の力を測定している。理論編で触れたとおり，WMIやPSIが極端に低いためにFSIQが低めに算出され，その受検者の中核的な知的能力が低く見積もられる恐れがある場合は，VCIとPRIに基づくGAI（一般知的能力指標）を算出して解釈に加えることがある。

　GAIの算出について新たに事例Bを取り上げて説明しよう（図B-2-7）。事例Bの全体的な知的発達水準は，FSIQ 94（90％信頼区間89-100）で「平均の下」から「平均」の範囲に位置している。しかし，指標得点間にばらつきが見られ，WMI, PSIの低さによって，VCI, PRIの高い知的水準が十分にFSIQに反映されていない可能性がある。このような場

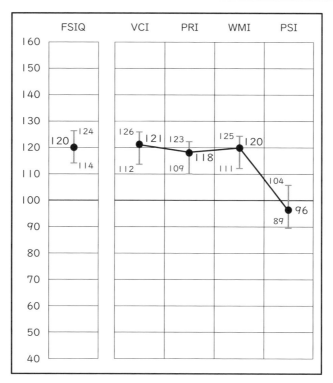

図 B-2-6　事例 A のプロフィールパターンを FSIQ 120 のレベルで展開した例

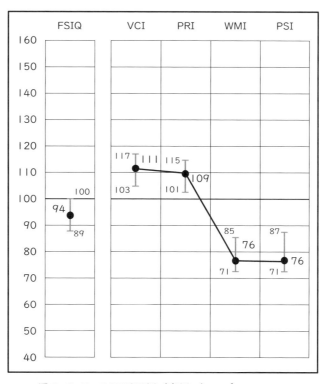

図 B-2-7　GAI 活用例（事例 B）のプロフィール

合，FSIQ の数値を過信してしまうと，受検者の知的水準を過小評価することになりかねない。VCI と PRI の間に有意差が見られず，FSIQ のレベルが受検者の知的水準を的確に表していない可能性がある場合は，GAI の観点からも考察を行うとよい。事例 B の GAI は，112（90％信頼区間 105-117）「平均」から「平均の上」の範囲であり，FSIQ よりも GAI のほうが事例 B の一般的な知的水準を把握しやすいといえる。GAI の観点は，WMI や PSI の低さからくる支援ニーズへの対応とともに，強みとなる VCI や PRI の能力が，日々の学習の中で十分に活用されているか，活かしきれていないとすれば，どのように活かしていけばよいかを考える糸口となる。

3. 強い能力と弱い能力の判定の観点

　結果の解釈は 5 つの合成得点が優先されるが，A のように指標内でのばらつきが見られる事例では，下位検査の解釈も丁寧に行う必要がある。たとえば事例 A の 5 つの合成得点の結果は，各指標内にばらつきが見られない図 B-2-8 のような評価点に基づく場合もあるが，A（図 B-2-5）と図 B-2-8 の事例では，5 つの合成得点が同じであっても支援ニーズも認知特性も異なることがわかるだろう。

　記録用紙の分析ページの中段に，下位検査レベルでの強い能力と弱い能力の判定の欄が設けられている。ここでの分析は 10 検査の平均値からの隔たりから解釈を行う方法（以下，10 検査平均と記す）と，VCI と PRI においてそれぞれの平均値からの評価点の隔たりを見る方法（以下，3 検査平均と記す）がある。通常は 10 検査平均の方法が用いられるが，事

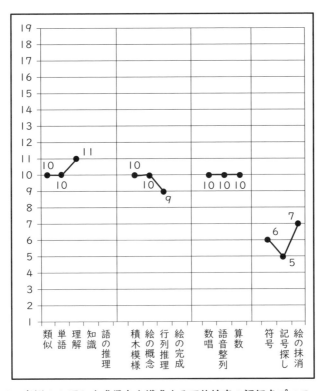

図 B-2-8　事例 A と同じ合成得点を構成する下位検査の評価点プロフィールの例

表 B-2-18　事例 A　SW 判定（10 検査平均）

指標	下位検査	SW 判定（15%水準）	標準出現率
言語理解指標（VCI）	類似		
	単語		
	理解		
知覚推理指標（PRI）	積木模様	W	10-25
	絵の概念		
	行列推理		
ワーキングメモリー指標（WMI）	数唱		
	語音整列		
処理速度指標（PSI）	符号	W	10-25
	記号探し	W	5-10

表 B-2-19　事例 A　SW 判定（3 検査平均）

指標	下位検査	SW 判定（15%水準）	標準出現率
言語理解指標（VCI）	類似		
	単語		
	理解	W	10-25
知覚推理指標（PRI）	積木模様	W	5-10
	絵の概念	S	25
	行列推理		

　例によっては，この 2 つの分析方法から得られる情報が異なるため，必要に応じて 3 検査平均の視点からも解釈を進めるとよい（10 検査の中に極端に異なる数値，すなわち外れ値がある場合は，むしろ 3 検査平均の解釈が用いられるべきである）。

　たとえば事例 A の場合，10 検査平均では，「積木模様」「符号」「記号探し」が W であり，A の支援ニーズと照らし合わせても納得のいくものである（表 B-2-18）。

　他方，3 検査平均では，一般的知的能力に関わる VCI と PRI の指標内の特徴を炙り出すことができる。事例 A では，10 検査平均同様に「積木模様」が W であるが，その他 VCI の中での「理解」の弱さ（W）や PRI の中での「絵の概念」の強さ（S）にも目を向けることができる（表 B-2-19）。

　特に PRI において「積木模様」の W 判定と「絵の概念」の S 判定が明示されたことで，より，PRI が測定する 2 つの能力（視覚処理能力と流動性推理能力）の差異が顕著であることが把握できる。

4．長期的観点からの認知特性の理解

　受検者にとって，WISC-IV の受検が初めてではない場合，今回の結果と併せて前回の結果を参照することがある。もし何らかの変化がある場合は，FSIQ の数値の変化に一喜一憂するのではなく，4 つの指標得点の変化から指導方略を検討する際のヒントがないかどうか

を見ることが肝要である。

B-2-7　検査結果報告書の作成

1.　検査結果報告書作成の意義

　2010年代初めに日本版WISC-IVや日本版KABC-II等の心理教育的検査が相次いで改訂されたが，これらが刊行されるとともに，検査を扱う際の倫理的な側面が重視されるようになった。日本版WISC-IVが刊行される以前は，検査結果の報告に関する一定の基準のようなものは定められておらず，その方法や内容は検査者に委ねられていた部分が大きかった。実際，検査結果を保護者等にフィードバックする際に，記録用紙のプロフィール図のページをコピーしたものを渡すだけといったことも見受けられた。現在では，保護者等の非専門家に検査結果のプロフィールをコピーして渡すことは認められない（上野，2013）。十分な説明なく誤解が生じる可能性のある報告や，検査結果の解釈を非専門家（報告を受ける者）に委ねるような内容の報告では，説明責任を果たしているとはいえないからである。検査者は，検査結果を口頭で伝える他，検査結果報告書を作成し，結果の伝達が適切に行われるよう努めなければならない。

2.　検査結果を支援の場につなぐ

　検査結果は，支援方針や指導計画の中に反映される必要がある。しかし，検査者と指導者（支援者）は必ずしも同じ人物ではないため，両者の間に丁寧かつ的確な情報の伝達が求められる。検査結果を指導に反映させるまでのプロセスには，3つのパターンが考えられる。まず第1のパターンとして検査者と指導者が同一であった場合である。この場合は，検査中の行動観察も日常的な行動観察も1人の専門家が行うことができるため，数値で現れた検査結果と行動観察から得られた情報を用いて総合的な解釈を行い，検査結果を指導に活かしやすい利点がある。この場合も検査結果を保護者や受検者にわかりやすく伝えるために報告書の作成は必須となる。第2と第3のパターンは検査者と指導者が異なる場合で，指導者は検査における量的情報（数値による情報）と質的情報（検査中の行動観察による情報）を検査結果の報告によって知ることになる。第2のパターンは，指導者が保護者と同席して（あるいは保護者の了解を得て）検査者から直接検査結果の報告を受ける場合だが，不明な点があればその場で質問をするなど，検査者と指導者が直接的な情報共有が可能になる。第3のパターンは，指導者が保護者を仲介して検査結果を知る場合である。非専門家である保護者は，検査者が伝えた内容を正確に理解していないことも少なくない。理解が不十分な内容を指導者に伝えたとしても指導に検査結果を活かすことは難しい。第2，第3のパターンでは，情報に正確かつ繰り返し触れることができる機会が，より求められる。すなわち，結果とその解釈を書面で報告することは，検査終了後の指導へのつながりを考えると大変重要なのである。

3.　検査結果報告書に記載する項目

　検査結果報告書のフォーマットは規定のものがあるわけではなく，基本的には検査者の裁量に任されている。しかし，報告書としての役割を果たすためには，記載すべき項目をもれ

なく含める必要がある。以下に項目を記す。

1）報告書作成日・検査実施日

　報告書作成日と検査実施日は必ずしも同日とは限らないため，それぞれに記しておく。検査を行った当日に報告書を作成できない場合でも，できるだけ間をあけずに報告書をまとめる必要がある。

2）受検者に関する基本情報

　受検者に関する基本情報は，氏名，生年月日，生活年齢，所属している学校などが挙げられる。

3）検査者に関する基本情報

　報告書には，どのような専門的立場の誰が検査を実施し，検査結果の解釈を行ったかを明記することが求められる。そこで，検査者に関する基本情報として，検査者氏名の他，専門に関わる資格（どのような専門的資格を有しているか　例：公認心理師，特別支援教育士など），所属（例：勤務先の教育相談機関の名称など）を記載する。

4）相談内容（主訴）

　支援は相談内容（主訴）すなわち支援のニーズが出発点になる。報告書にも，検査結果だけでなく，検査に至った支援のニーズを保護者や学校（校内委員会）から聞き取り簡潔に記しておくことが必要である。もし，受検者が医療機関を受診しており，すでに何らかの診断がおりていたとしても，この項目に診断名を記載するだけでは不十分である。受検者によって困難さのレベルや質，置かれている環境は一人一人異なるため，どのような困難の状態像なのかを簡潔かつ具体的に記す必要がある。

5）受検理由

　検査実施の目的（例：認知特性を把握し，それを反映させた適切な指導方略を検討するため）を簡潔に記しておく。

6）検査時の様子（行動観察から得られた情報）

　検査では，数値化される量的情報の他，行動観察から得られる質的情報もアセスメントの重要な要素になる。表B-2-20に行動観察の観点をいくつか例示しておく。これらの観点のうち受検者の認知特性の理解や支援方針の立案に関わるものを記載するとよい。

　また，この項目には，検査の所要時間も記しておく。

7）検査結果

　検査結果のうち，保護者等の非専門家に向けた報告書では，5つの合成得点（FSIQ, VCI, PRI, WMI, PSI）と，その説明としてのパーセンタイル順位，信頼区間，記述分類を記載する。もし，受検者の認知特性を語る上でGAI（一般知的能力指標）の観点が必要であれば，FSIQの解釈に含めて数値ではなく文章で説明を行う場合もある。信頼区間は90％を使

表 B-2-20　検査中の行動観察の観点

	行動観察の観点
基本的学習姿勢	検査場面に臨むにあたっての基本的姿勢が取れていたか。検査に対して協力的，意欲的だったか。
情緒面の特徴	不安の強さや苛立ち，新奇場面への対処等で特徴的な行動がなかったか。必要以上の評価懸念が見られなかったか。
言語活動の様子	言語理解や言語表現，統語の能力や特徴。言語課題における反応潜時（質問を聞いてから回答までに要する時間）。
非言語活動の様子	アイコンタクト，表情，身振りの様子や特徴。
注意・集中の様子	物音に気を取られるなど注意の転導が起きやすかったか。課題に取り組むときに集中を維持できたか。聞き漏らしや聞き間違いが多くなかったか。
多動傾向・衝動性の高さ	着席していられるか。貧乏ゆすりなどのじっとしていられない様子はなかったか。だしぬけの回答や許可なく検査用具に触れようとする様子はなかったか。
切り替えの悪さ・固執傾向	制限時間を超過してもやり続けたり，前の課題に固執することはなかったか。口癖のような特定の言い回しを多用していなかったか。柔軟な試行錯誤ができたか。
対人的やりとりの量と質	検査者と適度にコミュニケーションを取ることができたか。対人的態度が適切だったか（反応に乏しかったり，馴れ馴れしかったりしなかったか）。
運動・身体・感覚面の特徴	眼鏡使用の有無。聴覚過敏や触覚過敏等の感覚面の特徴がなかったか。
その他	DK 反応や NR 反応の多さなど，その他の特徴的な様子。

用することが推奨されている。記述分類は信頼区間の上限と下限の数値と対応した表記にする（例：「平均」から「平均の上」など）。これらの情報を表やプロフィール図に整理して記載するとよい。

　非専門家向けの報告書の場合は，下位検査レベルの数値は記載しないが，1 つの指標内に数値のばらつきが見られ，単一の指標としての考察が難しい場合や，特定の下位検査の結果が受検者の主訴と関連している場合は，数値は示さず，文章でその特徴と結果の解釈について言及する場合がある。下位検査単独の結果を適切に解釈することの難しさは前述のとおりである（理論編 p.109）。数値だけが一人歩きをすることのないよう気を付けたい。

　総合的解釈の所見の中で，以前の検査結果や他の検査結果等にも言及する場合は，検査結果の項目の最後に備考として記しておくとよい。

8）所見（検査結果の総合的解釈）

（1）全体的な知的発達水準（FSIQ の推定）

　検査結果の解釈の際，最初に押さえておくべき情報は FSIQ である。FSIQ は受検者の全体的な知的発達のレベルが同年齢集団の中でどの位置にあるかを示す重要な情報である。しかし，FSIQ を構成する 4 つの指標得点の間に有意差がある場合（統計的に見て明らかな差がある場合）は，その受検者の能力は，領域によっては FSIQ の数値が示すレベルに必ずしもあるとはいえない。つまり指標得点が，FSIQ よりも明らかに高いレベルや低いレベルに散在している場合は，FSIQ のレベルを念頭に置いた解釈だけでは，その受検者の本質に迫ることはできないのである。その場合は，4 つの指標得点それぞれのレベルや特徴に言及しながら実態把握に努めることになる。そのような事例の場合は，報告書にその旨も記載して

おく必要がある。

（2）認知面，処理プロセスなどの特徴（指標得点の特徴）

　次に 4 つの指標得点の結果から得られる受検者の認知特性について言及する。それぞれの能力のレベルだけでなく，指標得点間に有意差が見られる場合は，それが受検者の主訴と関わる重要な特徴である可能性が高いため，日頃の実態と併せて丁寧な考察と説明を行う。また，検査結果の項目で下位検査の特徴にも言及した場合は，その特徴と受検者のニーズとを関連づけながら慎重に解釈を行う。

9）支援方針

　検査結果から得られた情報に基づき，相談内容（主訴）に応える方針を具体的にまとめる。検査結果の数値から考えられる一般論ではなく，報告書の読み手（受検者の支援に直接携わる者）にとっての有益なヒントとなるよう，実態に即した支援方針や指導方略を提案できるとよい。

10）問い合わせ先

　前述のとおり，検査者と指導者（支援者）は同一人物とは限らず，指導者（支援者）は必ずしも検査に精通しているわけではない。検査結果を確実に支援や指導につなげていくために，報告書の内容について随時問い合わせることができるよう問い合わせ先（検査者の所属部署の連絡先など）を明記しておくとよいだろう。

4．結果の報告のポイント

1）結果の報告の際，遵守すべきこと

　検査結果の報告の目的は，結果から得られた受検者の認知特性を的確に伝えることである。そのためには，被報告者の専門性や理解のレベルに合わせたフィードバックが不可欠といえる。

　報告書は，専門家に向けて作成されたものと非専門家に向けて作成されたものに大別される。前者は，検査についての知識を有した専門家間の情報伝達となるため，専門用語の使用や評価点レベルの詳細な情報共有も可能となる。一方，受検者本人や保護者，検査についての専門的知識がない教員等に向けた後者の報告書の場合は，報告を受けた者が，単純に数値の高低のみに着目したり受検者の認知特性の本質を見誤ったりすることのないように留意して報告する必要がある。そのため，専門用語を多用せず，平易な表現でわかりやすく伝えることが肝要である。たとえば，非専門家に向けた報告書の中で「指標間に有意差が見られます」と表記しても内容は伝わりにくいであろう。それを「○○と△△の能力の間には明らかに大きな差が見られ，○○のほうが△△よりも高い能力を持っていると思われます」と言い換えれば，前者よりも結果の理解が深まるだろう。検査者には，検査を正しく実施する技能の他，結果について，いかに平易な表現で正確に報告するかの能力も必要とされるのである。

2）保護者（非専門家）向けの報告書に記載しない情報

（1）認知特性の正しい理解のために記載しない情報

　非専門家に向けた報告書には，前述のとおり，検査結果から得られる数値のうち5つの合成得点のみ記載することができる。換言すれば，5つの合成得点以外の数値は載せるべきではない。合成得点は，複数の下位検査の結果から成っており，特定の領域の能力について多角的に捉えている。指標内に極端なばらつきがなければ，その指標得点は，その領域に関してさまざまな角度から検討された結果とみなすことができる。一方，評価点は，単独の数値であり，解釈の根拠に乏しい面がある。また，下位検査レベルの値は変動性があり，各下位検査の内容，特性に精通した専門家であっても慎重な判断と解釈が求められる（上野，2013）。たとえば，事例Aの場合，「積木模様」に弱さが見られたが，主訴や日常の様子などの情報と併せて，多角的に視覚処理能力の弱さについて解釈を行った。しかし，たとえば緊張の高い受検者では，実施順序が一番始めである「積木模様」は，緊張によるパフォーマンスの低下によって十分な得点ができない場合も考えられる。その場合は必ずしも視覚処理能力の弱さが原因で「積木模様」の得点が低かったとは言い切れず，受検者について誤った見立てをしてしまうことになる。このように特定の下位検査の結果（数値）からのみ評価しようとすれば，受検者の本質的な特性を見誤る恐れがある。このように，下位検査レベルの解釈には慎重さと専門性が必要であるため，数値ではなく丁寧な説明をもって報告するべきなのである。

（2）検査内容の漏洩を防ぐために記載しない情報

　検査の具体的な内容（課題や検査用具）は，機密事項であるため，非専門家への開示は許されていない。そのため報告書に記載する内容にも注意が必要である。検査課題をそのまま例示して説明したり下位検査名を記したりすることは避けなければならない。もし説明の必要がある場合は，下位検査名を示すことなくことばで表現する（例：「積木模様」の場合は「手本を見ながら模様を構成していく課題」など）。

3）報告にあたっての留意点

　検査結果の報告にあたっては，主訴の原因となる弱い能力についての解説は必要であるが，同時に自助資源となる強い能力にも言及すべきである。また，数値の解説に終始しないよう心がけたい。報告の受け手にとって知りたいことは，主訴の原因だけでなく，主訴に対する何らかの答えである。報告書には，今後につながる示唆も記載しておく。

　受検者の知的水準や年齢によっては，受検者本人に直接フィードバックすることもあるだろう。受検者が，周囲が用意した支援や指導に対して受け身の姿勢ではなく自主的に取り組んでいくためには，適切な自己理解が不可欠であり，それには，アセスメントの結果を心得ておくことが大切である。

B-2-8　検査結果の活用

1. 指導仮説から検査選択へ

　支援は，検査結果のフィードバックを受けてからスタートするわけではない。支援の出発点は受検者の主訴であり支援ニーズの気づきから始まる。WISC-IV は，現在，教育相談の現場でよく用いられている有用な検査であることは確かだが，受検者の主訴に関してあらゆる答えを用意しているわけではない。指導者（支援者）は，検査を通して受検者のどのような情報を把握したいのかを考えた上で能動的に検査を選択する必要がある。そのためには，指導者（支援者）は，主訴を把握した時点で，行動観察などからの情報に基づき，指導仮説を立てるとよい。

　事例 A の場合は，主訴や日常の様子から視覚処理能力の弱さが想定された。また，学級担任から記憶力の弱さの指摘もあった。しかし，日常の観察所見だけでは根拠に乏しい面があったため，全体的な知的水準の確認とともに，視覚処理能力や記憶力を測定できる検査，WISC-IV が選択された。

　仮説を立てるということは，検査結果の報告を受けるときに，能動的に結果と向き合うということになる。そのためには，指導者（支援者）は，検査者の実施者にならずとも，検査の内容や知的能力に関する知識を有していることが望ましい。主訴にある困難さの背景要因には，どのような能力の弱さが関わっているのかを知っていれば，検査結果の読み取りや指導計画の立案に大いに役立つはずである。

2. 検査結果を支援方針につなぐ際の 4 つの視点

　検査結果で得られた認知特性を受検者の支援に反映させるとき，事例 A の支援方針のところで述べた 4 つの視点を持つとよい。

1）主訴に現れる困難さへの対応

　検査結果に現れた低い数値は，主訴の背景要因となっている可能性が高い。不得意な領域の能力が求められる活動では，別の能力で補えるような工夫がないかを検討する必要がある。

　聴覚情報を処理したり記憶したりすることが苦手な子どもに対しては，口頭での長い説明は避け，ポイントを箇条書きにしたり図示するなどの視覚情報を活用するなどが一例である。

2）強みとなる自助資源の活用

　検査結果からは，受検者の弱い能力だけでなく，個人内での強い能力も把握することができる。強い能力は，弱い能力の補償として機能するだけでなく，受検者の自己効力感を高める効果も期待できる。この強い能力は，日常の様子から想定できる場合もあるが，検査をして初めて気づかれることもある。

　筆記を伴う試験の結果がふるわず学校の成績がよくない子どもが，検査の結果 VCI が高く，口頭での説明が的確であったり，予想以上に知識が豊富であったりすることもある。このような強みに気づいたら，それが埋もれてしまわないよう，学校生活の中でその力を発揮

できる機会を設けることが大切である。

3）環境調整

　苦手な能力を短期間で底上げすることは難しくても，環境を調整することで直面している困難さが軽減されることがある。

　たとえば，教室内の座席を刺激の少ない位置にしたり，活動を小分けにしたりすることで，注意・集中に弱さがある子どもの困難さが軽減される可能性がある。その他，書字や手先の巧緻性に弱さがある場合は，ワークシートの記入欄を工夫することで，書字の能力そのものが向上しなくても課題に取り組みやすくなる場合がある。

4）二次的な問題の予防としての情緒面のケア

　この点については，検査結果というよりも検査中の行動観察から得た情報の活用である。検査中の観察所見から，受検者のモチベーションの低さや不安の強さに気づくことがある。困難さを抱えている子どもは，不全感や劣等感をも抱えていることが多いため，検査結果の数値だけを見て指導計画を組み立てることなく，情緒面のケアも念頭におきながら指導内容を考えたい。

＊

　以上，WISC-IV の活用について述べてきた。検査結果は支援の中に活用してこそ生きてくる。特別支援教育士という専門資格を有する者として，検査者のみならず指導者（支援者）の立場からも，正しく検査の性質を理解し子どもの支援に活用していきたい。

〔引用文献〕

　　日本版 WISC-IV 刊行委員会（2010）：日本版 WISC-IV 知能検査—理論・解釈マニュアル—．日本文化科学社．

　　日本版 WISC-IV 刊行委員会（2010）：日本版 WISC-IV 知能検査—実施・採点マニュアル—．日本文化科学社．

　　上野一彦（2013）：日本版 WISC-IV テクニカルレポート＃ 4「保護者など非専門家に WISC-IV の結果をどこまで報告できるか—換算アシスタントの出力レポートに関連して—」．日本文化科学社，https://www.nichibun.co.jp/documents/kensa/technicalreport/wisc4_tech_4.pdf（2022 年 3 月 31 日閲覧）．

　　上野一彦，松田　修，小林　玄他（2015）：日本版 WISC-IV による発達障害のアセスメント—代表的な指標パターンの解釈と事例紹介—．日本文化科学社．

〔参考文献〕

　　上野一彦（2012）：日本版 WISC-IV テクニカルレポート＃ 2「実施・報告の使用者責任と所見の書き方」．日本文化科学社，https://www.nichibun.co.jp/documents/kensa/technicalreport/wisc4_tech_2.pdf（2022 年 3 月 31 日閲覧）．

B-3
心理検査法 II：発達障害に関連する心理検査

【概要】…………………「発達障害：学習障害（LD/SLD），注意欠如・多動症（ADHD），自閉スペクトラム症（ASD），発達性協調運動症（DCD）等」のアセスメントに用いる KABC-II の概要について述べる。カウフマンモデル（認知尺度，習得尺度）・CHC モデルの 2 つの解釈モデルの考え方，各尺度及び下位検査の内容，目的及び検査結果の教育への活用について解説する。

【キーワード】…………KABC-II／カウフマンモデル／認知尺度／習得尺度／ CHC モデル／長所活用型指導／クロスバッテリーアセスメント（XBA）アプローチ／検査結果のフィードバック／発達障害に関連する心理検査：DN-CAS, Vineland-II, SRS-2

【到達目標と評価】……① KABC-II の内容と特徴を理解し，検査結果の意味を説明できる。
② KABC-II のカウフマンモデルと CHC モデルについて説明できる。
③ KABC-II の検査結果の教育への活用について説明できる。
④「発達障害」のアセスメントとして利用されることの多い，DN-CAS, Vineland-II, SRS-2 などの概要について説明できる。

❶ KABC-II

B-3-1　KABC-II の概要と特徴

1. KABC-II の概要

　日本版 KABC-II（Kaufman Assessment Battery for Children Second Edition）は日本版 K-ABC（1993 年刊行）の改訂版であり 2011 年に刊行された。2004 年に米国版 K-ABC（1983 年刊行）が米国版 KABC-II に改訂されたのを受け作成されたものである。K-ABC の基本理念や長所を継承しながらも，近年の知能理論と知能研究に基づき大幅な改訂がなされた。日本版 KABC-II は，カウフマンモデルと CHC モデルの 2 つの解釈モデルを有している。カウフマンモデルは日本版 K-ABC から引き継がれた解釈モデルであり，CHC モデルは最新の知能理論である CHC 理論に基づく解釈モデルである（図 B-3-1）。

　なお，日本版 KABC-II では，基礎学力を測定する習得尺度を大幅に拡充した。米国では KABC-II とは別に，基礎学力を測定する KTEA-II（Kaufman TEST of Educational Assessment Second Edition）が開発されている。日本版 KABC-II では，KTEA-II の下位検査を我が国の状況に合わせて取り入れることにより，1 検査で認知能力と基礎学力をともに測定し，その結果を直接比較することができるように設計した。1 検査の実施で，両者の

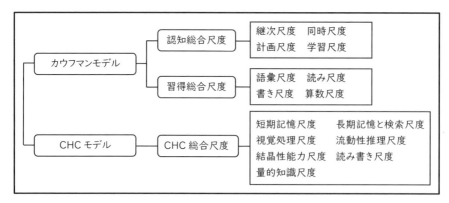

図 B-3-1　KABC-II における 2 つの解釈モデル

差異の様相と関連要因の分析が可能となり，認知特性に合わせた支援・指導に直結するという点が本検査の最大の特徴である。

　こうした特性から，日本版 KABC-II は認知尺度と習得尺度を別々に実施することができる。すなわち，読み，書き，算数といった基礎学力を測定したい場合には，習得尺度のみを実施する。こうした実施方法を導入することにより，受検者の負担を軽減することができる。

　なお，最新の知能論である CHC 理論に基づく解釈（日本版 KABC-II では CHC モデルと呼ぶ）を行いたい場合には，認知尺度と習得尺度の両尺度を実施する必要がある。これは，CHC 理論において，読み，書き，算数もまた知能を構成する因子とみなされているからである。日本版 KABC-II は，認知尺度と習得尺度を 1 つの検査に収めることによって，CHC 理論の適用を可能とした国内初の検査であるといえる。

　日本版 KABC-II の対象年齢は 2 歳 6 カ月から 18 歳 11 カ月で，実施時間は約 30 分から約 120 分（年齢によって異なる）である。

　以下では日本版 KABC-II を KABC-II と表記して説明する。

2. KABC-II の構成

　KABC-II の構成は以下のとおりである（表 B-3-1）。大別すると，認知尺度と習得尺度で構成されている。認知尺度は，継次，同時，計画，学習の 4 尺度から，習得尺度は，語彙尺度，読み尺度，書き尺度，算数尺度の 4 尺度からそれぞれ構成されている。

　アセスメントの目的により，認知能力のみをアセスメントしたい場合には認知尺度の下位検査を，基礎学力のみをアセスメントしたい場合には習得尺度の下位検査を，それぞれ選択して実施することができる。

3. 検査の実施方法と実施時間

　検査者と子どもは，対面ではなくテーブルの角を挟んだ位置に座る（90 度の位置）。実施には，片面（検査者側）に実施の仕方や採点基準が記載され，もう一方の面（子ども側）に，検査課題が掲載された，イーゼルと呼ばれる検査器具を主として用いる。

　子どもの年齢に応じて，実施する下位検査が決められている。実施下位検査数及び実施時間は，対象年齢の下限となる 2 歳 6 カ月で 7 下位検査（約 30 分），上限となる 18 歳 11 カ

表 B-3-1 KABC-II の構成

カウフマンモデル	CHCモデル	下位検査 M は認知検査 A は習得検査	対象年齢	検査内容	測定される CHC の狭義の能力
認知尺度：継次尺度	短期記憶尺度（Gsm）	M4 数唱	2歳6カ月～18歳11カ月	検査者は一連の数字を言い、子どもは同じ順序でその数字を復唱する。	記憶範囲
認知尺度：継次尺度	短期記憶尺度（Gsm）	M9 語の配列	3歳0カ月～18歳11カ月	検査者は、いくつかの単語（物の名前）を言う。子どもは、同じ順序でその物の絵を指す。後半の問題では妨害刺激が加わり、子どもは名前を聞いた後、指さす前に色の名前を言わなくてはならない。	記憶範囲（妨害刺激なし），作業記憶（妨害刺激あり）
認知尺度：継次尺度	短期記憶尺度（Gsm）	M11 手の動作	2歳6カ月～18歳11カ月	検査者は、一連の手の動作（げんこつ、手のひら、手刀）をして見せる。子どもは、同じ順序でその動作を繰り返す。	視覚記憶
認知尺度：同時尺度	視覚処理尺度（統合を除く）（Gv）	M2 顔さがし	2歳6カ月～5歳11カ月	検査者は、刺激ページで子どもに1人または2人の顔写真を5秒間見せる。子どもは、反応ページの写真の中からその人を見つける。	視覚記憶
認知尺度：同時尺度	視覚処理尺度（統合を除く）（Gv）	M5 絵の統合	2歳6カ月～18歳11カ月	検査者は、部分的に欠けた絵を見せる。子どもは、その絵の名前を言う。	空間認知，一般的継次的推理，算数能力
認知尺度：同時尺度	視覚処理尺度（統合を除く）（Gv）	M7 近道さがし	6歳0カ月～18歳11カ月	子どもは、16分割、25分割、または36分割された盤上で、スタート地点から、最短ルートを通って、犬を骨の通ってマスを移動させる。	空間的関係，視覚化
認知尺度：同時尺度	視覚処理尺度（統合を除く）（Gv）	M8 模様の構成	2歳6カ月～18歳11カ月	子どもは、大きさや色・形の異なるピースを使い、見本と同じ模様を作る。	帰納，視覚化，全般的系列
認知尺度：計画尺度	流動性推理尺度（Gf）	M3 物語の完成	6歳0カ月～18歳11カ月	検査者は、物語を構成する一連の絵を見せる。ただし、そのうち何枚かが欠けており、その場所が空欄となっている。子どもは、物語を完成させるために必要な絵カードを選び、空欄に置く。	帰納，視覚化，一般的知識
認知尺度：計画尺度	流動性推理尺度（Gf）	M10 パターン推理	6歳0カ月～18歳11カ月	検査者は、ある規則に従って並んでいる数個の絵（図形）を見せる。1カ所だけ絵（図形）が欠けており、子どもは、当てはまる絵（図形）を選択肢の中から選ぶ。	帰納，視覚化
認知尺度：学習尺度	長期記憶と検索尺度（Glr）	M1 語の学習	5歳0カ月～18歳11カ月	検査者は、空想的な絵の名前を教える。子どもは、反応ページで検査者が言う名前に相当する絵を指さす。	連合記憶
認知尺度：学習尺度	長期記憶と検索尺度（Glr）	M6 語の学習遅延	5歳0カ月～18歳11カ月	[語の学習]を終了し、決められた検査の実施後（およそ20分後）、予告なしに、検査者は[語の学習]で覚えた名前の絵を子どもに指さすように指示する。	連合記憶，一般的継次的推理，言語発達
習得尺度：語彙尺度	結晶性能力尺度（Gc）	A1 表現語彙	2歳6カ月～18歳11カ月	検査者は、絵や写真を見せる。子どもは、その名前を答える。	語彙の知識
習得尺度：語彙尺度	結晶性能力尺度（Gc）	A3 なぞなぞ	3歳0カ月～18歳11カ月	子どもはなぞなぞを聞き、答えの絵を指さすか、単語で答える。	語彙の知識，一般的知識
習得尺度：語彙尺度	結晶性能力尺度（Gc）	A9 理解語彙	2歳6カ月～18歳11カ月	検査者は、単語を読み上げる。子どもは、その単語が示す絵を指さす。	推理，言語発達
習得尺度：読み尺度	読み書き尺度（Grw）	A5 ことばの読み	6歳0カ月～18歳11カ月	ひらがな、カタカナ、漢字を、子どもは、声を出して読む。	読み書き
習得尺度：読み尺度	読み書き尺度（Grw）	A7 文の理解	6歳0カ月～18歳11カ月	問題1～22では、検査者は動作を指示する文を子どもに見せる。子どもは、その通りの動作を行う。問題23～25では、検査者は問題文を子どもに見せ、子どもはそれに答える。	読み書き
習得尺度：書き尺度	読み書き尺度（Grw）	A6 ことばの書き	7歳0カ月～18歳11カ月	習得尺度シート［ことばの書き］を用いて、検査者が教示で絵を読み、子どもがひらがな、カタカナ、漢字を書く。	読み書き
習得尺度：書き尺度	読み書き尺度（Grw）	A8 文の構成	7歳0カ月～18歳11カ月	子どもは、習得尺度シート［文の構成］に示されたことばを使って文を作る。	読み書き
習得尺度：算数尺度	量的知識尺度（Gq）	A2 数的推論	3歳0カ月～18歳11カ月	検査者は、イーゼルの絵を見せて、問題文を読む。子どもは、それに答える。必要なら紙と鉛筆を用いてもよい。	量的知識
習得尺度：算数尺度	量的知識尺度（Gq）	A4 計算	7歳0カ月～18歳11カ月	検査者は習得尺度シート［計算］を子どもの前に出す。子どもは、問題を解く。	量的知識

表 B-3-2　認知総合尺度と 4 つの認知尺度

認知総合尺度…認知能力の総合指標

継次尺度…情報を時間的，系列的に順番に処理する

同時尺度…情報を全体的なまとまりとして処理する

計画尺度…課題を解決するための方略決定及び継次
　　　　　処理と同時処理の課題への適用

学習尺度…情報の効率的な学習と長期記憶の保持

表 B-3-3　習得総合尺度と 4 つの習得尺度

習得総合尺度…基礎学力の総合指標

語彙尺度…獲得している語彙量及び意味理解

読み尺度…ひらがな，カタカナ，漢字，文章の読み

書き尺度…ひらがな，カタカナ，漢字，文章の書き

算数尺度…計算スキル（筆算）及び数的推論

月で 19 下位検査（約 120 分）となる。信頼性の高い結果を得るために，実施手続き及び実施順序を順守することが求められる。

B-3-2　カウフマンモデルに基づく検査結果の解釈

カウフマンモデルは，検査結果を認知能力と基礎学力の視点から解釈する。認知能力は，継次，同時，計画，学習の 4 尺度，基礎学力は，語彙，読み，書き，算数の 4 尺度で測定される（表 B-3-2，表 B-3-3）。

1.　カウフマンモデルに基づく結果処理の進め方

カウフマンモデルに基づく検査結果の解釈の手順は以下のとおりである。認知総合尺度及び習得総合尺度の解釈からはじまり，認知尺度及び習得尺度の解釈とへ順次進む。

　　ステップ 1　　認知総合尺度と習得総合尺度

　　ステップ 2　　認知総合尺度と習得総合尺度の比較

　　ステップ 3　　認知尺度の個人間差（NS，NW）

　　ステップ 4　　認知尺度の個人内差（PS，PW，まれな差）

　　ステップ 5　　認知尺度間の比較

　　ステップ 6　　習得尺度の個人間差（NS，NW）

　　ステップ 7　　習得尺度の個人内差（PS，PW，まれな差）

　　ステップ 8　　習得尺度間の比較

　　ステップ 9　　認知総合尺度と習得尺度の比較

　　ステップ 10　認知総合尺度と算数尺度検査の比較

　　ステップ 11　非言語尺度

表 B-3-4　KABC-Ⅱの各尺度に使用される評価点と標準得点

評価点	平均 10　標準偏差 3	全下位検査
標準得点	平均 100　標準偏差 15	【カウフマンモデル】 • 認知総合尺度 • 習得総合尺度 • 認知尺度（継次，同時，計画，学習） 【CHC モデル】 • CHC 総合尺度 • CHC 尺度（長期記憶と検索，短期記憶，視覚処理，流動性推理，結晶性能力，量的知識，読み書き）

2. 測定値の意味

1）評価点と標準得点

　各下位検査の成績を直接比較できるようにするために，下位検査間及び生活年齢間で同一の意味を持つように，粗点を評価点または標準得点に変換する（表 B-3-4）。

2）個人間差と個人内差

　個人間差は，評価点と標準得点について，同年齢内での相対評価を行う。平均点と比べ，個人の評価点や標準得点が1標準偏差より低い（Normative Weakness：NW）か，1標準偏差より高い（Normative Strength：NS）かを表す。

　個人内差は，下位検査ごとに，個人内の評価点平均または標準得点平均と比較して，その差が統計的に有意な差（強い Personal Strength：PS，弱い Personal Weakness：PW）であるか判定する。KABC-Ⅱは有意水準を5％としている。

3. 認知総合尺度と習得総合尺度

　認知総合尺度は，認知能力の総合指標であり，他の知能検査の全検査IQ（たとえばWISC-V の FSIQ）に相当する。

　習得総合尺度は，語彙，読み，書き，算数からなる基礎学力の総合指標である。語彙，読み，書き，算数に関する知識・技能の全般的な習得レベルを示す。

4. 認知総合尺度と習得総合尺度の比較

　認知能力の総合指標である認知総合尺度と，語彙，読み，書き，算数の基礎学力の総合指標である習得総合尺度の比較では，全般的な認知能力（他の知能検査等における全般的知能に相当する）に見合った基礎学力が習得されているかを把握する。

1）認知総合尺度＞習得総合尺度の場合

　数や言語に関する知識・技能の獲得に際して，認知能力を十分に活かしていないと解釈できる。このような場合は，子どもの認知能力を活かせるように，学習への意欲・興味，学習習慣，教室や家庭の環境調整などの側面から子どもの援助を計画する必要がある。ただし，

両者の差が著しく大きい場合（アンダーアチーバー），SLD，ASD，ADHD などの発達障害の可能性及び障害特性の影響の視点からも検討が必要となろう。

2）認知総合尺度＜習得総合尺度の場合

　認知能力を十分に活かして数や言語に関する知識・技能を獲得していると解釈できる。ただし，両者の差が著しく大きい場合（オーバーアチーバー），学習が生活全般の中で過負荷となっていないかの検討が必要である。

　なお，いずれの場合も認知尺度間（継次，同時，計画，学習）に統計的に有意な差がある場合，下記「6. 認知尺度間の比較」を参照し，解釈には十分な注意が必要である。

5. 認知尺度の個人間差と個人内差

　個人間差によって，各尺度の標準得点が同年齢の子どもの平均から逸脱しているか否かを判定する。各尺度の標準得点を同年齢の子どもの平均と比較し，「強い」（NS）または「弱い」（NW）と判定する。

　個人内差では，各尺度の標準得点をその子どもの標準得点平均と比較し，「強い」（PS）または「弱い」（PW）と判定する。

6. 認知尺度間の比較

　継次，同時，計画，学習の4尺度間における標準得点の比較を行うことにより，認知能力の個人内差を明らかにすることができる。学習支援においては，子どもの得意な認知能力を積極的に取り入れる方法を工夫する必要がある。

7. 習得尺度の個人間差と個人内差

　個人間差によって，各尺度の標準得点が同年齢の子どもの平均から逸脱しているか否かを判定する。各尺度の標準得点を同年齢の子どもの平均と比較し，「強い」（NS）または「弱い」（NW）と判定する。

　個人内差では，各尺度の標準得点をその子どもの標準得点平均と比較し，「強い」（PS）または「弱い」（PW）と判定する。

8. 習得尺度間の比較

　語彙，読み，書き，算数の4尺度間における標準得点の比較を行うことにより，各領域の習得度の個人内差を明らかにすることができる。

9. 認知総合尺度と語彙尺度，読み尺度，書き尺度，算数尺度の比較

　DSM-5 によれば，限局性学習症（SLD）は，「学習や学業的技能に困難があり，その困難を対象とした介入が提供されているにもかかわらず，①不的確または速度が遅く，努力を要する読字，②読んでいるものの意味を理解することの困難さ，③綴字の困難さ，④書字表出の困難さ，⑤数字の概念，数値，または計算を習得することの困難さ，⑥数学的推論の困難さの症状が少なくとも1つ存在し，少なくとも6カ月持続している」として定義される。

　KABC-II では，こうした観点から，認知総合尺度と語彙尺度，読み尺度，書き尺度，算数

表 B-3-5　支援・指導方法への展開

KABC-II の認知尺度	指導の基本
継次尺度	高い：継次型指導方略で指導
	低い：同時型指導方略で指導
同時尺度	高い：同時型指導方略で指導
	低い：継次型指導方略で指導
計画尺度	高い：方略の使用を確認・利用
	低い：方略や考え方を提示
学習尺度	高い：長期記憶化・連合学習の高さを利用
	低い：記憶方略に関する対策

表 B-3-6　継次型指導方略と同時型指導方略

継次型指導方略	同時型指導方略
段階的な教え方	全体を踏まえた教え方
部分から全体へ	全体から部分へ
順序性の重視	関連性の重視
聴覚的・言語的手がかり	視覚的・運動的手がかり
時間的・分析的	空間的・統合的

尺度との比較が可能となっている。また，算数尺度の［数的推論］及び［計算］の 2 つの検査については，粗点から標準得点を算出し，認知総合尺度と直接比較することができる。

　これらにより，学習障害が疑われる子どもについて，全般的な認知能力と基礎学力の各領域とのアンバランスを把握することができる。なお，こうしたアンバランスは学習障害の場合だけでなく，学習への意欲・興味，学習習慣，教室や家庭の環境など，さまざまな要因によって生じる。検査結果の解釈においては，検査中の行動観察とともに，背景情報やその他の検査の結果と併せて慎重に検討する必要がある。

10.　聴覚障害・言語障害を伴う場合の非言語尺度の適用

　非言語尺度は，［顔さがし］［物語の完成］［模様の構成］［パターン推理］［手の動作］の 5 つの下位検査で構成される。聴覚障害や言語障害を有するなど，言語能力によって成績が妨害されることが明らかな場合には，認知総合尺度の代わりに非言語尺度の標準得点を用いることができる。

11.　支援・指導方法への展開

　支援・指導法への展開においては，強い認知能力に注目し，より積極的に強い能力を活用した支援・指導を行う（表 B-3-5）。表 B-3-6 に，継次，同時を例に，より具体的な支援・指導法への展開を示した。同時処理の能力が高い場合は，絵や映像情報といった視覚的・空間的手がかりを用いた教材を使用し，関連性を重視しながら，全体から部分へと展開する支援・指導を行うことで，語彙，読み，書き，算数の基礎学力の習得がより効率的に行われる。たとえば漢字を学習する場合，同時処理の能力が高い子ども（同時処理優位型）では，印刷

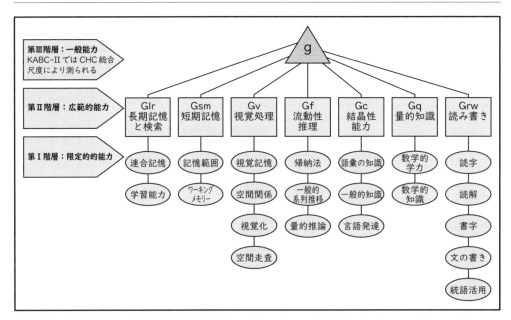

図 B-3-2　KABC-II に適用された CHC 理論（小野他, 2017）

された漢字を "偏（へん）" と "旁（つくり）" などの構成要素に分解し, はさみで切らせる。その後, これを
パズルの組み合わせのようにして学習させる指導が有効である。また, 継次処理の能力が高
い子ども（継次処理優位型）では, 漢字を要素ごとに言語化し記憶させた後, 言語化したも
のを唱えながらなぞらせたり, 書かせたりする指導となる。

　「崎」という漢字の学習であれば, 同時処理優位型の子どもでは, 印刷された「崎」の字
を「山」「大」「可」の 3 つの部分に切らせ, これをパズルのように組み合わせながら学習さ
せる。また, 継次処理優位型の子どもでは,「崎（さき）の山（やま）は大きい可（か）」と
言語化し記憶させ, これを唱えながら漢字をなぞらせたり書かせたりする指導を行う（藤田
他, 2008）。指導の具体例については, 藤田ら（1998, 2000, 2008, 2014, 2016）を
参照されたい。また, 検査結果の解釈の基本とケースレポートの書き方については, 小野ら
（2017）を参照されたい。

B-3-3　CHC モデルに基づく検査結果の解釈

　もうひとつの解釈モデルである CHC モデルは, キャッテル（Cattell, R.B.）, ホーン
(Horn, J.L.), キャロル（Carroll, J.B.）の 3 人の研究者によって作られた汎用性の高い知
能理論である CHC 理論（Cattell-Horn-Carroll Theory）に基づく解釈モデルである。CHC
理論は, スピアマン（Spearman C.E.）にはじまる知能理論の集大成ともいえる知能理論で
あり, 主要な知能検査はいずれも, この CHC 理論への準拠を進めている。

　CHC 理論によれば, 知能に関する諸能力は, 第 III 階層（g 因子）, 第 II 階層（広範的能
力）及び第 I 階層（限定的能力）の 3 つの階層に分けられる（図 B-3-2 参照）。第 II 階層
（広範的能力）は, 10 個の広範的能力から構成されており, 第 I 階層（限定的能力）は, お
よそ 70 個の限定的能力から構成されている。第 I 階層の限定的能力は, 第 II 階層の広範的

能力のいずれかに属している。日本版KABC-IIでは，10個の広範的能力のうち，以下の7つの能力を測定することができる。

①長期記憶と検索（General long-term storage & retrieval：Glr）
　　学習した情報を記憶し，効率的に検索する能力
②短期記憶（General short-term memory：Gsm）
　　情報を取り込み，保持し，数秒のうちに使用する能力
③視覚処理（General visual processing：Gv）
　　視覚的なパターンを知覚し，記憶し，操作し，考える能力
④流動性推理（General fluid reasoning：Gf）
　　応用力や柔軟性を用いて新奇な課題を解く能力
⑤結晶性能力（General crystallized ability：Gc）
　　ある文化において習得した知識の量及びその効果的応用に関する能力
⑥量的知識（General quantitative knowledge：Gq）
　　蓄積された数学的知識及び数学的推論に関する能力
⑦読み書き（General reading & writing：Grw）
　　ことばを読み，文を理解する能力及びことばを書き，文を構成する能力

10個の広範的能力のうち，KABC-IIにおいて測定することができない3つの能力は，聴覚処理（Ga）及び判断速度／反応時間（Gt），処理速度（Gs）である。聴覚処理（Ga）は知能検査として扱うにはそのプロセスがきわめて複雑であること，また判断速度／反応時間（Gt）は，知能検査の内容としては，逆にあまりにシンプルでありすぎることから，知能検査において測定の対象とされていない場合が多くある。処理速度（Gs）については，KABC-IIでは測定することができないが，後述するクロスバッテリーアセスメント（Cross-Battery Assessment：XBA）アプローチを用いるなどして，WISC-Vの処理速度指標（PSI）で補うことができる。

1. CHCモデルに基づく結果処理の進め方

CHCモデルに基づく検査結果の解釈の手順は以下のとおりである。

　　ステップ1　CHC総合尺度
　　ステップ2　CHC尺度の個人間差（NS，NW）
　　ステップ3　CHC尺度の個人内差（PS，PW，まれな差）
　　ステップ4　CHC尺度間の比較

2. CHC総合尺度

CHCモデルを用いてKABC-IIを解釈する場合，CHC総合尺度が他の知能検査の全検査IQ（WISC-VのFSIQ）に相当する。

3. CHC尺度の個人間差と個人内差

個人間差によって，各尺度の標準得点が同年齢の子どもの平均から逸脱しているか否かを

判定する。各尺度の標準得点を同年齢の子どもの平均と比較し，「強い」（NS）または「弱い」（NW）と判定する。

個人内差では，各尺度の標準得点をその子どもの標準得点平均と比較し，「強い」（PS）または「弱い」（PW）と判定する。

4. CHC 尺度間の比較

上記の 7 つの能力を測定する CHC 尺度間の比較を行うことにより，臨床的仮説やそれに基づく支援の方針・計画を作成することができる。以下では尺度間比較の基本について，支援計画作成における解釈ニーズの視点から，いくつかの例をあげて説明する。

- 「長期記憶と検索尺度」と「短期記憶尺度」
  新しい情報を学習して長期に使用する能力と情報を保持し短期間記憶して使用する能力との比較
- 「長期記憶と検索尺度」と「流動性推理尺度」
  知識の蓄えとそれを用いて適切に推論する能力の比較
- 「長期記憶と検索尺度」と「結晶性能力尺度」
  新しい情報を学習する能力と単語，事実，概念について，すでに学んでいる知識との比較
- 「長期記憶と検索尺度」と「読み書き尺度」
  情報を蓄え保持する能力と読み書きといった獲得された基礎学力の比較
- 「短期記憶尺度」と「視覚処理尺度」
  視覚的情報を認識し処理する能力と，情報を保持し短期間記憶して使用する能力との比較
- 「短期記憶尺度」と「流動性推理尺度」
  情報を保持し短期間記憶して使用する能力と，それを用いて推論する能力との比較
- 「短期記憶尺度」と「量的知識尺度」
  情報を保持し短期間記憶して使用する能力と，それを用いて計算及び数学的推論を行う能力との比較
- 「短期記憶尺度」と「読み書き尺度」
  情報を保持し短期間記憶して使用する能力とことばを読み，文を理解する能力及びことばを書き，文を構成する能力との比較
- 「視覚処理尺度」と「流動性推理尺度」
  具体的な視覚処理スキルと視覚的情報の推論能力の比較
- 「視覚処理尺度」と「量的知識尺度」
  図形や表などの視覚的情報を認識する能力と，それを用いて数学的推論を行う能力との比較
- 「視覚処理尺度」と「読み書き尺度」
  印字された文字や文章を視覚的に認識する能力とそれを用いて，ことばを読み，文を理解する能力及びことばを書き，文を構成する能力との比較

- 「流動性推理尺度」と「結晶性能力尺度」
  応用力と柔軟性を用いて新しい問題を解く能力と習得した知識を用いて問題を解く能力との比較
- 「流動性推理尺度」と「量的知識尺度」
  応用力と柔軟性を用いて新しい問題を解く能力とそれを用いて計算及び数学的推論を行う能力との比較
- 「結晶性能力尺度」と「読み書き尺度」
  単語，事実，概念について，すでに学んでいる知識及びその応用に関する能力とことばを読み，文を理解する能力及びことばを書き，文を構成する能力との比較

B-3-4　カウフマンモデルと CHC モデルの 2 つの解釈モデルの選択と活用

　KABC-Ⅱ において，2 つの解釈モデルは，排他的なものではなく，解釈モデルとして併用することができる（小野，2019）。検査結果を異なる 2 つの観点から見ることで，より広範囲で多様な解釈仮説を導くことが可能となる。以下では，カウフマンモデルとCHC モデルの選択と活用について，①基礎学力と教科学習，②流動性知能，③カウフマンモデルにおける語彙尺度と CHC モデルにおける結晶性能力尺度，④クロスバッテリーアセスメント（XBA）アプローチの 4 つの観点から考えてみたい。

1. 基礎学力と学力（教科学習）の観点から

　カウフマンモデルは，読み書き，算数の基礎学力とその土台となる認知能力を直接比較することのできる解釈モデルである。基礎学力の形成期となる小学校低学年，中学年あるいはそれ以前において特に有効なモデルとなる。読み，書き，算数の基礎学力の獲得に苦戦している子どもたちに対して，その認知特性（継次，同時，計画，学習）に合わせた適切な指導法を立案するための情報を得ることができる。

　一方，CHC モデルは，基礎学力がある程度獲得された以降の教科学習（国語，算数，理科，社会，英語など）において苦戦する子どもたちの知能のアンバランスを把握する上で優れたモデルである。ただし，教科学習が中心となる年齢帯においても学習障害を有する場合は，カウフマンモデルの解釈結果が支援において考慮される必要がある。

2. 流動性知能の観点から

　CHC 理論は，キャッテルの流動性－結晶性知能理論を主軸として拡張された知能理論として理解することができる。このモデルが有効に機能するためには，新奇な問題を解くための高度な抽象思考能力である流動性知能が発達的に形成されている段階にあることが重要となる。この段階においては，一方の結晶性知能も十分に発達しており，知能を流動性知能と結晶性知能の 2 つの要素とその対比から理解することが有効となる。ピアジェの認知発達理論に依拠するならば，こうした概念に基づく論理的思考が可能となるのは具体的操作期（6，7 歳〜 12 歳頃）以降である。そうした観点から考えるならば，流動性－結晶性知能モデルを主軸とする CHC モデルの適用は，6 歳以降が一つの目安となる。また，認知発達の視点

から考えるならば，知的障害を有する場合も，支援においてはカウフマンモデルの解釈が考慮される必要がある。

3. カウフマンモデルにおける語彙尺度と CHC モデルにおける結晶性能力尺度の観点から

カウフマンモデルの語彙尺度の下位検査は，CHC モデルにおいては結晶性能力尺度に相当する。流動性知能と対比される結晶性知能という高次の知能を測定しているか否かは，2 つのモデルの選択に重要な影響を及ぼす。すなわち，高次の知能としてではなく，語彙を測定する下位検査として理解すべき場合は，カウフマンモデルが有効となる。そうしたケースとして，以下の 1）〜 3）を例として挙げる。

1）自閉スペクトラム症（ASD）に見られる高い語彙の成績

自閉スペクトラム症を有する子どもは，しばしば，「○○博士」「○○教授」と呼ばれるような高い長期記憶能力を示すことがある。しかし，こうした記憶は興味のある分野に限られた狭い範囲にとどまることも多い。自閉スペクトラム症に見られる高い語彙の成績は，このような特徴を有する場合，必ずしも高い結晶性知能を表しているとはいえない。そこで，こうした場合には，カウフマンモデルを選択した上で，語彙能力の特徴についてさらに詳細に分析することが支援において必要となる。

2）聴覚−言語障害を有している場合

聴覚−言語障害を有する場合，聴覚という入力モダリティ，言語出力という出力モダリティの問題が存在しており，こうした聴覚入力及び言語出力の問題が検査結果に影響を与えている可能性が高い。したがって，検査結果の低得点は，必ずしも高次の知能である結晶性知能の低さを示しているとは限らない。聴覚−言語障害を有する場合は，カウフマンモデルを選択し，これらの障害が語彙獲得に与える影響について，詳細な分析を行う必要がある。

3）日本語を母語としていない場合

日本語を母語としない場合も言語−聴覚障害を有する場合と同様にカウフマンモデルを選択する必要がある。そのうえで，言語環境が日本語の語彙の獲得に与えている影響について，詳細な分析が必要である。

4. クロスバッテリーアセスメント（XBA）アプローチの観点から

後述する XBA アプローチは，CHC 理論に依拠した最新の知能検査の解釈法であり，今後，我が国においても広く活用されることが想定される。XBA アプローチは，CHC 理論に依拠する KABC-II と WISC-V の併用において，非常に強力な分析法として機能する。この解釈法を用いるためには，CHC モデルを選択する必要がある。

以上を要約するならば，基礎学力を習得し教科学習が中心となる小学校中学年あるいは小学高学年以降においては，CHC モデルに基づく解釈が有効となる。一方，発達障害，知的障害，音声−言語障害を有する場合や日本語を母語としない場合は，年齢のいかんにかかわらずカウフマンモデルによる解釈が考慮される必要がある。繰り返しとなるが，KABC-II にお

いては，2つの解釈モデルは排他的なものではなく，互いに相補う解釈モデルとして併用することができる。臨床においては，2つのモデルの特性をよく理解した上で，支援につながる総合的な解釈を導き出す必要がある。

B-3-5　KABC-II をめぐる新しい展開と活用

KABC-II は，検査結果を個別の支援計画や個別の指導計画に直接活かすことができる検査であり，また，CHC 理論を正式に導入した国内で初めての検査である。今後の方向性として，以下に示す新しい展開についても理解しておくことが有益である。

1. KABC-II と WISC-V の併用──クロスバッテリーアセスメント（Cross-Battery Assessment：XBA）アプローチ

クロスバッテリーアセスメントアプローチは，1990 年代に米国の心理学者フラナガン（Flanagan, D.P.）らによって提案された新しい知能検査結果の分析方法である（Flanagan et al., 2001）。XBA アプローチは，複数の知能検査及び学力検査による検査バッテリーの実施結果（たとえば，WISC-V，KABC-II）を，CHC 理論に基づき統合的に解釈する方法である。CHC 理論に基づく 10 個の広範的能力をすべて測定することができる検査は，現在，国内には存在しない。そこで，KABC-II で測定される 7 つの能力に，WISC-V で測定することのできる処理速度（処理速度指標（PSI））を加えることで，主要な 8 つの能力を測定することができる。また，WISC-V の視点からは，WISC-V の主要指標を用いて測定することができる 5 つの能力に加え，KABC-II の長期記憶と検索（Glr），読み書き（Grw）及び量的知識（Gq）を加えることで 8 つの能力を測定することができる。XBA アプローチを用いることにより，単一の知能検査あるいは学力検査のみを実施した場合に比べ，より広範囲にわたる能力を測定することが可能となる。なお，こうした KABC-II と WISC-V の CHC 理論に基づく統合的な解釈が可能となる前提として，2 検査の尺度及び下位検査得点が同一の物差し（尺度・指標（平均 100，標準偏差 15），下位検査評価点（平均 10，標準偏差 3））を使用している点も重要である。同じ物差しを持った 2 つの検査であるからこそ，検査を越えて尺度間及び下位検査間で比較することが可能となる。KABC-II における CHC 理論に基づく CHC モデルの導入は，こうした検査バッテリーにおける検査結果の統合的な解釈を可能とするという点において，その有効性はきわめて高く，今後，一層の普及が期待される（小野，2013，2015；小野他，2017）。

2. 保護者及び本人への検査結果のフィードバック

KABC-II は，基礎学力の獲得に苦戦する子どもたちの個別の支援計画及び個別の指導計画の作成に活かされることが特に重要となる検査である。そこで，教育，福祉，医療，心理などの支援者間での情報共有だけでなく，保護者や受検した子どもへの直接的なフィードバックに関する研究と実践が活発に行われている（藤田他，2022；熊上他，2020；小野他，2017）。支援者が対象となる子どもの認知・知能特性を理解することは，個別の支援計画や個別の指導計画の作成において必須である。それに加えて，子ども自身が自らの認知の得意・不得意，認知スタイルを理解することで，困難な学習に対しての対処方略を自分でエ

夫することができるようになり，このことが，より主体的で効率的な自己効力感の高い学習を行うことにつながる。こうしたフィードバックを熊上は，以下のように定義している（藤田他，2022）。

　　検査者と受検者（家族・支援関係者を含む）が，対等の関係のもと，相互の対話をする中で，受検者が自分の特性について理解しつつ，過去の行動や状況の背景を知り，未来の出来事によりよく対処していくために，両者が協働して提案していくこと。

　検査結果のフィードバックにおいては，検査結果の適切な保管，検査結果へのアクセス権（誰が閲覧可能なのか），守秘義務，適切なインフォームドコンセント（自己決定権を行使するための十分な情報を支援者が伝えること），検査内容の流出の予防，検査結果を伝えることの弊害の予測（検査結果のフィードバックが，受検者を著しく傷つけるものであってはならない），検査結果の誤用（差別の道具としての検査になっていないか）など，検査結果の適切な活用と検査者の倫理について十分な学習と理解が必要である。こうした学習を十分行った上で，受検者本人へのフィードバックについて学習・実践を行うことは，認知・知能検査のあるべき方向性としてきわめて重要であると考えられる。検査は，受検者の幸福に最大限寄与するものでなければならない。

〔引用文献〕

American Psychiatric Association（2013）：Diagnostic and statistical manual of mental disorders Fifth Edition：DSM-5. American Psychiatric Press, Washington, DC. 高橋三郎, 大野　裕（監訳）（2014）：DSM-5 精神疾患の診断・統計マニュアル. 医学書院.

Flanagan,D.P., Ortiz, S.O. & Alfonso, V.C.（2001）：Essentials of cross-battery assessment. 2nd Ed. Wiley.

藤田和弘, 青山真二, 熊谷恵子（1998）：長所活用型指導で子どもが変わる. 図書文化.

藤田和弘, 熊谷恵子, 青山真二（2000）：長所活用型指導で子どもが変わる Part2. 図書文化.

藤田和弘, 熊谷恵子, 熊上　崇他（2016）：思春期・青年期用 長所活用型指導で子どもが変わる Part5. 図書文化.

藤田和弘, 熊谷恵子, 熊上　崇他（2022）：心理検査のフィードバック. 図書文化.

藤田和弘, 熊谷恵子, 高畑芳美他（2014）：長所活用型指導で子どもが変わる Part4. 図書文化.

藤田和弘, 熊谷恵子, 柘植雅義他（2008）：長所活用型指導で子どもが変わる Part3. 図書文化.

熊上　崇, 星井純子, 熊上藤子（2020）：子どもの心理検査・知能検査─保護者と先生のための100%活用ブック─. 合同出版.

日本版 KABC-II 制作委員会（2013）：日本版 KABC-II マニュアル. 丸善出版.

小野純平（2013）：CHC 理論の登場による知能検査の新たな時代─ CHC 理論に基づく KABC-II と WISC-IV の併用を中心に─. K-ABC アセメント研究, 15, 91-96.

小野純平（2015）：新しい検査 KABC-II と CHC 理論に基づくクロスバッテリーアセスメント（XBA）の展開. 学校心理士会年報, 7, 17-23.

小野純平（2019）：日本版 KABC-II におけるカウフマンモデルと CHC モデルの選び方─2 つの解釈モデルの特徴モデルの特徴と差異─. K-ABC アセスメント研究, 21, 7-14.

小野純平, 小林　玄, 原　伸生他（編）（2017）：日本版 KABC-II による解釈の進め方と実践事例. 丸善出版.

Ⅱ テストバッテリー ....

　近年，公認心理師のような国家資格ならびに特別支援教育士等の専門資格を有することや，特化した専門的研修の受講を義務づける検査が開発されてきている。これらのことを踏まえ，以下では，前項までに取り上げられているもの以外で，特別支援教育士として実施する可能性が高いもの，及び対象児者に関するアセスメント関連の情報のうち検討する頻度が比較的高いと思われるもの，発達障害の背景と考えられることを含む心理諸機能の特性把握に資するものについて扱う。

B-3-6　認知特性全般の評価――DN-CAS

　LD をはじめとする発達障害（神経発達障害群・神経発達症群）は，中枢神経系の機能不全が想定されている点で共通しており，これを背景とした1つないし複数の情報処理過程における遅れや偏りが生じやすいといえる。したがって，読み書き等の学習面の困難や，行動面の困難が表面化しやすい一方で，これらの背景要因を適切に評価査定し支援につなげるためには，子どもの認知発達とその特性評価は重要といえる。

　成人における後天性の脳障害の評価に用いられる神経心理学的検査が医療機関において小児に適用されることもある。たとえば，前頭葉機能検査としてウィスコンシンカード分類テスト（WCST）やトレイルメイキングテスト（TMT），注意に関する検査として標準注意力検査法（CAT）が挙げられる。しかし，これらの検査は適用年齢が成人以降となっており，教育支援の観点で用いられることは少ないと考えられるため割愛する。詳細は下山ら（2019）などを参照されたい。

　小児を対象に包括的な認知機能評価を理論的背景に基づいて行うことができる検査として前項の日本版 KABC-II とともに，日本版 DN-CAS 認知評価システム（Das-Naglieri Cognitive Assessment System：DN-CAS）（前川他, 2007）が挙げられる。DN-CAS は，知能の PASS（プランニング，注意，同時処理，継次処理）理論に基づき，子どもの認知機能を評価する個別実施の検査である。知能の PASS 理論は，ルリア（Luria, A.R.）による脳における高次精神機能の機能的単位に関する理論を，ダス（Das, J.P.）が発展させた理論である。現代の知的機能や認知機能のアセスメントに関わる理論的背景として，ウェクスラー式知能検査や KABC-II が依拠する，知的機能を構成する諸機能の因子構造を想定するキャッテル・ホーン・キャロル（CHC）理論とともに扱われてきている（Flanagan & Harrison, 2018）。

　知能の PASS 理論（図 B-3-3）では，情報の入力，統合，出力のプロセスにおいて，プランニング，注意，同時処理，継次処理が人の知的機能の中核となる認知処理過程であるとする。これらの要素は相互に関係し合うとともに，それまでの知識や経験（背景知識）とも相互に関係していると想定される。また，このような4つの認知処理は記憶・概念・知覚の認知の3つの水準すべてに関与することが想定されている。

　プランニングは，知識や他の認知的処理過程を用いながら認知的活動を統制し，ゴールに到達するための意図や自己調整を行う過程である。目的志向的な活動を達成するための計画

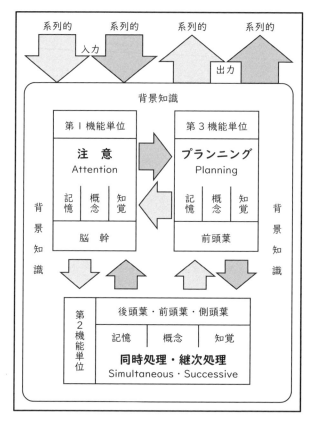

図 B-3-3　知能の PASS 理論（Das et al.（1994）をもとに作成）

（プラン）の立案，実行，評価，修正といった一連の活動全体を指し，このようなプランニングの機能は，実行機能や遂行機能，メタ認知，ワーキングメモリーといった前頭葉機能とほぼ同義である。

　注意は，認知活動を行う際の覚醒状態の維持や，注意の焦点化を行う過程である。PASSモデルにおける注意は，覚醒に相当するプライマリーな受動的注意よりもむしろ，能動的注意に相当する選択性と持続性を重視した概念である。この点で注意は検査課題によって評価可能な心理機能として位置づけられるとともに，プランニングとの関与による前頭部との連絡を通して認知機能全般の統制に関わっている機能である。

　同時処理と継次処理は知能の PASS 理論における情報の符号化様式である。扱われる情報のモダリティに依存せず，言語／非言語ともに関与すると想定される（前川他，2017）。同時処理とは，複数の刺激を全体的に処理し，空間的に統合する処理様式である。同時処理で扱われる刺激は他のすべての刺激と関係づけられて処理されるという特徴を持つ。DN-CASにおける同時処理の下位検査は非言語的な要素と言語的な要素をともに評価する点が特徴的である。継次処理とは，刺激を１つずつ系列的・時間的順序で処理する様式である。継次処理によって扱われるある刺激は，その前後の刺激にのみ関係づけられて処理されるという特徴を持つ。ワーキングメモリーを含め記憶の要素の関与が大きいと想定されるが，DN-CASにおける継次処理の下位検査には系列情報の特定部分の抽出のみを求めるものが含まれるこ

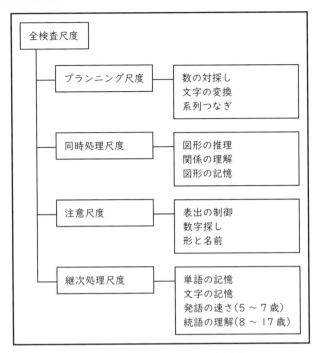

図 B-3-4　DN-CAS の尺度構成

とが特徴といえる。

　DN-CAS は，知能の PASS 理論に基づく唯一の検査であるとともに，小児を対象とした認知検査の中で，唯一プランニングと注意を測定していることが大きな特徴であるといえる。また，DN-CAS に含まれる下位検査では，適用年齢が学校就学前の子どもを含むこともあり，数字の順序がわかること，ひらがなやカタカナが読めることなどの背景知識は必要とするものの，その負荷はできるだけ少なくなるよう工夫されている。そのため，学習に遅れがある子どもでもその子の認知特性とその発達水準を評価可能である。

　DN-CAS は，プランニング尺度，同時処理尺度，注意尺度，継次処理尺度の 4 つの尺度（PASS 尺度）ならびに全検査尺度から構成される（図 B-3-4）。全検査尺度は 4 つの PASS 尺度を踏まえた総合的な指標である。PASS 尺度のプランニング，同時処理，注意，継次処理それぞれに 3 つずつの下位検査が含まれる。継次処理尺度の下位検査は 4 つあるが，受検者の年齢に応じて実施する下位検査が異なる（5 歳から 7 歳の子どもには「発語の速さ」，8 歳から 17 歳の子どもには「統語の理解」を実施する）。DN-CAS には，標準実施と簡易実施の 2 つの実施方法が用意されている。標準実施とは，PASS の各尺度で 3 つずつの下位検査すべてを実施する標準的な実施方法（所要時間約 60 〜 90 分）である。また，簡易実施では PASS 尺度ごとに 2 つずつの下位検査を実施する（所要時間約 40 分）方法であり，いずれの場合でも標準得点を得ることができる。簡易実施は標準実施よりも短時間で実施できるが，標準実施で検討できるいくつかのプロセスが検討できない，有意な差となる得点差が標準実施よりも大きな数値を要する等の制限があり，検査結果の信頼性を高めるためにも標準実施が勧められる。

　全検査・PASS 標準得点は，ウェクスラー式知能検査や KABC-II などと同様に，パーセンタイル順位と信頼区間（実施・採点マニュアルには 90％と 95％の信頼区間が示されているが，多くの場合は 90％信頼区間を用いる）とともに扱われ，標準得点の幅に応じた分類カテゴリ（非常に低い，平均より低い，平均の下，等）が付される。

　他の検査にみられない得点算出方法として，主にプランニングと注意の下位検査について，所要時間と正確さ得点（正答数や，正答数から誤答数を引いたもの）から算出される，比率得点が導入されていることが挙げられる。さらに DN-CAS に特徴的な分析方法として，標準得点については１回目と２回目の検査結果を比較し，時間経過による変化を検証することができる。時間経過による変化の検証は，得点が年齢に基づいて算出されること，検査内容に対する練習効果を避けることなどから，１年ないし２年の間隔をおいて行うことが望ましい。例として，脳炎後遺症による小児高次脳機能障害のある子どもを対象に DN-CAS を経年的に実施し，PASS プロフィールの推移の検討が報告されている（前川他，2017）。これらは DN-CAS の記録用紙にあるワークシートで分析が可能である。

　併せて，プランニングの下位検査では，得点算出とは別に，記録用紙にある方略評価チェックリストを用いて行う方略評価（子どもが用いた方略の観察と，子ども自身による方略の報告）の手続きが重視される。この手続きは，子どものプランニングの下位検査における評価点やプランニングの標準得点の高さあるいは低さが生じた理由を推測する一助となる。検査中の子どもの様子を観察することの重要性は DN-CAS に限らず，個別実施の検査全般にいえることであるが，とりわけプランニングの下位検査実施には，検査者は子どもの用いる方略を慎重に観察する必要がある。

　DN-CAS の結果は，基本的に知能の PASS 理論に従って解釈される。同時処理，継次処理という認知処理様式間のアンバランスに対しては，苦手な処理を得意な処理で補う，得意な処理があることに気づかせるという観点（長所活用型指導方略）が有用である。プランニングや注意は，これらが学習や生活の全般に関わっていることからも，得点の高低が能力の高低を示すとは限らないことに留意すべきである。その上で，苦手な処理を要する状況で方略を使用できることに気づかせるような環境調整，言語化のような自己制御を促すことはプランニングに対する支援の代表的なものである。課題に注意を焦点化させる，持続させるための自己制御と環境調整は，注意に対する支援の基本といえる。その他，事例による解釈の進め方の詳細は，前川ら（2017）を参照されたい。

　特定の発達障害集団で生じやすいとされる得点プロフィールはさまざまな検査に関する研究で報告されており，DN-CAS 及び知能の PASS 理論に関しては，特異的学習障害（LD/SLD）に代表される，読みや書きに困難がある子どもでは継次処理の標準得点の低さ（ダス，2014），注意欠如・多動症（ADHD）児ではプランニングと注意の標準得点の低さ，自閉スペクトラム症（ASD）児では注意の標準得点の低さ（Flanagan & Harrison, 2018）が，典型的なプロフィールパターンとして報告されている（図 B-3-5）。しかしながら，個々の子どもへの適用にあたっては，それぞれの子どものプロフィールは診断名には必ずしも対応しないことが多いといえ，PASS 尺度に含まれる下位検査の間でも評価点の高低の差が大きくなる可能性はあることからも，これらの典型的なプロフィールパターンはあくまで参考程度にとどめるべきである。

　また，解釈にあたっては個々の子どもの PASS 標準得点のプロフィールに相対的弱さ，あ

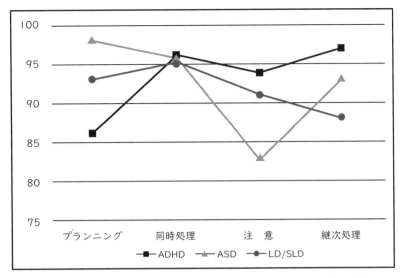

**図 B-3-5　注意欠如・多動症（ADHD），自閉スペクトラム症（ASD），
特異的学習障害（限局性学習症；LD/SLD）における典型的 PASS プロフィール**
（Naglieri（1999），Goldstein & Naglieri（2011）をもとに作成）

るいは認知的弱さが認められるのかを検証しておくことが重要となる。「相対的弱さ」とは，
PASS 尺度の標準得点の少なくとも 1 つがその子どもの 4 つの標準得点の平均を明らかに下
回っていることを指す。年齢集団における平均の 100 ではなく，子ども個人の 4 つの PASS
標準得点の平均と比べるという点で，「相対的」な強さ，あるいは弱さがあることは，その子
どもの認知面のアンバランスが大きいことを示していると考えることができる。この場合，
弱い面を強い面で補うことができるような指導や支援を考えるとともに，プランニングや注
意に関わる認知機能を状況に合わせてどのように使うか「気づかせる」関わりを考えること
になる。これに対して，「認知的弱さ」とは，ある標準得点が子どもの平均を明らかに下回っ
ているとともに，その得点が年齢集団の平均も下回っている場合を指す。この場合には，「気
づかせる」関わりとともに，積極的に「教える，伝える」関わりも必要とする状態であると
考えることができる。

　DN-CAS の結果解釈を含め，知能の PASS 理論に基づく子どもの指導，支援について，
ナグリエリとピカリング（Naglieri & Pickering, 2003, 2010）は子どもの特性に応じた読
み，書き，算数，問題解決の支援に関するヒント集（指導案）を示しており，それぞれの指
導案と PASS プロセスとの関連に基づき適切な指導案を参考にした指導支援を行うことが提
案されている。併せて彼らは PASS プロセスのどこに強さがあり，どこに弱さがあるのかを
DN-CAS を実施する以前に推定するための PASS 評定尺度（PASS Rating Scale：PRS）
も示し，指導支援を行う上での実態把握とともに，指導支援の前後での子どもの質的な変化
を確認するために用いることを提案している。

　なお，アメリカ・カナダ及びスペインでは DN-CAS の第 2 版である CAS2 が 2014 年か
ら利用可能となっている。CAS2 は初版の DN-CAS と基本構造を同じくする CAS2：Core/
Extended と，PASS の各尺度を 1 下位検査ずつ，合計 4 下位検査の実施で標準得点を算出
でき，検査者の専門性が相対的に低い検査者でも実施可能とされる CAS2：Brief，さらに上

述の PRS を拡充し, 標準得点を算出可能な CAS2 : Rating Scale から構成され, より多角的に子どもの認知機能の評価, 及び評価に基づく支援が可能な構成となっている。

B-3-7　適応行動の評価・発達障害特性の評価

1. 適応行動の評価

　近年, LD をはじめとする発達障害の特性評価の観点として, 従来の知的発達や認知機能の偏りや遅れという観点に加え, 生涯発達の観点に立った行動の評価の必要性が高まっている。この動きに対応してさまざまな領域, 観点に立った行動評定尺度が開発, 出版されるようになってきている。その中でも, 知的障害の教育的定義である米国知的・発達障害協会（American Association on Intellectual and Developmental Disabilities : AAIDD）による 2010 年に出版された第 11 版（Intellectual Disability : Definition, Diagnosis, Classification, and Systems of Supports, 11th Edition ／知的障害：定義, 分類および支援体系 第 11 版）にある知的障害の定義「知的機能と適応行動（概念的, 社会的及び実用的な適応スキルで表される）の双方の明らかな制約によって特徴づけられる能力障害である。この能力障害は, 18 歳までに生じる」や, DSM-5 における知的発達症の診断基準の重症度の考え方にも反映されているように, 適応行動の観点が重要視されるようになっている。

　国内では, 主に知的障害児者の適応行動評価のツールとして, S-M 社会生活能力検査が用いられてきた。現在は 2016 年に出版された第 3 版が利用可能となっている（上野他, 2016）。この検査は, 乳幼児から中学生までの子どもについて, 養育者, 保育者, 教師に全129 項目の質問に○と×で回答することを求める。質問は 6 つの社会生活能力領域《①身辺自立：SH (Self-Help) …衣服の着脱, 食事, 排せつなどの身辺自立に関する能力, ②移動：L (Locomotion) …自分の行きたいところへ移動するための能力, ③作業：O (Occupation) …道具の扱いなどの作業遂行に関する能力, ④コミュニケーション：C (Communication) …ことばや文字などによるコミュニケーション能力, ⑤集団参加：S (Socialization) …社会生活への参加の具合を示す能力, ⑥自己統制：SD (Self-Direction) …わがままを抑え, 自己の行動を責任を持って目的に方向づける能力》に分けられ, 領域ごと及び全体で得点を算出し, 領域ごとと全検査の社会生活年齢（Social Age : SA）と社会生活指数（Social Quotient : SQ）を算出することができる。

　同様の適応行動評価の検査として, ASA 旭出式社会適応スキル検査（肥田野, 2012）は, 幼児から高校生までを適用年齢とし, 保護者やきょうだい, 教師への全 192 項目の質問に回答を求める。質問は全検査スキルと 4 つのスキル（①言語スキル…指示を理解する, 聞く, 口頭で質問する, 経験したことを話す, 拒否や要求を表す, 自分について話す, 質問に答える, 読む, 書く；②日常生活スキル…身だしなみ, 健康管理, 家の掃除や片付け, 食事の準備と片付け, 衣類の手入れ；③社会生活スキル…家の中で安全に過ごす, 電話・ファックス・メールの使用, 外での安全への対応, お金の理解と管理, 時間の理解と管理, 困難な状況での対応, 情報の収集, 学校での集団参加のスキル, 環境の変化への適応；④対人関係スキル…他人への関心と共感, 会話・コミュニケーション, 交友関係, 協力的な関係, きまりを守る, 集団遊びのルールを守る, 礼儀, 他人への気遣い, 感情や行動のコントロール）

表 B-3-7　Vineland-II の領域構成

	領域	下位領域
適応行動	コミュニケーション	受容言語 表出言語 読み書き（※ 3 歳〜）
	日常生活スキル	身辺自立 家事（※ 1 歳〜） 地域生活（※ 1 歳〜）
	社会性	対人関係 遊びと余暇 コーピングスキル（※ 1 歳〜）
	運動スキル （※ 0 〜 6 歳，50 歳〜）	粗大運動 微細運動
不適応行動	不適応行動指標 （※ 3 歳〜）	内在化問題 外在化問題 その他
	（※オプション）	不適応行動重要指標

について，同年齢集団におけるレベルを 7 段階で評定するとともに相当年齢を算出できる。これらの全検査スキルや 4 つのスキルの評定は基本版プロフィールと呼ばれ，これに遅れが認められた場合，さらに臨床版プロフィールを用いて，32 の下位領域における個人内差を把握することができる。

　加えて，2014 年から適応行動の世界的標準尺度とされる，Vineland 適応行動尺度が国内でも利用可能となっている。2014 年に日本版 Vineland-II 適応行動尺度（以下，日本版 Vineland-II）として出版された同検査は，2005 年のオリジナル版を日本の規準として再標準化したものである（辻井・村上，2014）。米国においては 2016 年に第 3 版（Vineland-3）が出版されている。適用年齢は 0 〜 92 歳である。前述の 2 つの検査が質問項目への回答を求める質問紙形式であるのに対し，日本版 Vineland-II は面接調査フォームを用いて評価対象者をよく知る保護者や近親者に対し検査者が半構造化面接として実施されることが特徴的である。このことで回答者からより正確で詳細な情報を引き出せる利点がある。

　日本版 Vineland-II の構造を表 B-3-7 に示す。下位領域に含まれる質問項目への回答は，2，1，0 の 3 段階で評定される。質問対象である行動が習慣的に見られる場合は 2，行動が時々見られる，または促しによって起こる場合は 1，行動がめったに見られず不十分である，または見られない場合は 0 として，採点基準に沿った判断が可能である。

　なお，これらの評定に加えて評価対象者に当てはまらない項目と判断される場合は N/O（No Opportunity），回答者がその項目に回答できないと答えた際は DK（Don't Know）と記載される。下位領域に 3 つ以上の DK があった場合，標準スコア換算はできず，結果的にすべての標準スコアが得られないことになる。適応行動について，標準スコアは全体で適応行動得点（Composite Score）として，平均 100，1 標準偏差 15 の標準得点として算出できる。コミュニケーション，日常生活スキル，社会性，運動スキルの各領域についても同様に領域標準得点が算出される。各下位領域については平均 15，1 標準偏差 3 の v 評価点が

得られる。不適応行動についても v 評価点が得られるとともに，該当する項目があれば不適応行動重要事項として行動の頻度と強度が評定可能である。日本版 Vineland-II は障害を問わず個々の適応行動のレベルを評定できるものであるが，欧米では知的発達に遅れがない場合を含め，ASD の適応行動の状態把握のツールとして広く利用されている。このことを踏まえ，対象者本人への包括的支援のためのアセスメントツールの中でも，適応行動を広く評価できるものとしての活用が期待される。

2. 発達障害特性の評価

　LD 及び ADHD，ASD といった発達障害の特性評価は，それぞれの定義においても中枢神経系の機能への言及がなされて，神経生物学的な特徴の解明のための研究も進展してきてはいるが，行動面の評定から評価せざるをえない。一方で，特性評価に利用できる尺度は複数開発されてきている。これらは大別すると DSM-5 に代表される診断基準に含まれる行動や状態が子どもに存在するか，したかについて保護者や教師の評定を求めるものと，発達障害に特徴的な特性について重点を置いた評定を求めるものに分けられる。前者は主に専門の医師による診断の一助という位置づけが強く，後者は診断の有無にかかわらず，その子どもにある特性がどの程度強く見られるかをより詳しく知るという位置づけと考えることができる。なお，後者には言語・コミュニケーション，読み書き能力，感覚特性の評価等が含まれるが，これらについては別項を参照されたい。併せて，ASD 等でみられる感覚の感受特異性の評価には SP 感覚プロファイル等が用いられるが，これらについては別項を参照されたい。

1）LD の評価

　教育的な LD の定義に沿って LD の疑いがある子どもの学習状態を知るために使用できる評価尺度に LDI-R（Learning Disabilities Inventory-Revised）がある（上野他，2008）。LDI-R に関しては 2005 年に小学生を対象とした初版 LDI が出版され，その後 2008 年に中学生まで対象を拡げた LDI-R が出版された。LDI-R では基礎的学力の領域として，小学生は 8 領域（聞く，話す，読む，書く，計算する，推論する及び行動，社会性），中学生はこれらに 2 領域（英語，数学）を加えた 10 領域からなる質問について，対象となる子どもの学習状態を知る教師や指導者に「ない」「まれにある」「ときどきある」「よくある」の 4 件法で回答を求める。領域ごとに粗点が合計され，パーセンタイル順位に基づく 3 段階のパーセンタイル段階（PL）が得られる。PL1 は 50 パーセンタイル未満で「つまずきなし」，PL2 は 50 パーセンタイル以上 75 パーセンタイル未満で「つまずきの疑い」，PL3 は 75 パーセンタイル以上で「つまずきあり」と評定される。各領域のパーセンタイル段階のプロフィールについて，行動，社会性以外の学習領域の結果において個人内差が大きい場合に「LD の可能性が高い」A 型，B 型，個人内差はあるもののそれほど大きくない「LD の可能性はある」C 型，D 型，E 型，及び「LD の可能性は低い」F 型，G 型の判定が可能である。実施時間が 20 〜 40 分と比較的簡便に実施できる。

2）ADHD の評価

　ADHD の特性評価のうち，教育現場でも比較的簡便に利用でき，医療機関でもよく用いられているものに ADHD 評価スケール（ADHD Rating Scale：ADHD-RS）が挙げられる。

ADHD-RS は，原版がデュポール（DuPaul, G.J.）らによって 1998 年に出版されたものの日本版として 2008 年に出版されたものであり，5 〜 18 歳を対象年齢として保護者に回答を求める家庭版と，保育士や教師に回答を求める学校版がある（DuPaul et al., 1998）。それぞれの質問項目は DSM-IV の質問項目に準拠し，不注意に関する 9 項目と多動性・衝動性に関する 9 項目を交互に配置した 18 項目について，過去 6 カ月における様子について「ないもしくはほとんどない」「ときどきある」「しばしばある」「非常にしばしばある」の 4 件法で回答を求める。日本版については 2016 年に標準値のスコアリングシートが利用可能となっている。比較的簡便に実施できることから，医療機関や教育機関，相談機関において初期段階の実態把握に用いられることが多いとともに，医療機関においては診断後の治療的介入の効果判定にも用いられることが多い。

　また，世界的に広く知られ，利用されている尺度の日本版として，Conners3 日本語版（田中，2011）が挙げられる。Conners3 は，ADHD をはじめとする小児期の問題において第一人者といえるコナーズ（Conners, C.K.）によって開発され，日本語版は 2011 年に作成された。現在は，この間の DSM-IV から DSM-5 の改訂に合わせ，2017 年に出版された DSM-5 対応版が用いられている。Conners3 は，ADHD の他に，抑うつ，不安，攻撃性，学習上の問題，友人関係の問題などが存在する可能性も判断できるように構成されており，家庭，社会，学校環境における 6 〜 18 歳の子ども及び青年を包括的に評価するために，臨床診断や教育上の適格認定，介入計画の作成や観察，調査研究，スクリーニングにおいて重要な役割を果たす。得られた回答結果を解釈するためには粗点を標準得点に変換する必要があるが，Conners3 では T スコアやパーセンタイルに変換することで各スコアの比較が可能となる。T スコアの平均は 50，1 標準偏差が 10 の標準得点である。平均値から ±1 標準偏差内（40 〜 59）は平均範囲内とされ，T スコアが 1 標準偏差以上（60 ≦）になると，通常は臨床的に有意と解釈される。

　ADHD のある成人を対象とした評定尺度も利用可能となっており，代表的なものに CAARS（Conners' Adult ADHD Rating Scale：コナーズ成人 ADHD 評価スケール）（中村他，2012a）や，CAADID（Conners' Adult ADHD Diagnostic Interview For DSM-IV）（中村他，2012b）がある。これらの評定尺度に含まれる項目はその多くが DSM-5 やその前版である DSM-IV，及びこのテキスト改訂版の DSM-IV-TR にある ADHD の診断基準に基づいている。それぞれの評定尺度においては，全体的な得点だけでなく，どのような項目にどのような評価がなされているか確認することも，本人の状態を知るための手がかりとなりうる。

3）ASD の評価

　ASD の診断，評価に世界的に用いられているツールとして，自閉症診断観察検査第 2 版（Autism Diagnostic Observation Schedule-Second Edition：ADOS-2）（黒田・稲田，2015）及び ADOS-2 と並んで ASD の診断評価に補助的に用いられるツールに，自閉症診断面接改訂版（Autism Diagnostic Interview-Revised：ADI-R）（土屋他，2012）がある。ADOS-2 は生後 12 カ月から成人までを対象とした半構造化面接を通した行動観察検査である。ADI-R は 2 歳以上の対象者の養育者に対して，ASD の診断に至る情報を得るための質問を行い，評定を行う評価尺度である。これらはいずれも，主に専門の医療機関，研究機関

で使用されることから，ここでは詳細を割愛するが，研究実施の際には使用することが推奨される。

国内で独自に尺度開発された ASD の評価ツールとして，親面接式自閉スペクトラム症評定尺度テキスト改訂版（Parent-Interview Autism Spectrum Disorder Rating Scale-Text Revision：PARS-TR）がある（発達障害のための評価研究会，2018）。3 歳以上の対象者の保護者に対して半構造化面接を行い，就学前と小学生及び中学生以上のそれぞれの現在の評定とともに，就学前時点の発達・行動特徴を幼児期尺度により評定する幼児期ピーク評定を行うことができる。この 2 つの評定を通して診断補助情報としての就学前の状態と，現時点の適応状態と支援に関わる情報を得ることができるようになっている。

また，知的発達の遅れのない ASD 児者を想定し比較的簡便に評定が行える質問紙として，自閉スペクトラム指数（Autism Quotient：AQ）も広く利用されている（若林，2016）。AQ は 16 歳以上を対象とした自己記入式の成人用と，6 歳から 15 歳を対象に保護者評定による児童用がある。いずれも ASD の行動特性，認知特性に関連する 50 項目の質問項目から構成され，各質問には「確かに違う」「少し違う」「少しそうだ」「確かにそうだ」の 4 件法で回答を求める。採点時には「そうだ」と「違う」の 2 段階として集計され，特徴があれば 1 点，なければ 0 点で AQ 得点が得られる。得点が高いほど ASD の程度が強いと考えられ，カットオフポイントが用意されている。10 問ずつ，5 つの下位尺度（「社会的スキル」「注意の切り替え」「細部への関心」「コミュニケーション」「想像力」）ごとに得点を算出することも可能である。

近年では ASD の特性をより詳細に評価しようとする尺度もいくつか開発されてきている。代表的なものに，対人応答性尺度第 2 版（Social Responsiveness Scale, Second Edition：SRS-2）が挙げられる。SRS-2 は，コンスタンティーノ（Constantino, J.N.）とグルーバー（Gruber, C.P.）により 2005 年に初版，2013 年に改訂版が出版された。SRS-2 の日本版として 2017 年に出版されている（神尾，2017）。2 歳半から成人までの対象について，対象をよく知る人による他者評定により ASD 特性における社会性の障害の重症度を評定することができる。対象の年齢によって幼児版（2 歳半～ 4 歳半），児童版（4 ～ 18 歳）及び成人版（他者評定用，19 歳以上）があり，オプションとして自己評定用の成人版もある。65 項目からなる質問に対して 4 件法で回答を求める。全体の結果である総合得点と，治療下位尺度と呼ばれる 5 つの下位尺度（社会的気づき，社会的認知，社会的コミュニケーション，社会的動機づけ，興味の限局と反復行動）のそれぞれで T 得点を算出できる。現在，日本版として標準得点である T 得点を算出できるのは幼児版，児童版である。

4）テストバッテリーとしての活用

LD 等の発達障害に関する研究の進歩や理解の進展，さらには CHC 理論や PASS 理論のような知能や認知機能の評価の背景理論の検証とこれに基づく検査ツールの開発や，診断だけでなく支援にも資するような適応行動や障害特性の評価尺度の開発等により，アセスメントの分野は日進月歩で動向が変化している。その中で，対象者のニーズに合った検査ツールの選定に携わる場合，すでにある対象者に関するアセスメント結果を踏まえた支援に携わる場合等，さまざまな状況で諸検査や尺度に触れる機会が想定される。LD 等の発達障害や知的障害の定義を踏まえると，第一選択肢となり得るのはウェクスラー式知能検査に代表される

知的発達の評価と，Vineland-II に代表される適応行動の評価であろう。その上で KABC-II や DN-CAS といった認知機能評価の検査ツールの選定が，認知発達の偏りや強さ，弱さといった認知特性を踏まえた指導支援の立案に資するところが大きいといえる。このような目的に合わせた検査ツールの組み合わせによるテストバッテリーの観点は，表面的な学習や行動面の困難からはその背景となる特性がわかりにくい LD 等発達障害の理解と支援には重要といえる。また，LDI-R や ADHD-RS，PARS や AQ といった発達障害特性の評価は，これらに先んじたプライマリーなアセスメントとして使用されることも想定される一方，上記の個別実施検査と並行して対象者周辺からの情報収集として活用することも考えられる。フラナガンとハリソンにおいては，知的機能や認知機能を中心としたアセスメントと学力や関連要因のアセスメントを組み合わせたテストバッテリーをいくつか例示している（Flanagan & Harrison, 2018）。たとえばフラナガンらによるクロスバッテリーアセスメント（Cross-Battery Assessment : XBA）では，CHC 理論に基づく認知機能や神経心理学的プロセス，そして学業スキルの総合的な評価方法として複数の個別実施の知能検査，認知検査の結果を組み合わせることが推奨されている（Flanagan & Harrison, 2018）（本章前節参照）。

〔引用文献〕

米国知的・発達障害協会用語・分類特別委員会（編），太田俊己，金子　健，原　仁（共訳）（2012）：知的障害―定義，分類および支援体系 第 11 版―. 日本発達障害福祉連盟.

J・P・ダス（著），前川久男，中山　健，岡崎慎治（訳）（2014）：読みに困難がある子どもの理解と指導―知能の PASS 理論と DN-CAS から―. 日本文化科学社.

Das, J.P., Naglieri, J.A. & Kirby, J.R.（1994）：Assessment of cognitive process. Allyn and Bacon, Massachusetts.

DuPaul, G.J., Power, T.J., Anastopoulos, A.D. et al.（1998）：ADHD Rating Scale-IV : Checklists, norms, and clinical interpretation. The Guilford Press, New York. 市川宏伸，田中康雄（監修）（2008）：診断・対応のための ADHD 評価スケール ADHD-RS【DSM 準拠】チェックリスト―基準値とその臨床的解釈―. 明石書店.

Flanagan, D.P. & Harrison, P.L.（Eds.）（2018）：Contemporary intellectual assessment : Theories, tests, and issues. 3rd Ed. Guilford Press.

Goldstein, S. & Naglieri, J.A.（2011）：Neurocognitive and behavioral characteristics of children with ADHD and Autism : New data and new strategies. The ADHD Report 19 (4), 10-12.

肥田野直（監修），旭出学園教育研究所（著）（2012）：ASA 旭出式社会適応スキル検査. 日本文化科学社.

一般社団法人発達障害のための評価研究会（2018）：PARS-TR 検査用冊子. 金子書房.

神尾陽子（日本版作成）（2017）：日本版 SRS-2 対人応答性尺度マニュアル. 日本文化科学社.

黒田美保，稲田尚子（監訳）（2015）：ADOS-2 日本語版マニュアル. 金子書房.

前川久男，中山　健，岡崎慎治（2007）日本版 DN-CAS 認知評価システム―理論と解釈のためのハンドブック―. 日本文化科学社.

前川久男，中山　健，岡崎慎治（編）（2017）日本版 DN-CAS の解釈と事例. 日本文化科学社.

Naglieri, J.A.（1999）：Essentials of CAS Assessment. John Wiley & Sons, New Jersey. 前川久男，中山　健，岡崎慎治（訳）（2010）：エッセンシャルズ DN-CAS による心理アセスメント. 日本文化科学社.

Naglieri, J.A. & Pickering, E.B.（2003, 2010）：Helping children learn : Intervention handouts for use in school and at home. Paul H. Publishing, Brookes. 前川久男，中山　健，岡崎慎治（訳）（2010）：DN-CAS による子どもの学習支援― PASS 理論を指導に活かす 49 のアイデア

　一．日本文化科学社．

中村和彦（監修），染木史緒，大西将史（監訳）（2012a）：CAARS 日本語版マニュアル．金子書房．

中村和彦（監修），染木史緒，大西将史（監訳）（2012b）：CAADID 日本語版．金子書房．

下山晴彦（編集主幹），伊藤絵美，黒田美保，鈴木伸一他（編集）（2019）：公認心理師技法ガイド―臨床の場で役立つ実践のすべて―．文光堂．

田中康雄（監訳）（2011）：Conners 3 日本語版マニュアル．金子書房．

土屋賢治，黒田美保，稲田尚子（監修）（2012）：ADI-R 日本語版マニュアル．金子書房．

辻井正次，村上　隆（日本版監修）（2014）：日本版 Vineland-II 適応行動尺度マニュアル．日本文化科学社．

上野一彦，名越斉子，旭出学園教育研究所（編）（2016）：S-M 社会生活能力検査．第 3 版．日本文化科学社．

上野一彦，董　倫子，海津亜希子（2008）：LD 判断のための調査用紙（LDI-R）手引．日本文化科学社．

若林明雄（日本語版構成）（2016）：AQ 日本語版 自閉症スペクトラム指数児童用．三京房．

B-4
学力のアセスメント

【概要】.....................アセスメントのひとつの柱である学力の実態把握の方法についてその概要を説明する。LD 等の判断だけでなく，心理アセスメントによる認知特性あるいは発達特性から，学習に関する支援のプログラムを立案するためにも必要な学力の実態を明らかにする。LD-SKAIP や LDI-R, KABC-II の習得尺度等についても説明を行う。

【キーワード】...........学力のつまずき（読み書き，算数・数学）／学力検査／ LD-SKAIP, LDI-R ／ KABC-II（習得尺度）／ RTI モデル

【到達目標と評価】.....①「発達障害：学習障害（LD/SLD），注意欠如・多動症（ADHD），自閉スペクトラム症（ASD），発達性協調運動症（DCD）等」のある子どもに見られる学力のつまずきの特徴について説明できる。
②学校でできるアセスメント（LD-SKAIP，チェックリスト等）と RTI について説明できる。
③基礎的な学力（聞く，話す，読む，書く，計算する）のアセスメントのポイント，ICT の利用の可能性について説明できる。
④学力のアセスメントを行う際の留意点について説明できる。

B-4-1　学力の定義と構成要素

1. 学力の概念と定義

　学力とは「学問の力量」「学習によって得られた能力」「学業成績として表される能力」「学校の教科などで得た知識，技能」などと一般的に規定される概念である。しかし，学術的に何をもって学力とするか，統一された定義があるわけではない。学校教育法が 2008（平成 19）年に改正された際，教育の目標・義務教育の目標が定められるとともに，「知識・技能」「思考力・判断力・表現力」「学習意欲」という学力の 3 つの要素が示された（学校教育法 30 条 2 項）。つまり，学力を広義に解釈すると，学習によって得られた知識や技能に加え，これらを活用して課題を解決するために必要な思考力・判断力・表現力，及び主体的に学習に取り組む態度も含まれる広い概念であるといえる。ここでは，学力の「知識・技能」としての側面を捉え，学力に含まれる知識と技能やその背景にある認知機能などを整理し，それらのアセスメントについて解説する。

2. 学力の構成要素と影響する要因

　数多くの研究において，学習障害では，読字，書字，計算などの学習を行う際に活用する基礎スキルである学業的技能の成績低下がみられ，聴覚や視覚の情報処理や記憶，言語能力，語彙，協調運動，推論などさまざまな神経心理学的過程や認知機能の弱さが要因となること

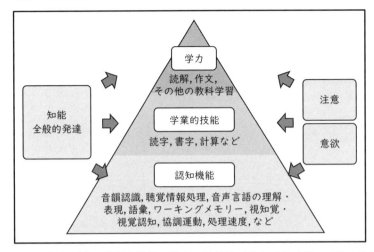

図 B-4-1　認知機能，学業的技能，学力の関係性（若宮（2016）p.55 を改変）

が示されている。個に合わせた適切な支援を行うためには，それらの認知機能のどの領域にどの程度の弱さがあるのか把握する必要がある。認知機能，学業的技能，学力の関係性についてまとめた概念図（若宮，2016）を図 B-4-1 に示す。学業的技能と認知機能が学力の基礎になっており，知能・全般的発達が学力，学業的技能，認知機能に影響する。同じく，注意や意欲も学力，学業的技能，認知機能に影響する。子どもの学習のつまずきがどの領域のどの段階でみられるのかを把握することが支援法を検討する際に重要な基礎情報となる。

B-4-2　発達障害と学力のつまずき

1.　発達障害の学力のつまずきと基本的な状態

1）LD（学習障害）

　LD は，DSM-5 では限局性学習症（Specific Learning Disability：SLD），ICD-11 では発達性学習症（Developmental Learning Disorder）と表記される。LD に関して，文部科学省，DSM-5，ICD-11 などいくつかの定義があるが，感覚や運動の障害，学習環境や教育環境が要因ではなく，生物学的な原因により学業的技能の習得と使用が阻害されるといえる状態と定義づけられている点で共通している。脳の機能障害によって生じると考えられ，学習に関わる認知機能の弱さに伴い学業的技能そのものに問題がみられ，その結果として学力に低下を認める（上野他，2001）。文部科学省の LD の定義では，LD に関係する学業的技能として「聞く」「話す」「読む」「書く」「計算する」「推論する」の 6 つの能力が示されている。LD は単なる学業不振の状態を示すものではなく，特異的な学業的技能の困難を基本とすることに留意する必要がある。つまり，学習に必要な技能の本質的な問題を伴うものであり，その状態に応じた支援が必要となる。

2) ADHD（注意欠如・多動症）

　ADHD は，行動や感情の統制を司る脳の機能不全があると考えられており，不注意，多動，衝動性を基本症状とする。図 B-4-1 に示されているように，注意はさまざまな認知活動の基盤である。ADHD により情報に注意を向ける機能や集中して課題に取り組む力が弱いと，学習に関わるすべてのプロセスに影響する。学業的技能をうまく実行することが難しく，持っている学業的技能に比べて実際の学習場面でのパフォーマンスが低くなるのが ADHD にみられる学習のつまずきの特徴である。具体的には，不注意と関連して「先生の指示や説明を聞き逃す」「今必要な内容とは関係ない別のことを考えてしまう」「単純な間違いが多い」，多動・衝動性と関連して「早くやらないと気が済まない」「同じことを繰り返すのが嫌」「見直しができない」などの特徴がみられる。その結果として，ADHD では学力低下の頻度が高く（Efron et al., 2014），青年期・成人期までその影響が残る場合が多い。さらに，「じっくり考える活動が苦手」「計画的に物事に取り組むことが苦手」といった特徴から，筆算，読解や作文など連続した思考や情報の統合が必要な課題ではつまずきが出やすい。ADHD の学習面のつまずきの要因のひとつとしてワーキングメモリーの弱さが指摘されている（Kasper et al., 2012）。また，ADHD には LD が合併することも多く，学習に関わるさまざまな段階，領域で問題が出るケースもあり，アセスメントに基づく適切な支援が必要となる。

3) ASD（自閉スペクトラム症）

　ASD は，社会性やコミュニケーションに困難があり，常同的な行動やこだわり，興味の偏りを基本症状とする。このような基本的な行動特性が学習に影響し，「失敗を過度に恐れて先に進めない」「間違いを受け入れられない」「自分の想定外の問題があると気持ちが整理できない」「見通しが持てないと落ち着かない」「指示や指導に従おうとせず，自分なりのやり方に固執してしまう」「感覚刺激に対する過敏さまたは鈍感さがみられることが多く，学習に必要な情報の取り込みがうまくいかない」「新しい単元に進んだ際，新しいやり方や初めての教具の操作に慣れるまでに時間がかかる」「学習内容によって興味の偏りが大きい」などの特徴がみられる。また，特有の認知特性により，「文脈や他者の視点を理解することが難しく，物語文の読み取りが苦手」「意味情報の処理や統合が弱いことから，漢字学習でつまずきがある（漢字書字において同音異義語を書いてしまう，など）」「テーマや書くべき内容が明示されていない，または抽象的な作文やレポートを書くのが苦手」などの特徴がみられる場合もある。その結果として，学力の低下がみられるケースもある。ASD では知的能力から予想される学力と実際の学力の乖離が大きく，予想より高い学力を示す者と予想より低い学力を示す者が存在する（Estes et al., 2011）。

4) 知的障害（知的発達症）

　図 B-4-1 で示されているとおり，知能や全般的発達は認知機能，学業的技能，学力のすべての要素と関連している。知的障害がある子どもでは，認知機能，学習技能の習得や活用に加え，学力全般に成績低下がみられ，対人関係や学習以外の学校での活動や生活面でもつまずきが出ていることが多い。長期的に経過をみていくと，LD の状態の子どもの知能指数が低下し，ボーダーラインまたは軽度知的障害の範疇に入るケースがある。学習に関する困難さの本質的な要因が知能や全般的発達の段階によるものなのか，特異的な学習技能の弱さ

によるものなのかを明確にし，適切な支援を行う必要がある。また，全般的な知的水準に低下がなくても，知能に含まれる要素的な能力間の差が大きい場合は，さまざまなつまずきが出やすくなることに留意する必要がある。

5) DCD（発達性協調運動症）

発達性協調運動症は，粗大運動，微細運動が年齢に応じて期待されるものより明らかに劣っている，いわゆる不器用な状態である。教科学習をする上で，どの年齢においても書くことを求められるが，手先の巧緻性の問題は書字の苦手さに影響する（Noda et al., 2013）。また，姿勢を保つことの弱さから長時間にわたり学習姿勢を保つことが難しい子どもも多い。学習に問題がみられる場合には，運動発達に関しても確認する必要がある（A-4-2「4. 発達性協調運動症」を参照）。

2. 学力のつまずきの背景にある学業的技能の問題

1）聞く・話す

聞く・話すの基礎になるのは言語の能力であり，学習を行う上で重要な役割を果たしている（Conti-Ramsden et al., 2009）。聞く力の弱さからは，「口頭での指示がわからない」「授業中や会話での聞き返しが多い」「内容をまとめてうまく話せない」「言いたい内容とは違う単語を使う」などの特徴がみられる。言語の発達には，聴力，音韻，語彙，統語，語用などのさまざまな要素が関わっており，これらの言語発達を理解し，必要に応じて専門的なアセスメントを行っていく必要がある（Ⅱ巻 C-2「『聞く・話す』の指導」を参照）。

2）読む

読む活動を行う際には，頭の中では読みに関するさまざまな認知活動が行われる。その処理は，文字の形態的な視覚情報を目から正確に取り込むことから始まり，文字レベル，単語レベルの文字情報の音や意味への変換，文や文章の意味理解へと移行していく。視機能の問題や感覚の問題によって，文字の視覚情報の取り込みがうまくできず，読みがスムーズに行えないことがある。読みに問題がある場合，視力や視機能の問題（奥村・若宮，2010）やアーレンシンドローム（Irlen, 2013）などの感覚的な問題についても確認しておく必要がある。

文字または単語の形態的な情報を音に変換する読みのプロセスをデコーディングという。このデコーディングは読みの基本的なプロセスであり，文や文章の意味を読んで理解するという最終目標を達成するための支えとなる。読みの問題の中核であると考えられているディスレクシアは，このデコーディングの障害が主な原因である（葛西他，2006；松尾他，2010）。デコーディングの処理を説明する代表的な認知モデルとして「二重経路モデル」（Coltheart et al., 1993）がある。このモデルでは，「非語彙経路」：文字を規則に基づいて音韻に変換する経路と「語彙経路」：心的辞書（mental lexicon）を用いて単語をひとまとまりとして変換する経路があると考えられている。日本語の表記は，表音文字としてのひらがな・カタカナと表象文字の側面も持つ漢字が混在している。表音文字であるひらがな・カタカナは主に非語彙経路で処理され，表象文字である漢字は，主に意味を処理する語彙経路で処理されると考えられている。語彙経路では，アクセスされる心的辞書の状態が読みの速度

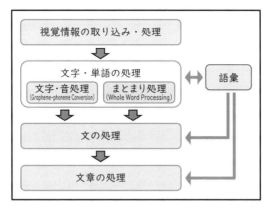

図 B-4-2　読みの情報処理過程（川﨑他（2019）を簡略化・改変）

や正確性に影響する。つまり，知っていることばの量や質が乏しければ，語彙経路での処理がうまくできず，読みが遅く，読み間違いが多くなると考えられる（Beck et al., 1982）。一方で，非語彙経路の処理には音韻認識が影響する（Kobayashi et al., 2005）。デコーディングには，呼称速度（金子他，2012）や視覚的注意スパン（関口・吉田，2012），視覚認知（後藤他，2010）が関連することも指摘されている。

　文や文章を読む段階の情報処理としては，意味の処理が行われた単語の情報と文法的な知識などを使って文レベルの処理を行い，言語や文脈理解といった最終的な文章レベルの処理へと進んでいく。この文章の処理レベルでは，文の意味をつなぎ合わせて処理するだけではなく，文章内に示されていないことについて推論を使って理解する処理も行われる（Yuill & Oakhill, 1991）。そのためには，一般的な知識や文章のテーマとなっている領域の知識が必要である（Kintsch & van Dijk, 1978；高橋，1996）。また，内容によっては心の理論（他者の感情や欲求など心の状態を推測すること）なども文章を理解するために活用される（子安・西垣，2005）。さらに，よりよく理解するために「あらかじめタイトルから内容を予想する」「目次や見出しに目を通して重要なポイントや自分が知りたいポイントを考える」「読んでいる際に重要な用語や文に線を引く」「わからなくなったら重要な文を見直す」など，読む文章の馴染みの深さや構造，目的に応じた方略や知識を使って私たちは読解を行う。これは読解におけるメタ認知的知識と呼ばれるものであり，文章の理解には非常に重要な要素となる（秋田，2008）。

　読解をゴールとした読みのプロセスは，この文字・単語，文・文章レベルでの処理が並行して進行する過程と考えられ，さらに語彙及び特定の知識を必要とする内容の文章であれば内容に関連する知識が影響する（高橋，1996）。二重経路モデルと文字・単語，文・文章への処理の流れを併せた新たな読みのモデルを図 B-4-2 に示す（川﨑他，2019）。読むことに苦手さがある場合，このような読みのプロセスがあることを理解した上で，子どもの状態に合わせたアセスメントや根拠に基づいた支援が重要である（Ⅱ巻 C-3「『読む・書く』の指導」を参照）。

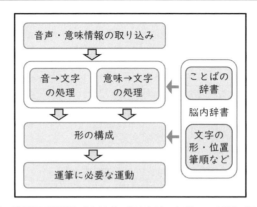

図 B-4-3　単語聴写の情報処理過程（小池他（2004）や岩田・河村（2007）を参考に作成）

3）書く

　読みのプロセスと同様に，書きのプロセスにおいても音から文字に変換して処理を行う音韻の経路と，音から意味処理を介して文字列に変換する語彙を活用した経路が存在する。それらの処理に続いて，文字の形を想起するプロセスや運筆に必要な手や指の運動をプログラムするプロセスが続く（岩田・河村，2007；小池他，2003）。これらの書きに関する情報処理のプロセスについて，単語聴写に限定した情報処理モデルを図 B-4-3 に示す。また，書きのプロセスには，ADHD の注意の問題も関連していることも指摘されている（Noda et al., 2013）。書くことに苦手さがある場合，このような書きのプロセスがあることを理解した上で，子どもの状態に合わせたアセスメントや根拠に基づいた支援が重要である（Ⅱ巻 C-3「『読む・書く』の指導」を参照）。

　DSM-5 では，限局性学習症の状態像の中に「算数の障害を伴う」（with impairment in mathematics）が設けられ，さらに，その診断項目として，以下の4項目が設定されている。

　　①ナンバーセンス（number sense）
　　②数学的事実の記憶（memorization of arithmetic fact）
　　③計算（筆算）の正確性や流暢さ（accurate or fluent calculation）
　　④数学的推論の正確さ（accurate math reasoning）

　文部科学省の教育的定義では，算数障害を「知的発達に遅れはないが，計算する・推論する能力の習得と使用において著しい困難を示す状態」としており，DSM-5 の定義のうち，前述の①～③は「計算する」に，④数学的推論の正確さが「推論する」に対応すると考えられる。

4）計算する

（1）ナンバーセンス（number sense）

　DSM-5 では，算数の障害を伴う限局性学習症の診断基準の一例として「数字，その大小，及び関係の理解に乏しい」を挙げている。ナンバーセンスは計算の基礎となる数概念につな

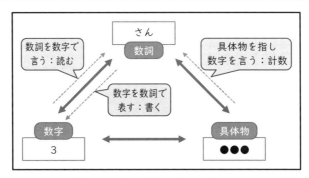

図 B-4-4　数の三項関係（熊谷（2018）図 2-1 を改変）

がる能力である。数概念には，序数性と基数性が含まれる。序数性とは，数が順序を表すという性質（例：3 つ目，「2」の次は「3」，「11」の前は「10」など）であり，基数性とは，数の量的な性質（例：5 個，「8」は「2」の 4 倍など）である。また，DSM-5 には明記されていないが数概念とともに数処理も計算の基礎となる。数処理とは，以下の 3 つの要素の対応関係「数の三項関係」を理解することである（図 B-4-4：熊谷，2018）。

　　a．数詞：「さん」数える・数字を読むときのことば（聴覚的・言語的シンボル）
　　b．数字：「3」書かれた記号（視覚的・言語的シンボル）
　　c．数量：「●●●」「■」具体的な数や量（具体物：空間にあり視覚的で操作可能なもの）

（2）数学的事実の記憶（memorization of arithmetic fact）

　数学的事実は，「3 + 5 = 8」といった，式と答えのセットである。これらが暗算でできることが重要で，DSM-5 では算数の障害を伴う限局性学習症の診断基準の一例として「1 位数の加法を行うのに同級生がやるように暗算ではなく指を折って数える」を挙げている。はじめは数えたり，指を見たりしながら計算する（具体物操作段階）が，基本的な数の関係である数学的事実を理解でき，式と答えの組み合わせは長期記憶に格納される（数を頭の中で操作する段階）。さらに，繰り返し学習するうちに，即時に記憶から引き出して解答する段階（計算の自動化の段階）にまで習熟していく（Ashcraft，1982）。

（3）計算（筆算）の正確性や流暢さ（accurate or fluent calculation）

　ここで示されている計算は，主に 20 を超える数のたし算・ひき算や九九の範囲を超えるかけ算・わり算であり，筆算を使って計算を行うことを想定している。計算（筆算）の正確性や流暢さについて，DSM-5 では算数の障害を伴う限局性学習症の診断基準の一例として「計算手続きの遂行の最中で迷ってしまい，手続きを誤ってしまう」を挙げている。たとえば，「桁が多い数のたし算やひき算において，繰り上がり・繰り下がりを間違える」「桁が多い数のかけ算やわり算において，途中の計算で混乱する・答えを書く位の場所を間違える」などがある。このように計算の正確さや流暢性に欠ける場合は，手続きの記憶や遂行が弱いことが考えられる。筆算には数概念や実行機能も関与し，書きのスキルも影響する。

図B-4-5　文章題の解決過程（Lewis & Mayer（1987）と多鹿（1995）を参考に作成）

5）推論する

（4）数学的推論の正確さ（accurate math reasoning）

　計算ができてもそれを応用する算数文章題などでつまずく子どももいる。算数における文章題の解決過程には，文章題を理解する「問題理解過程」と解く「問題解決過程」に区分され，さらに4つの過程（変換過程，統合過程，計画過程，実行過程）に分けられる（図B-4-5：Lewis & Mayer, 1987；多鹿，1995；多鹿・石田，1989）。数学的推論の困難に関し，DSM-5では，算数の伴う限局性学習症の診断基準の一例として「数値が答えとなる問題において，数学的概念，暗算や計算手続きを応用することが著しく困難である」を挙げている。

　DSM-5の算数障害では記述されていないが，広義での推論として，量と測定，図形などの領域が含まれる。「量と測定」で重要な視点は，長さも面積も体積も，「直接比較」－「任意単位による間接比較」－「普遍単位の導入」の順に学習することである。また，「推論」には，「帰納的推論」（いくつかの事例からそれらに当てはまるルールを見つけ出すボトムアップ的な思考）と「演繹的推論」（あるルールを適用するとどのような結果になるかというトップダウン的な思考）の2方向の思考が含まれることも重要である。たとえば，「図形」分野でいえば，いろいろな三角形を見て，三角形の定義「三本の直線で囲まれた形」を見出すのが「帰納的推論」，逆に，その定義に当てはまる図形を探し出すのが「演繹的推論」である。

　これらの「計算する」「推論する」を含む算数の領域は，文章題に必要なデコーディング，言語理解，高水準の知的能力などさまざまな認知機能が関わっている。さまざまな要因でつまずきが起こることから，幅広いアセスメントが必要である（Ⅱ巻C-4「『計算する・推論する』の指導」を参照）。

B-4-3　学力アセスメントの方法と流れ

1．インフォーマルアセスメント

　インフォーマルアセスメントとは，標準化，構造化された検査を使わずに，その子どもの取り組んでいる姿や成果物について観察・情報収集することによって，状態や能力を予想することである。この段階では，問題になっている活動や場面を中心に，全体的な様子を押さえるようにしたい。そして，今後，フォーマルアセスメントを含め，より詳しいアセスメン

表 B-4-1　作品の分析や観察における観点

文字	字の大きさやバランス，線の滑らかさ，形の正確さ，表記の正確さ，消し方
作文	長さ・量，内容（テーマ，文法，展開，語彙や表現），紙の扱い方（貼り方，折り方）
絵，作品	テーマ，形の取り方，構成，作業の正確さや丁寧さ，色彩
姿勢・運動	姿勢の正しさや保ち方，身体の動きの多さ，道具（筆記具，楽器，はさみなど）の扱い方，体育での身のこなしや運動技術
身だしなみ	衣類や上履きの状態，洋服の着方，上履きの履き方，整髪，名札の付け方
持ち物の管理	ロッカーや机の中の荷物の状態，机の上の物の状態，持ってくる物や提出物の管理
ことばの理解	指示への注目，指示の理解，わからないときの対処
意欲・積極性	自発的な取組の程度
集中	注意の向け方，持続の程度
教員との関係	教員からの働きかけの内容やタイミングとそれに対する本人の反応，本人から教員への働きかけの内容やタイミング
友達との関係	友達の言動に対する反応の内容と適切さ，本人の言動に対する友達の反応の内容，班やチームでのやりとりや協力の様子

トを行う必要があるかどうか検討する。状態や能力だけではなく，興味や関心，弱さを補う方略の有無や方法などを把握することが重要である。

1）聞き取り

　保護者への聞き取りに際しては，生育歴についても尋ね，学力のつまずきに，生育環境や教育環境が関わっているかどうか，育ちの経過から一貫して示唆される認知・行動の特性があるかどうか，それが学力のつまずきの背景要因となっているかどうかを推定する。保護者の考え方や役割分担，地域の様子などに関する情報は，支援を進める際の家庭との連携のあり方を考える際にも役立つ。

　担任などの指導者からの聴き取りでは，子どもの実態だけではなく，指導者の考え方や前年度担当者からの引継ぎ情報も収集するとよい。子どもの学習スタイルと担任の教授スタイルの適合度を検討し，どの支援を継続し，どの支援を調整すべきかを検討することができるからである。学級の特性や雰囲気，校内の支援体制も重要な聴取項目である。

　また，できれば，子ども本人からも話を聞くとよい。勉強することをどう思っているか，勉強に際して工夫していることはあるか，どうなりたいか，などは重要な情報である。

2）作品の分析

　子どものノートやプリント，絵などからも多くの情報が得られる。表B-4-1に示した観点で作品を見ていくと，つまずきの背景要因が見えてくる。たとえば，文字や大きさのバランスが悪く，絵の構成も拙く，色の塗り方が雑な子どもの場合，運動の不器用さや視覚認知・構成の弱さがうかがわれる。

3）観察

　作品や聴き取り，チェックリストなどの情報を照合させると，子どものつまずきの背景にある認知能力等の特性が見えてくる。また，教室場面を観察する場合には，その子どもだけ

ではなく，担任や他の子どもとの相互作用や教室の物理的側面（位置，広さ，掲示物など）といった環境も確認する（表 B-4-1）。子どもの学習スタイルと担任の教授スタイルの調整を図ったり，教室環境の改善を行ったりする際に利用できる情報となる。

4）チェックリスト

　チェックリストには，子どもの学習状況を簡便に評価するためのものから，LD 特有のつまずきを把握するための診断的なものまで，さまざまなものが存在する。また，学校や相談機関が，実情やねらいに合わせて独自に作成することもある。

2. 検査によるフォーマルアセスメント

　フォーマルアセスメントとは，主に標準化された検査を使ったアセスメントのことである。

1）学力・学業的技能
（1）標準学力検査

　子どもの学力が，同学年集団の中での相対的な位置や，目標の絶対的な到達度を評価したいときには，標準学力検査が利用できる。国語，数学，英語といった教科間の比較を行うだけなく，学習指導要領に則した各教科内の領域，観点の比較が可能なものもある。結果は，偏差値や段階，チャート図などでわかりやすく示される。ただし，知能検査同様，発達障害のある子どもは，集団実施検査で力を発揮しきれないことがあるので注意したい。

（2）KABC-II 習得度尺度

　K-ABC が改訂されたときに米国版では習得検査は削除されたが，我が国では，逆に習得検査を新たに作成し，充実発展させた。したがって，日本版 KABC-II では，認知総合尺度と習得総合尺度のみならず，認知総合尺度と，習得尺度のそれぞれ，つまり語彙，読み，書き，算数の各尺度と比較できる（日本版 KABC-II 制作委員会，2013）。さらに，算数尺度の中の「数的推論」と「計算」でそれぞれ標準得点が出され，それらと認知総合尺度とも比較できる。これにより，LD の定義のように，「全般的な知的発達に遅れはないものの（学習指導要領に基づいて評価される）読み，書き，計算，推論のいずれかに困難を示す状態」が明らかにできる。

（3）LDI-R

　LDI-R（LD 判断のための調査票）（上野他，2008a）（表 B-4-2，図 B-4-6）のように標準化されたものもある。LDI-R には，LD に特徴的なつまずきが項目として用意されており，LD の可能性の有無を確認し，教育的判断の一資料として活用することができる。

（4）LD-SKAIP
エルディ・スカイプ

　LD-SKAIP は，「LD（Learning Differences）の判断と指導のためのスクリーニングキット」というプロジェクト名の略称で，Learning Differences – Screening Kit for Academic Intervention Program の頭文字である。LD-SKAIP は，文部科学省の助成を受けて，2013（平成 25）年度から日本 LD 学会の開発研究チームが開発を行った（日本 LD

表 B-4-2　LDI-R の概要

検査名	LD 判断のための調査票（Learning Disabilities Inventory-Revised：LDI-R）
著者	上野一彦・篁倫子・海津亜希子
出版社	日本文化科学社
適用年齢	小学 1 年生〜中学 3 年生
目的	• LD に特徴的な基礎的学力のつまずきや習得の仕方が，どの程度みられるかを調べ，LD の有無についての可能性を判断する。
内容	• 基礎的学力 8 領域（聞く，話す，読む，書く，計算する，推論する，英語，数学）と LD に重なりやすい他の特性の 2 領域（行動，社会性）の計 10 領域。 • 数学は 8 項目，それ以外は 12 項目（学年によって評定項目数が異なる領域あり）。
方法	• 対象児を指導し，学習状態を熟知している指導者や専門家が回答し，LD に精通している教師，心理士，ST，S.E.N.S 等が解釈する。 • 質問項目の特徴が，どの程度みられるかを 4 段階で評定する。

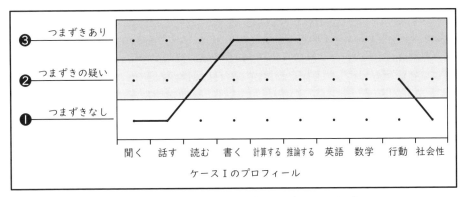

図 B-4-6　LDI-R（上野他（2008a）p.34 より）

学会，2018）。アセスメントは，ステップ I 〜 III で構成されている。ステップ I は，普段子どもと関わっている教師がチェックする質問紙である。この段階では，言語・聴覚や視覚・運動面などの発達に関する大まかな情報収集を行い，「発達の概要」を捉えることを目的とし，大まかな支援の方向性及び専門家への紹介の必要性について判断をする。SKAIP のステップ I は確かめで行うアセスメントにも活用可能である。

① LD-SKAIP ステップ II：読字・書字・計算

LD-SKAIP ステップ II 基本検査は，iPad を用いた読字，書字，計算に関する検査である。この検査では学業的技能に関する「特異な学習困難」について，短時間で正確に把握することを目的とする。

② LD-SKAIP ステップ III：読み・書き・算数

LD-SKAIP ステップ III は，普段学校で行われる学習に関する子どもへの iPad を用いた直接検査である。読み，書き，算数について領域別に特異なエラーを抽出分析し，「実際の学習場面でのつまずき」を把握することを目的とする。

（5）その他

　読みの検査として，『特異的発達障害 診断・治療のための実践ガイドライン』（以下，ガイドライン）（稲垣，2010），包括的領域別読み能力検査 CARD（奥村他，2014），TK 式読み能力診断検査（北尾，1984），Reading-Test 全国標準読書力診断検査（福沢・平山，2009），読み書き困難児のための音読・音韻処理能力簡易スクリーニング検査 ELC（加藤他，2016）などがある。RTI モデルに基づいた，多層指導モデル MIM 読みのアセスメント・指導パッケージ（海津，2010）は，指導と連動した検査となっている。書きの検査として，ひらがな単語聴写テスト（村井，2010），読み書きの検査として，改訂版標準読み書きスクリーニング検査 STRAW-R（宇野他，2017），ウラウス URAWSS II（河野他，2017）などがある。

2）認知機能

（1）視覚運動関連

　視覚関連の検査としては，『見る力』を育てるビジョン・アセスメント「WAVES」（竹田，2014），近見・遠見数字視写検査（奥村他，2007）などがある。フロスティッグ視知覚発達検査（飯鉢他，1977）も活用されており，今後改訂版の DTVP-3 が出版される予定である。運動関連の検査としては，日本語版 DCDQ（Nakai et al.，2011）や日本語版 M-ABC2（開発中）などがある。感覚統合の検査としては，JPAN 感覚処理・行為機能検査（日本感覚統合学会，2010）などがある。

（2）言語聴覚関連

　絵画語い発達検査 PVT-R（上野他，2008b），標準抽象語理解力検査 SCTAW（春原・金子，2002），J.COSS 日本語理解テスト（J.COSS 研究会，2010），学齢版 言語・コミュニケーション発達スケール LCSA（大伴他，2013），適応型言語能力検査 ATLAN（高橋・中村，2009）などがある。音韻意識に関する検査が含まれる読み検査として，包括的領域別読み能力検査 CARD（奥村他，2014），読み書き困難児のための音読・音韻処理能力簡易スクリーニング検査 ELC（加藤他，2016）がある。

（3）LD-SKAIP ステップ II 補助検査

　LD-SKAIP ステップ II 補助検査には，視覚運動関連の課題として形態弁別課題と模写課題が，言語聴覚関連の課題として無意味語復唱課題，有意味語削除課題，RAN（Rapid Automatized Naming）課題が含まれる。いずれの検査も iPad を用いた検査である。

3．アセスメントの流れと解釈

1）インフォーマルアセスメントによる要因の予想

　つまずきへの「気づき」から「インフォーマルアセスメント」を経て，効果的な支援方法を考えるまでのアセスメントの流れを図 B-4-7 に示す。学力や学業的技能のアセスメントとともに認知特性や行動・情緒・環境についてもアセスメントを行う。アセスメントを行う際には，子どもに直接実施する検査もある程度必要であるが，子どもへの負担や時間を考慮し，しっかりとした「インフォーマルアセスメント」での情報収集からつまずきの要因を予

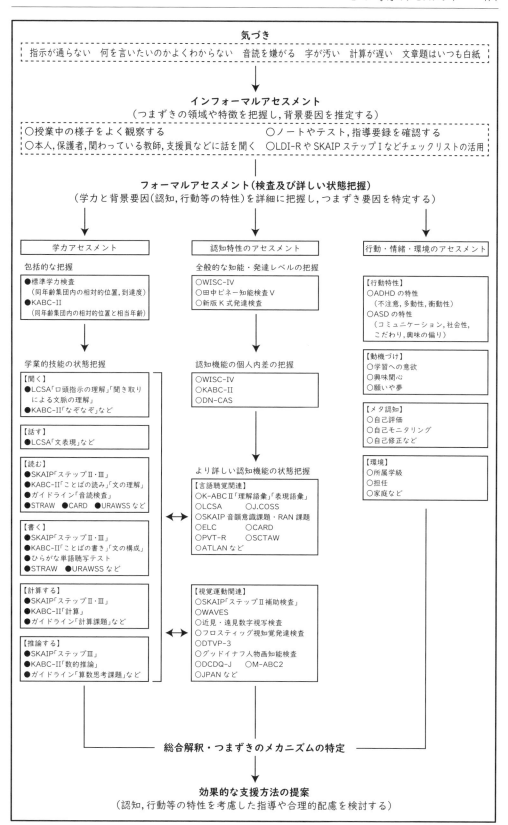

図 B-4-7　アセスメントの流れ（海津（2003）を改変）

想し，実施する検査を絞っていくことが重要である。子どもへの負担を最小限にし，効率よくアセスメントを行うためには，保護者からの聞き取り，子どもの学習場面の観察，その他のインフォーマルな情報から，つまずきの要因について仮説を立てることが必要である。子どもへの検査は仮説について確認を行うために実施するのである。そのためには，学力の習得プロセス，学業的技能や認知機能の発達，発達障害が学習に与える影響などさまざまな知識が必要である。また，保護者・教師・専門家間の連携も重要となる。

2）判断までの流れ──乖離モデルと RTI モデル

　LD を中心とする学習のつまずきの存在を判断する際に，知的能力と不釣り合いな学力低下があることを基準とするのが乖離モデルである。この方法では，学業不振が顕著になってから判断されるため，支援開始が遅れてしまうことが批判されている。これに対して，知的能力，学業的技能，認知機能のアンバランスさに注目して，顕著な学力低下に陥る前に早期に判断する新たな乖離モデルの試みも考えられている。

　それに対し，通常の学級において児童全員に効果があると思われる指導を行い，その結果指導効果が得られなかった児童に対しては特別な支援を行う，「支援－アセスメント－判断」が連動した RTI モデル（Response to Intervention）がある（Fletcher & Vaughn, 2009）。RTI モデルにおいて，アセスメントは単独で行われるのではなく，指導と連動して定期的かつ継続的に実施され，学習の進捗状況，指導の効果を確認する目的で行われる。日本でも RTI モデルの考え方を取り入れた読みに関する取組が行われている（海津他，2008；小枝他，2014）。また，RTI モデルに基づいた算数に関する支援についても実践が行われている（海津，2016）。

4．支援方法

　支援の方法としては，合理的配慮，基礎スキルの訓練，特性に合わせた学習指導などがある。個々の特性に合わせ，アセスメントに基づいた根拠のある，効果が予想される支援を行うことが大切である（Ⅱ巻 C-2，C-3，C-4 も参照）。

〔引用文献〕

秋田喜代美（2008）：文章の理解におけるメタ認知．三宮真智子（編著）：メタ認知─学習力を支える高次認知機能─．北大路書房，pp.97-109.

Ashcraft, M. N.（1982）：The development of mental arithmetic : A chronometric approach. Developmental Review, 2, 213-236.

Beck, I.L., Perfetti, C.A. & McKeown, M.G.（1982）：Effects of long-term vocabulary instruction on lexical access and reading comprehension. Journal of Educational Psychology, 74, 506-521.

Coltheart, M., Curtis, B., Atkins, P. et al.（1993）：Models of reading aloud : Dual-route and parallel distributed-processing approaches. Psychological Review, 100, 589-608.

Conti-Ramsden, G., Durkin, K., Simkin, Z. et al.（2009）：Specific language impairment and school outcomes. I : Identifying and explaining variability at the end of compulsory education. International Journal of Language and Communication Disorders, 44（1），36-55.

Efron, D., Sciberras, E., Anderson, V. et al.（2014）：Functional status in children with ADHD at age 6-8 : A controlled community study. Pediatrics, 134（4），992-1000.

Estes, A., Rivera, V. & Bryan, M.（2011）：Discrepancies between academic achievement and intellectual ability in higher-functioning school-aged children with autism spectrum disorder. Journal of Autism and Developmental Disorders, 41, 1044-1052.

Fletcher, J.M. & Vaughn, S.（2009）：Response to intervention：Preventing and remediating academic difficulties. Child Development Perspectives, 3（1）, 30-37.

福沢周亮, 平山祐一郎（2009）：Reading-Test 全国標準読書力診断検査. 図書文化.

後藤多可志, 宇野　彰, 春原則子他（2010）：発達性読み書き障害児における視機能, 視知覚および視覚認知機能について. 音声言語医学, 51（1）, 38-53.

春原則子, 金子真人（2002）：標準抽象語理解力検査 SCTAW. インテルナ出版.

一般社団法人日本 LD 学会 LD-SKAIP 委員会（2018）：LD（Learning Differences）の判断と指導のためのスクリーニングキット(Learning Differences-Screening Kit for Academic Intervention Program). 日本 LD 学会.

Irlen, H.（著）, 熊谷恵子（監訳）（2013）：アーレンシンドローム―「色を通して読む」光の感受性障害の理解と対応―. 金子書房.

飯鉢和子, 鈴木陽子, 茂木茂八（1977）：フロスティッグ視知覚発達検査. 日本文化科学社.

稲垣真澄（2010）：特異的発達障害 診断・治療のための実践ガイドライン―わかりやすい診断手順と支援の実際―. 診断と治療社.

岩田　誠, 河村　満（2007）：神経文字学―読み書きの神経科学―. 医学書院.

J.COSS 研究会（2010）：J.COSS 日本語理解テスト. 風間書房.

海津亜希子（2003）：気づきの場面はあらゆるところに. LD & ADHD, 4, 62-65.

海津亜希子（2010）：多層指導モデル MIM 読みのアセスメント・指導パッケージ―つまずきのある読みを流暢な読みへ―. 学研教育みらい.

海津亜希子（2016）：算数につまずく可能性のある児童の早期把握―MIM-PM 算数版の開発―. 教育心理学研究, 64, 241-255.

海津亜希子, 平木こゆみ, 田沼実畝（2008）：読みにつまずく危険性のある子どもに対する早期把握・早期支援の可能性― Multilayer Instruction Model-Progress Monitoring(MIM-PM) の開発―. LD 研究, 17（3）, 341-353.

金子真人, 宇野　彰, 春原則子他（2012）：就学前年長児における就学後の読み困難を予測する確率とその限界―スクリーニング検査としての Rapid Automatized Naming の有用性―. 脳と発達, 44（1）, 29-34.

葛西和美, 関あゆみ, 小枝達也（2006）：日本語 dyslexia 児の基本的読字障害特性に関する研究. 小児の精神と神経, 46, 39-44.

Kasper, L.J., Alderson, R.M. & Hudec, K.L.（2012）：Moderators of working memory deficits in children with attention-deficit/hyperactivity disorder（ADHD）：A meta-analytic review. Clinical Psychology Review, 32（7）, 605-617.

加藤醇子, 安藤壽子, 原　恵子他（2016）：読み書き困難児のための音読・音韻処理能力簡易スクリーニング検査 ELC. 図書文化.

川﨑聡大, 奥村智人, 中西　誠他（2019）：児童期の読解モデルの構築とその妥当性の検証. 日本教育工学会論文誌, 43 Suppl., 161-164.

Kintsch, W. & van Dijk, T.A.（1978）：Towards a model of text comprehension and production. Psychological Review, 85, 363-394.

北尾倫彦（1984）：TK 式読み能力診断検査. 田研出版.

Kobayashi, M.S., Haynes, C.W. & Macaruso, P.（2005）：Effects of mora deletion, nonword repetition, rapid naming, and visual search performance on beginning reading in Japanese. Annals of Dyslexia, 55（1）, 105-128.

小枝達也, 関あゆみ, 田中大介他（2014）：RTI（response to intervention）を導入した特異的読字障害の早期発見と早期治療に関するコホート研究. 脳と発達, 46（4）, 270-274.

小池敏英, 窪島　務, 雲井未歓（2003）：LD 児のためのひらがな・漢字支援―個別支援に生かす書

字教材一. あいり出版.

河野俊寛, 平林ルミ, 中邑賢龍 (2017)：小中学生の読み書きの理解 URAWSS II. atacLab.

子安増生, 西垣順子 (2005)：小学生における物語文の読解パターンと「心の理論」の関連性. 京都大学大学院教育学研究科紀要, 52, 47-64.

熊谷恵子 (2018)：通常学級で役立つ 算数障害の理解と指導法. 学研教育みらい.

Lewis, A.B. & Mayer, R.E. (1987)：Students' miscomprehension of relational statements in arithmetic word problems. Journal of Educational Psychology, 79, 361-371.

松尾育子, 奥村智人, 中西 誠他 (2010)：発達性読み書き障害児におけるひらがな単音読みの特性―音読反応時間と誤読数の音種別比較―. 小児の精神と神経, 50, 163-170.

村井敏宏 (2010)：通常の学級でやさしい学び支援2 読み書きが苦手な子どもへの〈つまずき〉支援ワーク. 明治図書.

Nakai, A., Miyachi, T., Okada, R. et al. (2011)：Evaluation of the Japanese version of the Developmental Coordination Disorder Questionnaire as a screening tool for clumsiness of Japanese children. Research in Developmental Disabilities, 32 (5), 1615-1622.

日本版 KABC-II 制作委員会 (2013)：日本版 KABC-II マニュアル. 丸善出版.

日本感覚統合学会 (2010)：日本版感覚統合検査―JPAN 感覚処理・行為機能検査―. パシフィックサプライ.

Noda, W., Ito, H., Fujita, C. et al. (2013)：Examining the relationships between attention deficit/hyperactivity disorder and developmental coordination disorder symptoms, and writing performance in Japanese second grade students. Research in Developmental Disabilities, 34 (9), 2909-2916.

奥村智人, 川崎聡大, 西岡有香他 (2014)：CARD 包括的領域別読み能力検査ガイドブック. ウィードプランニング.

奥村智人, 若宮英司 (2010)：学習につまずく子どもの見る力―視力がよいのに見る力が弱い原因とその支援―. 明治図書.

奥村智人, 若宮英司, 三浦朋子他 (2007)：近見・遠見数字視写検査の有効性と再現性―視写に困難を示す児童のスクリーニング検査作成―. LD 研究, 16 (3), 323-331.

大伴 潔, 林安紀子, 橋本創一他 (2013)：LC スケール 増補版 言語・コミュニケーション発達スケール. 学苑社.

関口貴裕, 吉田有里 (2012)：読み書き障害児の視覚的注意特性―読みの有効視野および視覚的注意スパンの検討―. LD 研究, 21 (1) 70-83.

多鹿秀継 (1995)：算数問題解決過程の分析. 愛知教育大学研究報告, 44, 157-167.

多鹿秀継, 石田淳一 (1989)：子どもにおける算数文章題の理解・記憶. 教育心理学研究, 37, 126-134.

高橋 登 (1996)：学童期の子どもの読み能力の規定因について― componential approach による分析的研究―. 心理学研究, 67, 186-194.

高橋 登, 中村知靖 (2009)：適応型言語能力検査（ATLAN）の作成とその評価. 教育心理学研究, 57, 201-211.

竹田契一 (監修) (2014)：『見る力』を育てるビジョン・アセスメント「WAVES」. 学研教育みらい.

上野一彦, 牟田悦子, 小貫 悟 (2001)：LD の教育―学校における LD 判断と指導―. 日本文化科学社.

上野一彦, 名越斉子, 小貫 悟 (2008b)：PVT-R 絵画語い発達検査. 日本文化科学社.

上野一彦, 篁 倫子, 海津亜希子 (2008a)：LD 判断のための調査票（LDI-R）手引. 日本文化科学社.

宇野 彰, 春原則子, 金子真人 (2017)：改訂版標準読み書きスクリーニング検査（STRAW-R）. インテルナ出版.

若宮英司 (編) (2016)：子どもの学びと向き合う医療スタッフのための LD 診療・支援入門. 診断と治療社, p.55.

Yuill, N. & Oakhill, J.（1991）: Children's problems in text comprehension. Cambridge University Press, Cambridge, England.

B-5

アセスメントの総合的解釈

【概要】.....................各種検査結果と行動観察の結果，さらには学校での様子や保護者からの
　　　　　　　　　　情報などを総合して，子どものつまずきを理解し，ニーズを把握する具体
　　　　　　　　　　的手続きについて述べる。また，発達上のつまずきだけでなく，子どもの
　　　　　　　　　　興味・関心や強みを活かして，個別の指導計画を作成していくプロセスに
　　　　　　　　　　ついても説明する。事例を通して，複数の検査結果，行動観察記録，面談
　　　　　　　　　　記録などを総合的に解釈し，指導仮説に基づいて具体的指導計画を立て
　　　　　　　　　　ることの意義を説明する。併せてアセスメントにあたっての保護者・本人
　　　　　　　　　　への説明と同意などの基本的倫理面についても述べる。

【キーワード】...........心理検査（知能検査・認知検査）／学力検査／行動観察／保護者との面接
　　　　　　　　　　／総合的解釈／個別の指導計画／アセスメントにおける倫理／事例によ
　　　　　　　　　　る検討

【到達目標と評価】.....①アセスメントに対する保護者・本人への説明と同意など倫理的側面につ
　　　　　　　　　　　いて説明できる。
　　　　　　　　　　②複数の検査結果を総合的に解釈する方法について説明できる。
　　　　　　　　　　③アセスメントの結果を個別の指導計画の作成に結びつける具体的な方
　　　　　　　　　　　法を説明できる。
　　　　　　　　　　④検査結果と観察記録，保護者からの情報などを総合的に解釈する際の
　　　　　　　　　　　配慮点と倫理について説明できる。
　　　　　　　　　　⑤アセスメントの結果を保護者や担任教師へわかりやすく伝えることが
　　　　　　　　　　　できる。

B-5-1　アセスメントとは何か

　LD，ADHD，ASD 等の発達障害がある子どもの支援を考える際，常に，目の前の子ども
をよく観察し，子どもから情報を得て，子どもにとってちょうどよい対応を考えることが重
要であることはいうまでもない。支援をする側は，幅広い知識や多くの経験をもとに支援の
方法を考える必要があるが，かといって，支援者の勘や主観的な思いや偏った判断が支援の
内容の根拠になってはならない。いろいろな観点からの情報収集に基づき，客観的な分析を
した上で，支援方法を考えることが重要である。

　"アセスメント"をめぐる，いくつかの誤解をよく耳にする。1 つ目は，アセスメントは，
障害か否か，障害だとしたら障害名は何か，といった障害の診断や判断を行うものであると
いう点である。「B-1 総論：アセスメント」で学習するように，アセスメントとは障害の有
無を考えるためだけでなく，最後にその子どもにとって的確な支援を考えるところまで結び
つけるべきであることを忘れてはいけない。2 つ目の誤解は，アセスメントとは，ビネー式
やウェクスラー式の知能検査を実施することであるというように，限定的な理解にとどまっ
てしまっている点である。これに関しては，本書におけるアセスメントの各章を今一度振り

返り，さまざまな観点から情報を収集し，的確に解釈することで子どもの支援をより豊かにできるよう復習してほしい。

　1人の子どもにいろいろな立場の支援者が関わることが多くなってきている。さまざまな場でそれぞれの立場の専門家が持ち寄った情報を総合的に解釈し，皆が1つのチームとなって，支援の方向性を統一しつつ，子どもを支援していくことが重要である。子どもの見立てや関わりの考えがバラバラなままでは支援の方向性が1つにならず，その被害を被るのは子ども本人である。そうしないためにも，アセスメントによって集められたさまざまな情報を整理し，最終的に子どもに役に立つ支援に結びつけられるよう，アセスメントの総合的解釈を適切に行うことが重要である。

　本項では，これまでの各章で学んだ各種のアセスメントの情報を整理する。次に，検査等の情報も併せて，その子どもの特性などを明らかにする。それらの情報を総合的に解釈した上で，基本障害の推定や，今後の支援の指針を検討し，その後の支援の計画へ結びつけていく。

B-5-2　総合的解釈の流れ

　支援を行う際には，目の前の困難に思いつきの介入をしたり，検査の数値だけで判断したりすることは避けなければならない。子どもについてのさまざまな情報の収集と，支援につなげるための情報の整理の仕方を理解するためには，図B-5-1に沿って行うとよい。

1. 子どもの情報を収集する

1) 基本的な情報の収集と整理

　対象となる子どもについての基本的な情報の収集を行う。これは，子どもの“ありのままの姿＝日常の様子”を十分に知るということである。情報の収集方法は，対象となる子どもの関係者である保護者や担任等から情報を聞き取ったり，子どもの行動を直接観察したり，時にチェックリスト等を使用して行う。収集できるとよい内容は，フェイスシートとなる家族構成や生育歴，学校での学習の様子，行動面，社会面などの日常の様子，子どもの興味関心（実際に支援を行う際に利用できる），利用できそうな支援体制など多岐にわたる。一人ですべての情報を収集することは難しい場合もあるだろう。一度で収集しきれないことや，どうしても収集しにくい内容については急ぐ必要はなく，繰り返し情報収集を行うことが肝要である。また，子どもについてだけでなく，子どもを取り巻くいろいろな情報も収集することができるだろう。実際の支援を考える際には，子どもを取り巻く状況についてもアセスメントすることが重要である。

　このように関係者が収集した情報は，フォーマットに記録し整理するとよい。それぞれの機関で，すでにフォーマットを用意している場合もあるだろう。特別支援教育士養成セミナー（E-1指導実習）では，アセスメントシートを使用してまとめている。アセスメントシートは，収集した情報の領域ごとに項目立てがされている。それぞれの項目に沿って，情報を集めていくと，情報を整理しやすい。収集された情報の中には，どの項目に記載すべきか悩むものもあるかもしれないが，ここでは，どの項目に入れるべきかという正確性を問うことではなく，情報を広くまんべんなく捉え，整理しておくことが重要である。

　「主訴」は，最初にあり，きわめて重要な項目である。“主訴＝もっとも強く訴えられるこ

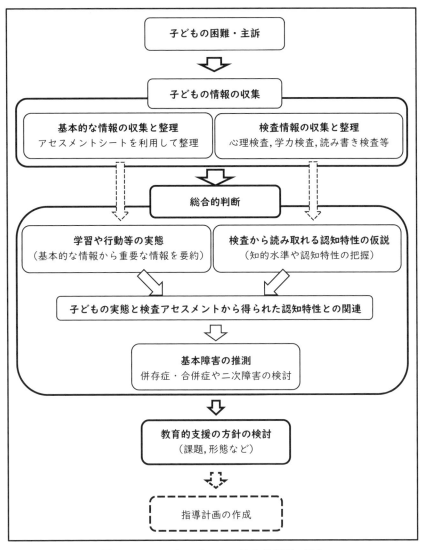

図 B-5-1　アセスメントの総合的解釈の流れ

と”だが，“誰が”“何に”困って強く訴えているのかを明確に記載しておくとよいだろう。保護者が何に困っているのか，担任が気になる面は何なのかなどは聞き取りもしやすいが，できる限り子ども本人が困っていることは何なのかについても捉えておくことが大切である。そうすることで，今後，支援の方針を考える際，いくつもの課題の中から取り組むべき課題の優先順位をつけやすくなる。

2）検査の情報の収集と整理

　アセスメントの各章ですでに学んだとおり，知能検査や認知検査など多くの検査が存在する。しかし，検査場面自体が非日常の場面であり子どもの負担は大きい。そのため，子どもの年齢に応じた適切な検査を選び，それぞれの検査の理論的背景なども十分に理解することが重要である。実際には，相談機関や病院などの専門機関で実施された検査結果を活用する

　こともあるだろう。ただし，実施や分析をするにあたっては相応の経験が必要となるため，事前に十分なトレーニングを受けておくことが大切である。また，当然のことであるが，個別の心理検査の実施には，必ず保護者の同意を得なければならない。

　多く使用されているウェクスラー式の知能検査からは，①全体的な知的水準を知ること，②認知特性の強さや弱さなどを明らかにすること，ができる。他に，検査時の取組の様子など質的な情報も記録しておくことが重要である。

　その他に実施した検査があれば，その結果から得られた結果も記載する。読み書きに関するアセスメントには，以下のものがある。

- 特異的発達障害 診断・治療のための実践ガイドライン（稲垣，2010）
- 包括的領域別読み能力検査（CARD）（奥村他，2014）
- TK 式読み能力診断検査（北尾，1984）
- 全国標準読書力診断検査 Reading-Test（福沢・平山，2009）
- 読み書き困難児のための音読・音韻処理能力簡易スクリーニング検査 ELC（加藤他，2016）
- MIM-PM 読みのアセスメント（海津，2010）
- ひらがな単語聴写テスト（村井，2010）
- 改訂版 標準読み書きスクリーニング検査 STRAW-R（宇野他，2017）
- ウラウス URAWSS II（河野他，2017）　など

　学習の際のノートの文字や絵画等の作品などを参考にすることと併せて，このような検査もテストバッテリーとして取り入れていくとよいだろう。

2.　総合的判断

　子どもの日常の様子と，検査等を利用した客観的な情報の収集ができたら，今度はそれらの情報を総合して発達上の特性を明らかにする作業を行う。子どもの困難の背景にどのような認知的な特性が影響しているのか，"裏づける＝根拠となるものを探す"作業をするのである。子どもの発達上の特性を明らかにし，今後の支援の方向性を考える作業につなげていくことが重要である。

1）学習や行動等の実態（アセスメントシートの情報から）

　まずは，収集された子どもの日常の様子，基本的な情報から重要な情報を要約する。子どもが困っている，支援すべき課題や子どもの様子をより鮮明に表していると思われるエピソードを抽出する。収集した情報には気になるエピソードが多く，あれもこれもピックアップしたくなるかもしれない。そのようなときには，まず主訴に挙げられているものに注目すべきである。保護者や担任，あるいは本人が困っていることに関わるエピソードから取り上げてみるとよいだろう。また，いろいろな場面にまたがって出現しているエピソードも大切である。さらに，うまくいっていないマイナスの状況だけでなく，得意なこと，好きなことなどのプラスの情報もピックアップし，後述の検査情報と突き合わせることで，その子ども像を立体的に捉えることにつながる。まとめるときには，エピソードを，学習や生活などの項目

に分けて，「ひらがな，カタカナの字形が整わない」「漢字の書き順を間違うことが多い」などと箇条書きにしていくと，検査から得られた認知特性との関連を考えやすい。

2）心理検査結果から読み取れる仮説

　心理検査の結果から，子どもの認知的な特性を要約する。ここでは数値そのものではなく，その結果から総合的に解釈された特徴を記述する。

　まずは全般的な知的発達の水準はどの段階にあるか，それは同年齢の集団の中でどの範囲に当たるのかを明らかにする。たとえば，ウェクスラー式知能検査でFSIQ 100 だった場合には，「同年齢の集団の中で平均に位置する」などと表現する。さらに，信頼区間や，他の指標間の有意差（意味のある差）の有無を把握し，慎重に解釈することが重要である。

　次に，検査結果から得られた認知特性をまとめる。アセスメントの結果から得られた数値からどのような力が強いのか，どのような力が弱いのかを要約する。第一には全般的な知的水準に合わせた支援を考えることが重要であるが，支援や配慮の具体的な内容を考える際には，その子どもの能力の中でも強い力と弱い力を把握しておくと，教材や指導法を選択する際に参考となり，子どもが取り組みやすい方略を見つける手がかりにもなる。また，いくつかの指標を比較した際，有意な差が見られる場合もある。たとえばウェクスラー式知能検査のWISC-IV で「言語理解指標＞知覚推理指標」という有意差が見られた場合，言語理解指標が測定する能力を強いと考えるのか，知覚推理指標が測定する能力を弱いと考えるのか，悩むところである。そのようなときには，1）の学習や行動等の実態の情報を，今一度見直す必要がある。見直した情報の中から「音読が得意である」「実年齢以上に難しいことばをよく知っている」などの情報があれば，根拠を探せたことになり，言語理解指標が推定する能力が強いという解釈を採用することができる。

　テストバッテリー等でいくつかの検査を実施した場合には，相互の情報が一致する場合と，そうでない場合があるかもしれない。たとえば，検査結果から読み取れる能力の強さ・弱さに違いが出る場合もある。そのようなときには，それぞれの検査がどのような認知機能に焦点を当てている検査なのかを考え，さらには検査時の取組の様子などの質的な解釈を含めて子どもの認知機能の仮説を立てる。

　具体的な検査の実施方法や結果の読み取りについては各章を参照されたい。

3．子どもの実態と心理検査結果から得られた認知特性との関連

　子どもの実態と，心理検査結果の概要を把握したら，次にこれらの情報の関連づけを行う。子どもの日常の様子が，どのような認知的な特性と関連しているのかを理解していく過程である。たとえば，「聞き返しが多く，注意集中の難しさは聴覚的ワーキングメモリーの弱さ，注意集中の弱さによるものと思われる」のように，困難な様子がどのような認知特性によるものなのかを明らかにする。その他にも，「音読が得意で，年齢以上のことばをよく知っているのは，言語概念形成，言語による推理力，思考力の強さ，言語表現の強さ，言語知識が豊富であること，語彙力が強いことによるものと推測される」など，子どもの強みに関しても認知的な特性との関連づけをしたり，類似したエピソードをまとめて認知特性と関連づけたりしながら考えていくとよい。

　時には，子どもの実態と心理検査結果から得られた特性が矛盾していることもあるだろ

う。そのようなときには，今一度，検査結果等の数値では表されないような質的な面の情報を振り返ってみたり，日常生活のいろいろな場面での情報を集め直してみたりすると，矛盾した理由がつかめるかもしれない。ただ，日常の様子からは十分に根拠となるような情報が得られない場合や，日常の様子と検査の結果が整合しない場合は，無理やり"○○かもしれない"などといった過剰な解釈はせずに，勇気を持って一旦解釈を保留することも必要である。

4. 推測される基本障害

　次に，LD，ADHDなのか，ASDなのか，子どもの基本障害を推定する。発達に関する障害についての詳細は他章に譲るが，LDは学習に関する認知面に特性・特徴がみられ，ADHDは不注意・衝動性・多動性といった行動面に，ASDは社会的認知やコミュニケーション，こだわり行動等社会適応面に特徴が表れるとされる。子どもの特徴が整理できると，子どもがどんな障害のタイプにあたるのか推定できるだろう。

　もちろん，医学的な診断は，発達障害を専門とする児童精神科医や小児神経科医など医師にしかできない。ここでは，収集し整理した情報をもとに，あくまでも心理的教育的な判断の範囲で推定する。しかし，心理的教育的な範囲での判断ではあっても，この子どもがどのようなタイプなのかについて，きちんと押さえておくことは必要である。基本的なタイプとしてどうであるかということを推定することは，その後の関わりを考える上で有効である。

　基本障害が推定されると，おおむね支援の方針が見えてくる。たとえば，「咳や熱がある」という状態を考えてみよう。いつから症状があるのか，咳や熱以外の鼻水や頭痛といった他の症状はないのか，といった「実態把握」が行われる。必要があれば，体温を測ったり，インフルエンザかどうかを調べたりする検査などが行われる。その結果，ただの風邪であれば薬を飲んで養生していればよいが，インフルエンザであれば外に出ることを控える，肺炎を起こしていれば入院することもある。このように，原因となるものが推定されることで，治療（支援）の流れが決まっていくのである。実際には，発達障害の対応の道筋はもっと複雑で，同じ診断名であっても一人一人状態像は異なり，対応も異なることがあるため，個の状況を丁寧に把握する必要がある。しかし，このように実態把握と検査結果の検討を経て基本障害を推定することで，ある程度，効果的な支援の方向性を見定めることができるのである。

　また，子どもに複数の大人が関わる際に，基本障害が何かわかっていると，関わり方の方向性がはっきりして，統一した支援を考えやすくなる。関わる大人がそれぞれの立場からの見立てで，ばらばらな方向性で支援を始めてしまうと，効果が出ないばかりか子どもにとってマイナスの影響が出ることもある。たとえば，子どもの落ち着きのなさが目立ち，立ち歩きや教室から出るなど行動面のことだけが注目され，ADHDの疑いで病院へ紹介された例を挙げてみよう。心理検査をしたところ，知的発達は平均域にもかかわらず，書字に顕著な困難がみられるLDがあることがわかり，そのことが原因で日々の学習が遅れがちになっていたことも明らかになった。行動面へのアプローチだけでなく，実は，認知特性に合わせた学習内容の設定や指導方法の工夫が必要であるとわかり，個別指導で対応を始めたところ，落ち着いて学習に取り組む様子がみられたのである。支援の方向性を見誤らないためにも，的確な実態把握をし，子どもの基本障害を推定しておくことは重要である。発達障害は，ADHDとASDなど，複数の障害を併せ有する場合も多い。またそれぞれの症状の現れ方は多様で

ある。発達段階に合わせて，隠れていた症状が目立ってくることもある。たとえば，幼児期は，まだ学習をする年齢にないため，同じ子どもであっても発達の偏りからくる行動面の問題が顕在化しやすく，学齢に達した児童期になると学習面の問題が顕在化しやすくなる。逆に，年齢が高くなることで，動き回るといった多動性や衝動性がみられなくなり，ADHDの診断基準を満たさないようにみえるといった場合もある。診断があれば関わりを考えるときに有効なこともあるが，診断は「重なる」ことも，また症状の濃淡が変化することもある。このことを心得ていないと，診断名が独り歩きして，その時々の子どもの様子を見落とし，誤った方針を立ててしまいかねない。今後の支援につなげるための判断として，適確に基本障害を推定することが大切である。

5．併存症・合併症や二次的な問題を検討する

　発達障害のある子どもは，感覚過敏（鈍麻）といった感覚の問題や，不器用さや転びやすいなどの協調運動の問題を併せ有する子どもも多いといわれている。子どもに合併する障害等がある場合には，その面にも十分配慮をしなくてはいけないため，合併症についてもアセスメントシートに記載する。

　また，発達面で凹凸のある子どもは，その特性ゆえの（一次的な）困難だけでなく，二次的な問題にも十分な配慮が必要である。子どもの特性への十分な配慮がない状況では，うまくいかないことで自信の低下や自己肯定感の低下，抑うつ的な状態といった心理的な問題，自傷や他害，非行やいじめ等の社会的及び行動面の問題などが起こりうる。このような二次的な問題が生じてしまうと，まずその二次的な問題への対応が必要となり，一次的な問題への支援がなかなか始められないことも多い。状況によっては，二次的な問題へのケアを優先し，すみやかに医療と連携しなければならないケースもあることに留意したい。

6．教育的支援につなげるために

　ここまでで，子どもの発達の様子についての総合的な見立てができた。次は，その見立てをもとに，今後どのような支援をしていくとよいのかという方針を考える。

　子どもの様子を知るために集めた多くの情報は，支援を考えるためでもある。支援の方針を考えるには，その子どもの現状に沿った達成可能なものなのか，子どものこれからを見据えた支援内容なのか，保護者や支援者のそれぞれの立場や状況も考慮した実現可能なものなのかなどにも留意しつつ，確実に子どもの支援に結びつくようにしていかなければならない。そのためには，以下の3つの内容を明らかにすることが必要である。この部分が明確にされていると，その後の個別の指導計画作成の道筋が立ちやすい。

1）何を支援するのか（教育的支援の課題）

　アセスメントシートで得られた情報の中から支援を必要とする課題の内容を具体的に挙げて，支援の方針を決める。ここで挙げられた課題は，今後作成する個別の指導計画の長期目標や短期目標につながるものである。そのため，たとえば，音読は年齢相応だが書字，特に特殊音節の習得がなかなか進まない子どもの場合には，「特殊音節を正しく書くことができるようにする」など，具体的な内容を挙げるとよい。また，「わからないときには，支援員にたずねることができる」などといった，支援すべき教育的ニーズそのものでなく，その達成

にたどりつくための手段の取得となるような内容も含まれてよい。挙げた課題がその子どもの発達段階（年齢という意味でも）に合っているのか，子どもの状態像に沿った内容なのかは十分に検討する必要があり，これがなければ，実際には使えないものとなることもある。

　子どもが困っている様子を目の当たりにすると，あれもこれも支援の対象にしたくなり，多くの課題を取り上げたくなってしまう。そのようなときには，誰が何に困っているのかを今一度振り返ってみるとよい。アセスメントシートの主訴を再度確認すると，保護者や担任など大人側が困っていることと，子ども自身が困っていることが乖離している場合もある。たとえば，大人側は離席など行動面での逸脱を困っているが，子どもは勉強が難しいと訴えている場合もある。そのようなときには，子ども自身が困っていることは何か，という原点に立ち返って考えることが必要だろう。

2）どこで支援するのか（教育的支援の形態）

　支援を必要とする課題の内容と子どもの状況，学校や家庭の条件等に応じた支援の形態を考える。子どもが支援を受けることができる場としては，在籍する通常の学級，特別な支援の場（通級指導教室や取り出しなどによる個別指導，教育センター等への通所など），そして家庭が考えられる。地域によって，学校によって，家庭によって利用できる場や状況はそれぞれ違うだろう。

　子どもが通常の学級に在籍する場合には，在籍する学級での配慮指導は基本となり，プラスαとして（利用可能な場があれば）個別指導の場の設定を考えていくことになる。学級の中では，TT（ティームティーチング）の活用が考えられる場合もあるし，支援員等を活用する場合もあるだろう。そのような場合には，関わる教員の役割分担や連携の仕方なども明確にしておくとよい。ただし，家庭の状況によっては，個別の指導等の実現が難しい場合もある。たとえば，他校の通級指導教室の利用を考えたものの，送迎が難しい家庭もあるだろう。実現可能な支援形態を考えていかなければならない。

3）どのように支援するか（指導上の配慮事項）

　子どもの支援方法を考える際には，子どもの弱い認知特性への支援を考えるだけではなく，強い認知特性を活用する視点も忘れてはならない。子どもが支援を受ける場が複数ある場合には求められる配慮事項もそれぞれ違ってくる。

（1）全体（集団）への配慮事項

　その子どもも含めた学級全体へ配慮すべき内容を考える。ユニバーサルデザインの視点を取り入れた学級経営や授業を考えることで，対象の子どもだけでなく周囲の子どもにも効果を期待したいところである。たとえば，言語理解の弱い子どもがいる学級の場合には，「指示や教示を短く具体的にし，絵や文字などで視覚的に提示をする」などが挙げられるだろう。

（2）個人への配慮事項

　困難のある子どもでも，このような配慮があれば学びやすいといった内容を考える。子どもの障害特性や認知的特性に基づいて，弱い認知特性への支援を考えるとともに，強い認知特性を活かす観点も含めて，どのような配慮をしたらよいかを考える。実際の支援を考える

表 B-5-I　具体的な配慮・支援の例

読みへの配慮の例

- 分かち書きをしたりスラッシュを入れたり，行間文字間を広くしたりする。
- 前もって，絵や図などを利用して大まかな内容を伝えておく。

書きへの配慮の例

- たくさん書かせず，キーワードなど大切な部分のみを書かせる。
- 書き写す内容を手元にも用意し，いつでも参照できるようにする。

計算への配慮の例

- マス目や縦線が書かれた用紙を利用して，桁がずれないようにする。
- 九九表を机上に用意しておく。

聞くことへの配慮の例

- 指示や教示は，短く簡潔に I つずつ伝える。
- 絵や図など，視覚的な手がかりも使用する。

話すことへの配慮の例

- 5WIH 等の枠組みを使って，前もって話す内容を考える時間を与える。
- 急がせたりせず，聞き手側も受容的な姿勢で聞く（全体への配慮事項とも関連）。

不器用さ，注意集中，社会性，二次的な問題への配慮の例

- パソコン等代替手段の利用を検討する。
- 注意集中を妨げるような刺激を排除する（環境調整）。
- 曖昧な状況を，絵や図など視覚的に示し理解を促す。
- 結果だけでなく，その過程に注目して評価し，自己肯定感を持たせる。

にあたって，指導上の配慮事項は具体的に考える必要があることはすでに述べた。支援すべき弱い面にのみ焦点を当てて手立てを考えるだけではなく，強みを最大限に活用して弱い面を補完するイメージを持つことも必要である。指導方法や教材の工夫はもちろんだが，代替手段や補助手段として ICT 活用も含めさまざまな支援機器の活用も検討すべきであろう。

　子どもの困難の様子に合わせて，表 B-5-I に，いくつかの配慮・指導・支援の例を挙げたが，これは絶対的なものではない。一見，困難の様子は同じように見えても，対応は子ども一人一人異なる。あくまでも，アセスメントで得られた認知特性や，障害特性に基づき，個に応じた配慮や支援を考えたい。

（3）家庭での配慮事項

　支援者と保護者が，子どもを中心に据え，協働することはとても大切なことである。しかし，保護者は教師ではないので，学習の補充や子どものつまずきに対する指導を任せることはすべきではないだろう。保護者の負担も考慮し，家庭だからできること，家庭でしかできないことを分担してもらうことが大切である。たとえば，学校で達成したことや課題や宿題に頑張って取り組む過程を保護者に褒めてもらうと，子どもの達成感や自己有能感を高めることができるだろう。また，いくつかの支援の場を利用する際には，保護者には，連絡帳などを利用して，連携や情報共有が進むよう役割を担ってもらう場合もある。各家庭の状況に合わせて，無理のない範囲でできることを考えることが大切である。

7. アセスメントの総合的解釈の報告

　子どもにはさまざまな関わり手が存在するが，皆が同じ方向性で支援を考えなければならない。そのためには，アセスメントの総合的な解釈をどう報告すべきか考えておく必要がある。

　誰に報告するのかによって，その内容も大きく変わる。たとえば，学校から紹介されたケースでは，学校への報告書を作成する。教育現場においても発達障害の理解が進んできているが，担当する教員の発達障害に関する知識や指導の経験はそれぞれ違う。検査結果の数値や専門用語を羅列した報告書を作成しても，肝心の子どもの様子が伝わらず，理解が進まないことも多い。このような状況では，作成した報告書が支援に結びつかない結果となる。子どもの見せる困難が，どのような認知的特性によると推測されるのかを伝えるとともに，具体的な配慮の内容を併せて伝え，実際の指導や教材に活かすことができるようにすることが大切である。特別支援教育士は，専門用語をわかりやすいことばに通訳して伝える技術も習得しておかなくてはならない。

　また，保護者の中には，子どもの実態を受け止めきれない段階にある保護者もいるかもしれない。そのようなときには，困難な様子だけでなく，子どもの強い面や取り組みやすいやり方を伝え，それを利用することで，日常生活がよりスムーズに過ごせるような工夫を一緒に考えるというスタンスで連携を図るとよい。

　一方で，相談室や医療機関など専門機関からの紹介で連携を図る場合には，アセスメントの詳細な情報を共有できる場合もある。専門家同士が情報共有を行うことで，子どもの見立てをより深めることもできるだろう。もちろん，学校や専門機関との連携，情報交換には保護者の承諾が必要である。

B-5-3　アセスメントの倫理

　アセスメントに関する倫理では，インフォームドコンセントや個人情報の管理に留意しなくてはならない。このことについては，「B-1 総論：アセスメント」の章でも触れられているとおりである。アセスメントを実施する際には，保護者はもちろん，子ども本人にも（子どもの発達段階に合わせた理解しやすい内容で）アセスメントの目的や意義を十分に説明した上で，同意を得なくてはならない。また，検査者は心理検査についての十分なトレーニングを受けた上で実施しなくてはいけない。子どもが持っている力を十分に発揮させるためには，検査に関わる技術も重要だからである。

　アセスメントを行う際には，一人ですべての情報を扱うわけではなく，多くの支援者がそれぞれの立場で得た情報を集める。支援者にはそれぞれに守秘義務が課せられている。子どもの支援に際し情報の共有が必要と考える場合は，保護者の同意を得ることなど，個人情報の保護と管理に十分に配慮しなくてならない。これについては「A-1 S.E.N.S の役割と倫理」を熟読されたい。

　アセスメントで得られた結果は，何より，子どもの支援のために使われ，子どもの利益につながるようにすることが重要である。

B-5-4　事例 A「落ち着きがなく学習の取組に影響を及ぼしている小学 2 年生」

　アセスメントの総合的解釈の一連の流れについて大まかに見てきた。ここで 1 つのモデル事例を通して流れの再確認をしていきたい。事例は，複数の事例から構成した架空のものである。

1.　事例 A の概要

　通常の学級に在籍している小学 2 年生の男子 A 児。A は，落ち着きがなく，そのことが学習の取組に影響を及ぼしていると考えられた。保護者は，本児が乳幼児の頃より，発達面で気になることがあり，地域の医療福祉施設に通い，ADHD の診断を受けている。入学後も落ち着きのなさがあり，2 年生に進級してからは他児・学級への影響が見られたため，担任が心配して保護者と相談の上，校内の特別支援教育コーディネーターに相談をした。コーディネーターが中心となり，担任や保護者から情報を聞き取り，LD-SKAIP のステップ I を実施した。また，校内での行動観察，授業観察も行った。保護者の承諾を得て，A 児の幼少期から支援を行っている医療福祉施設と情報交換をし心理検査結果を提供してもらった。

　次ページからの表 B-5-2 ～表 B-5-5 は学校での様子，生育歴，心理検査結果等の情報をまとめたものである。

　校内委員会での総合的な判断を経て，次年度からの通級指導教室での対応を含めて検討することになったケースである。

表 B-5-2　A のアセスメントシート I

基本的な情報の収集

氏名　　A（男子）　　8 歳 7 カ月　　小学校 2 年　　小 2：3 学期作成

A. 主訴

<u>本人</u>　教科書をうまく読めなかったり計算を間違えたりして皆に笑われるのが嫌。先生にすぐ怒られるのが嫌。

<u>保護者</u>　乳幼児期より落ち着きがなく心配している。

<u>担任</u>　言えばわかるし，よい意見を言うが，自分の思いつきで行動してしまい，クラスへの影響が心配。

B. 家族構成・家族状況

父：会社員。出張が多く，平日はほとんど関わっていないが，週末は A のダンス教室に付き添ったり，練習に付き合ったりしている。医療福祉施設の受診等，要所要所は保護者 2 人で対応する。

母：近所でパートタイムの仕事をしている。乳幼児期から A の育ちを気にかけ，相談に行っている。A の様子をよく把握して対応しているが，やや過干渉な印象もある。

姉：小 6。おとなしく真面目。成績優秀で優等生タイプ。中学受験のために塾に通っている。弟を可愛く思っているが，最近は年齢的なこともあり，あまり関わろうとしない。

C. 生育歴・教育歴

胎生期，周産期は特筆すべきことなし。

運動面：はいはい，始歩ともに姉に比べると早かった。歩き始めるとすぐ走りまわっていた。

言語面：特に気にならなかった。おしゃべりは多かった。

社会面：公園では他児と遊ぶよりも走り回っていた。1 つの遊具で遊ぶことは少なく，いろいろなことに興味を持った。

○落ち着きのなさや公園での様子が心配になり，3 歳児健診のときに，母が保健センターの保健師に相談。地域の医療福祉施設を紹介された。そこで個別療育，グループ療育を就学前まで受けた。

○こども園は 3 年保育。集団での落ち着きのなさを指摘された。医療福祉施設の職員がこども園に巡回し，環境調整や関わり方の助言をしていた。

D. 学級の状況・学級での様子

学級：30 名（男子 16 名・女子 14 名）

担任：32 歳男性。担任も一緒に休み時間に遊ぶなど，クラスの雰囲気づくりに気を配っている。

A が思いつきで発言したり行動したりすると，それに乗って騒いでしまう児童が数名いる。

特別支援学級の児童を交流教育で受け入れており，時に，特別支援学級の担任がクラスに入ることもある。

E. 学力（国語・算数・その他）

成績自体は特に悪くはない。聞いていないわりに理解している。宿題は，家ではやりたがらない様子もある。

国語：読みはできるが，勝手読み，行を飛ばして読むことがある。読解はおおむね正確。書字は雑。漢字の習得では，筆順への意識は薄い。画数が多いと，一画二画抜かすこともある。担任から細かく指導をされ，書き直しを指示されることも度々。そのため，仕上げるのに苦労する。発表は得意で，発想も豊かだが，担任や他児が発言中に，そこから思いついたことを話し始めたり，「そうじゃないよ!!!」と指摘してしまったりすることもある。

算数：九九を覚えるのは早かった。文章題も「○から△を引くんだよね」とすぐ理解する。だが，書き間違いや，計算手順のミスが多く，ペーパーテストでは点数が取れないので，やる気をなくしている。

体育：体を動かすことは好きだが，ボールなど道具を使う競技は苦手。ルールの理解はできるが，勝手にルールを変えてしまう。

音楽：鍵盤ハーモニカの演奏は上手ではないが，楽しんで取り組む。

○連絡帳を書ききれずに帰ることが多く，放課後，保護者より担任に確認の電話が入ることもある。

表 B-5-3　A のアセスメントシート 2

基本的な情報

F.　行動・社会性	H.　諸検査結果（知能・認知特性・その他）
• 机の中やロッカーなど，整理整頓が苦手。失くし物が多い。忘れ物は保護者が気にかけている。	医療福祉施設で実施し情報提供
• ムードメーカー的存在だが，A の発言で傷つく児童もおり，それを指摘されて泣いてしまうこともある。	WISC-IV 検査時年齢　8 歳 4 カ月
• 衝動的に発言・行動することもあるが，ボケっとよそ見をしていることもある。	信頼区間（90%） 全検査 IQ 92（85-96） 言語理解指標 105（94-108）
G.　言語・コミュニケーション	類似 12　単語 11　理解 10
• いろいろなことに知識が豊富。	知覚推理指標 100（93-107）
• 質問を最後まで聞き終わらないうちに，返答する。	積木模様 9　絵の概念 10　行列推理 11
• 担任や他児が発言中に，そこから思いついたことを話し始めたり，「そうじゃないよ!!!」と指摘してしまったりすることもある。	ワーキングメモリー指標 82（77-90） 　数唱 8　語音整列 6　算数 8 処理速度指標 83（76-91）
I.　運動・基本的生活習慣・その他	符号 6　記号探し 8　絵の抹消 8
• 乳幼児期より落ち着きがないが，運動神経はよい。	
• 体を動かすことが好きで，ダンス教室に通っている。ただ，先生の振りつけを手順通りに真似して覚えるよりも自分流に踊ってしまうことも多い。	VCI > WMI（差 19）標準出現率 10.4% VCI > PSI（差 20）　　　　11.9% PRI > WMI（差 18）　　　　13.2%
• 食事時は，テレビに見入ってご飯を食べこぼす。	PRI > PSI（差 19）　　　　14.1%
• 時折，服を，前後，裏表逆に着ている。	
• 整理整頓は苦手で忘れ物も多い。	行動観察
J.　身体・医学面	検査前後のフリートークの場面も含めて言語の表出の量は多い。検査時も，教示から思いついたこと等話す。年齢以上の語を使用するが，説明時には的を射た返答になりにくい。教示文が長いと聞き返したり，「○○ってこと？」と確かめたりする。鉛筆を使用する課題では，途中手が止まってため息をつくことがあった。また，行飛ばしや，書く枠や行の間違いもあった。
• 聴覚，視覚ともに問題はない。	
• 地域の医療福祉施設で，5 歳時に ADHD と診断され服薬も勧められたが，保護者の意向で服薬はしなかった。半年に 1 回，経過観察で受診。	
K.　興味・強い面・指導に利用できるもの	
• 体を動かすのは好き。運動神経はよい。	
L.　校内・校外の体制	
• 全校：約 400 名。各学年 2 学級。	
• 校内に特別支援学級が設置されている。	
• 来年度より，通級指導教室が設置予定。	
• 特別支援教育コーディネーターがまとめ役として活躍。	

表 B-5-4　A の検査の情報

		行動観察
医療福祉施設で実施	KABC-II 検査時年齢　　　　８歳５カ月 認知総合尺度　　　81（76-86） 　　継次尺度　　　71（66-78）　　NW　PW 　　同時尺度　　　92（84-101） 　　計画尺度　　　96（88-105） 　　学習尺度　　　92（84-100） 習得総合尺度　　　90（86-94） 　　語彙尺度　　　105（99-111）　PS 　　読み尺度　　　93（87-99） 　　書き尺度　　　74（67-83）　　NW　PW 　　算数尺度　　　90（85-95） 尺度間の比較 継次＜同時　　　語彙＞読み　　　認知＜習得 継次＜計画　　　語彙＞書き 継次＜学習　　　語彙＞算数　　　認知＜語彙 同時＝計画　　　読み＞書き　　　認知＜読み 同時＝学習　　　読み＝算数　　　認知＝書き 計画＝学習　　　書き＜算数　　　認知＝算数	ティーチングアイテムでの教習が必要な検査が度々あった。聞き返しが多い。言語反応を必要としない，指差しで返答する課題で，指し直すことが多い。習得尺度の，鉛筆で書いて回答する課題では，まずことばで話し，書くように促すと「もう言ったじゃん」と書き渋ることがある。
学校で実施	LD-SKAIP（検査時年齢８歳５カ月） ステップ I 言語・聴覚系 　「話しことばの理解」C 　「文字・音の変換」B 　「ことばによる表現力」B 視覚・運動系 　「手先の動き・書く作業」C 　「形・数・量の理解」A 　「基本的な目の働き」A 行動・社会性 　「行動」C 　「社会性」B	「話しことばの理解」「手先の動き・書く作業」は，専門的な精査が必要とされる C 判定であった。 　また，「行動」はつまずきありと推定される C 判定であった。

表 B-5-5　A の総合的判断

学習や行動の実態	検査アセスメントから読み取れる仮説
学習面 読み→読み飛ばし勝手読みがある。 書く→書字が雑。書き誤り有。筆順の習得が苦手。 聞く→聞き返しが多い。 話す→言語表出は多いが衝動的に発言する。 算数→理解しているが，ケアレスミスが多い。 行動面 落ち着かない，衝動的な言動がみられる。整理整頓が苦手で忘れ物も多い。	全般的な知的発達は，平均の下から平均の範囲にあるが，指標間に有意な差があり解釈は慎重に行う必要がある。 　言語理解，言語表出，言語概念，推理力の強さがある。注意集中の弱さ，衝動性がある。筆記技能，視覚－運動協応の弱さがある。継次処理が弱く，順序性の意識の弱さがみられる。

子どもの実態と心理検査結果から得られた認知特性との関連
全般的な知的発達は平均域で，言語理解や言語概念は年齢相応ではあるものの，注意集中の弱さ，衝動性があり，学習面では，聞き返し，読み誤りや計算ミスなどに，行動面では衝動的な言動や，忘れ物の多さにもつながっている。書きの困難は，視覚－運動協応の弱さも影響しているが，注意集中の弱さ，衝動性によるところが大きい。順序性の意識の弱さが筆順の意識の低さにつながり，より書字の習得の困難につながっている。

推測される基本障害
すでに診断されている ADHD に加えて学習障害（書くことの困難）を伴っていると思われる。

併存症・合併症や二次的な問題の検討
学習面：書くことへの苦手意識が強く，自信をなくしている。

教育的支援の方針
• 教育的支援の課題 　学習面：書くことへの苦手意識を軽減する。 　行動面：発言のルールを守ることができるようにする。 • 教育的支援の形態 　通常の学級の中での配慮指導，通級指導教室での個別指導。

B-5-5　事例B「学習への苦手意識が目立ってきた小学4年生」

　次は，授業中の発表が難しく，読み書きに時間がかかる事例について紹介する。

　本章末の表 B-5-6 〜表 B-5-9 を活用し，アセスメントシートに情報を整理して，総合的解釈を行ってほしい。

1. 事例 B の概要

　登校渋りを主訴とする小学校 4 年生の女子 B 児。対人関係は良好で，友達も多い。友達とは休み時間や放課後など，好きなアイドルの話を楽しそうにしている。生活上の問題はない。学習では，3 年生頃から発表の際，うまく話せず黙り込んでしまうことが増え，発表を嫌がるようになった。4 年生になってさらにつまずくことが増え，最近は登校を渋ることが出てきたため，心配した保護者が相談日にスクールカウンセラーに相談した。その後，校内支援体制の中で，スクールカウンセラーと特別支援教育コーディネーターが協働して支援を行ったケースである。

2. 母親からスクールカウンセラーへの相談内容

連休明けから,「学校へ行きたくない」と言うようになった。考えてみれば,3年生後半からあまり元気がなく,家での宿題もやりたがらなくなっていたが,励まして取り組ませていた。仲のよい友達がおり,毎日一緒に登校していたため,迎えに来てくれると休まずに登校はできていた。しかし,4年生になってからは,その友達と別のクラスになり,そのことが原因かと思い新しい友達を作るよう声がけをしていた。連休明けには「行きたくない」と動かない日も出てきたため,不登校になるのではないかととても心配であった。

相談を受けたスクールカウンセラー(以下,SC)は,学級担任につなぐ前に,連携の取れている特別支援教育コーディネーター(以下,コーディネーター)に相談をした。コーディネーターは学級担任から聴き取りをすることにし,母親には引き続きSCが聴き取りをすることにした。

3. SCが母親から聞き取った内容(生育歴や教育・相談歴及び入学後の経過)

家族は,父,母,小1の妹の4人家族。自営業をしており,母方祖父母と同居している。両親が仕事で忙しいときは,祖父母が養育を手伝っており,小さな頃から可愛がってもらっていた。B児が店の手伝いをすることもあり,お客さんからも可愛がられていた。

出生時及び乳幼児期の発達には特に問題は認められない。公園などでは活発に遊び,遊具での遊びも好きだった。祖父に手伝ってもらい,年長時には補助輪付きの自転車にも乗れるようになり,自転車遊びも好んだ。

保育園には1歳から入所した。すぐに慣れ,友達ともよく遊んだ。折り紙や粘土遊びは好きだった。特に問題を指摘されることはなかったが,文字への興味は少なく,自分の名前(ひらがな)が書かれたものがわかるようになったのは年中の終わり頃であった。ひらがなで名前が書けるようになったのは,年長の終わり頃,入学直前であった。しかし,保育園での絵本の読み聞かせは大好きで,いつも一番前で聞いていた。また,家に帰って祖父母に,絵本を読んでほしいとねだることも多かった。

家の手伝いは好きで,最近は祖母に教えてもらい簡単な料理ができるようになった。妹の世話もよくしており,一緒に遊ぶことも多い。

今まで,特にどこかに相談したことはなく,今回が初めての相談であった。母は,家で仕事をしているため,子どもの世話を祖父母に任せることも多く,自分が関わってこなかったためではないかと気にしていた。父は登校渋りについては心配しているが,学習面については心配していない。

4. コーディネーターが学級担任から聞き取った内容

学級担任は4年生から受け持った,今年転勤してきた新卒4年目の女性教員である。熱意があり勉強熱心である。

毎年クラス替えのある学校で,学年3クラス,このクラスは,28人である。男女は仲がよく,一緒に球技などで遊ぶことも多い。校内には特別支援学級があり,隣の学校に通級指

導教室がある。

　B児について学級担任は，生活上の問題は感じておらず，友人関係も良好と捉えている。学習についても特に引継ぎはなかったため，問題なしと捉えていた。そのため，年度当初に全員に書かせた「今年の目標，1／2成人式に向けて」という作文が時間内に書けなかった際には，「書きたいことを話してごらん？」と問いかけ，それにはゆっくりであるが答えられたため，「それを書けばいいんだよ」という声がけにとどまった。頑張ればきっと書けるのに，と思っていた。

　コーディネーターはこれまでの様子を確認する必要性を感じ，3年生のときの担任にも話を聞いた。

【3年時の担任から聞き取った内容】

- 読む：大きな問題はない。音読も他の子どもと同様に，練習すればできる。
- 書く：文字を書くことに問題はないが，止めはねなど丁寧に書くので時間はかかる。作文は考える時間が長く，書き出すまで時間がかかる。時間内に書き終わらないことがよくあった。宿題にすれば家で（祖父母に手伝ってもらい）やってきた。
- 算数：九九は覚えており，繰り下がり繰り上がりは理解しているが，計算は速くない。計算ドリルなどは時間がかかり，時間内に終わらないことがよくある。
- 社会科：見学のまとめを書くことには時間がかかり，少ない量しか書けなかった。
- 理科：観察プリントは，絵は描けたが文字は書くのに時間がかかる。
- 外国語活動：楽しそうに取り組むが，積極的ではない。
- 体育：身体を動かすことは好き。ダンスも好き。
- 音楽：リコーダーで簡単な曲は演奏できる。
  ※3年当初は特に問題を感じなかった。書いてまとめることに時間がかかることについては心配していたが，行動上の問題がなかったので特に引継ぎをしなかった。

5. その他の情報

　コーディネーターは3年生の担任の話を聞き，読み書き等に関するアセスメントも必要だと感じた。そこで，保護者の了解を得た上でLD-SKAIPのステップⅠを実施。「ことばによる表現力」についてのみC判定となり，結果を保護者に伝えた（図B-5-2，図B-5-3）。

【LD-SKAIP（検査時年齢9歳10カ月）】

ステップⅠ

言語・聴覚系

「話しことばの理解」A

「文字・音の変換」A

「ことばによる表現力」C

視覚・運動系

「手先の動き・書く作業」A

「形・数・量の理解」A

「基本的な目の働き」A

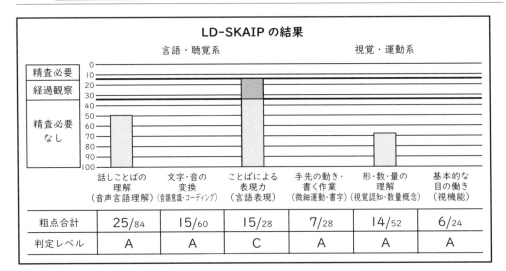

図 B-5-2　B の LD-SKAIP 所見 1

	話しことばの理解 （音声言語理解）	文字・音の変換 （音韻意識・コーディング）	ことばによる表現力 （言語表現）	手先の動き・書く作業 （微細運動・書字）	形・数・量の理解 （視覚認知・数量概念）	基本的な目の働き （視機能）
粗点合計	25/84	15/60	15/28	7/28	14/52	6/24
判定レベル	A	A	C	A	A	A

行動・社会性の結果

	行動	社会性	判定の基準	
粗点合計	12/48	16/48	「行動」「社会性」の2項目の結果をもとに判定します。	A……つまずきなし B……つまずきの疑い C……つまずきあり
判定レベル	A	B		

図 B-5-3　B の LD-SKAIP 所見 2

行動・社会性
　「行動」A
　「社会性」B

6. 検査結果

　保護者や学級担任と相談の上，SC が勤務している相談センターで夏休みに検査を実施した。

1）WISC-IV（図 B-5-4，図 B-5-5）
　【結果】検査時年齢　10 歳 0 カ月
　合成得点（信頼区間：90%）

　全検査 IQ　　　　　　　　　　　96（91-101）
　言語理解指標（VCI）　　　　　　90（84-98）
　知覚推理指標（PRI）　　　　　　104（96-111）
　ワーキングメモリー指標（WMI）　103（96-109）
　処理速度指標（PSI）　　　　　　91（84-100）

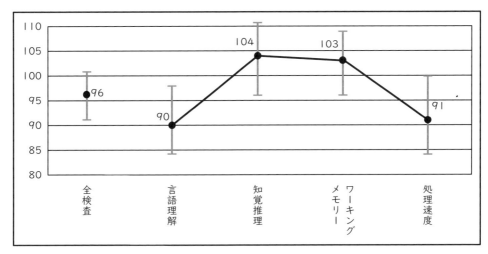

図 B-5-4　B の WISC-IV　合成得点

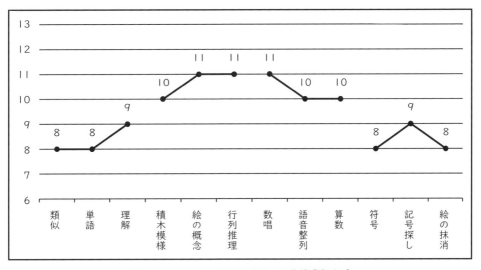

図 B-5-5　B の WISC-IV　下位検査評価点

下位検査評価点

言語理解指標（VCI）	類似 8	単語 8	理解 9
知覚推理指標（PRI）	積木模様 10	絵の概念 11	行列推理 11
ワーキングメモリー指標（WMI）	数唱 11	語音整列 10	算数 10
処理速度指標（PSI）	符号 8	記号探し 9	絵の抹消 8

ディスクレパンシー比較（15％有意水準）

VCI ＜ PRI （差 14）　標準出現率 20.7％

VCI ＜ WMI （差 13）　　　　21.1％

PRI ＞ PSI （差 13）　　　　23.7％

WMI ＞ PSI （差 12）　　　　24.7％

【行動観察】

　検査室に入室するときは緊張していたが，校内で会ったことのある心理士だったので，すぐに和らいだ表情になった。自己紹介場面では，心理士の質問に考え込みながら丁寧に返答する。

　基本課題10検査と補助課題2検査を実施。所要時間は約1時間30分だった。

- 言語理解指標

　　「類似」：練習問題で回答できなかったためマニュアルに従って説明をしたところ「あ，そういうことか……」と言う。

　　「単語」：年齢の初問（問題7）で，考え込んでしまったため，マニュアルに従って教習問題（問題5，6）までさかのぼって実施した。そこでも2点の正答が出なかったため，手続きに従って正答を教えた。問題8に戻りそれ以降を実施したが，その後は手短に返答できた。

　　「理解」：返答が不十分で，クエリーを出す問題があった。

- 知覚推理指標

　　「絵の概念」「行列推理」：じっくり考えてから返答する傾向がみられた。

- ワーキングメモリー指標

　　「数唱」：逆唱は練習問題の第一系列で誤答だったため，手続きに従い説明を行うと，「あ，わかりました」と答える。練習問題第二系列は正確に返答した。

　　「算数」：教示をうなずきながら聞いているが，時折「〇人ですか？」等確かめがあった。返答のときは「〇個残っています」等と丁寧に返答する。

- 処理速度指標

　　「符号」「記号探し」：練習問題でも，本題でも急ぐことはなくじっくりと取り組んだ。一瞬手が止まるときもあったが，誤りはなかった。

2）KABC-II（図B-5-6）

【結果】

検査時年齢　　10歳1カ月

認知総合尺度　92（87-97）

継次尺度　　　98（92-104）

同時尺度　　　84（77-93）NW PW

計画尺度　　　106（97-114）

学習尺度　　　97（89-105）

習得総合尺度　93（89-97）

語彙尺度　　　92（86-98）

読み尺度　　　89（83-96）

書き尺度　　　96（88-104）

算数尺度　　　105（100-110）PS

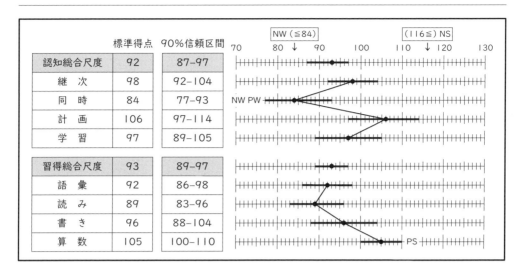

図 B-5-6　〈事例 B〉KABC-II の認知尺度と習得尺度

尺度間の比較

継次＞同時	語彙＝読み	認知＝習得
継次＝計画	語彙＝書き	
継次＝学習	語彙＜算数	認知＝語彙
同時＜計画	読み＝書き	認知＝読み
同時＝学習	読み＜算数	認知＝書き
計画＝学習	書き＝算数	認知＜算数

【行動観察】

ティーチングアイテムを活用して課題性を理解した。

「絵の統合」「なぞなぞ」では「○○かな？」と自信なく返答した。

「手の動作」「文の理解」では表現に躊躇する様子が見られた。

「文の構成」では書き始めるまでに長考した。

〔引用文献〕

福沢周亮，平山祐一郎（2009）：Reading-Test 全国標準読書力診断検査．図書文化．

稲垣真澄（2010）：特異的発達障害 診断・治療のための実践ガイドライン―わかりやすい診断手順と支援の実際―．診断と治療社．

海津亜希子（2010）：多層指導モデル MIM 読みのアセスメント・指導パッケージ．学研教育みらい．

加藤醇子，安藤壽子，原恵子他（2016）：読み書き困難児のための音読・音韻処理能力簡易スクリーニング検査 ELC．図書文化．

北尾倫彦（1984）：TK 式読み能力診断検査．田研出版．

河野俊寛，平林ルミ，中邑賢龍（2017）：小中学生の読み書きの理解 URAWSS II．atacLab．

奥村智人，川崎聡大，西岡有香他（2014）：CARD 包括的領域別読み能力検査ガイドブック．ウィードプランニング．

村井敏宏（2010）：通常の学級でやさしい学び支援 2 読み書きが苦手な子どもへの〈つまずき〉支援ワーク．明治図書．

宇野　彰，春原則子，金子真人（2017）:改訂版標準読み書きスクリーニング検査（STRAW-R）．インテルナ出版．

表 B-5-6　アセスメントシート①

基本的な情報の収集

A．主訴	
B．家族構成・家族状況	**D．学級の状況・学級での様子**
C．生育歴・教育歴	
E．学力（国語・算数・その他）	

表 B-5-7　アセスメントシート②

基本的な情報

F．行動・社会性	H．諸検査結果（知能・認知特性・その他）
	WISC-IV
	検査時年齢　　　歳　　　カ月
	信頼区間　（　　　%）
	全検査 IQ　　　　　（　　-　　）
	言語理解　　　　　（　　-　　）
	類似：　　単語：　　理解：
	知覚：　　語の推理：
G．言語・コミュニケーション	知覚推理　　　　　（　　-　　）
	積木模様：　　絵の概念：
	行列推理：　　絵の完成：
	ワーキングメモリー　（　　-　　）
	数唱：　　語音整列：　　算数：
	処理速度　　　　　（　　-　　）
	符号：　　記号探し：　　絵の抹消：
I．運動・基本的生活習慣・その他	ディスクレパンシー比較
	VCI　　WMI（差　　）出現率　　%
	VCI　　PSI（差　　）　　　　%
	PRI　　WMI（差　　）　　　　%
	PRI　　PSI（差　　）　　　　%
	行動観察
J．身体・医学面	
K．興味・強い面・指導に利用できるもの	
L．校内・校外の体制	

表 B-5-8　アセスメントシート③

KABC-II	行動観察
検査時年齢　　歳　　カ月	
認知総合尺度　　　　　（　－　）	
継次尺度　　　　　（　－　）	
同時尺度　　　　　（　－　）	
計画尺度　　　　　（　－　）	
学習尺度　　　　　（　－　）	
習得総合尺度　　　　　（　－　）	
語彙尺度　　　　　（　－　）	
読み尺度　　　　　（　－　）	
書き尺度　　　　　（　－　）	
算数尺度　　　　　（　－　）	
尺度間の比較	
継次　同時　語彙　読み　認知　習得	
継次　計画　語彙　書き	
継次　学習　語彙　算数　認知　語彙	
同時　計画　読み　書き　認知　読み	
同時　学習　読み　算数　認知　書き	
計画　学習　書き　算数　認知　算数	

（以下、記入欄）

	行動観察

表 B-5-9　総合的判断

学習や行動の実態	検査アセスメントから読み取れる仮説

子どもの実態と心理検査結果から得られた認知特性との関連

推測される基本障害

併存症・合併症や二次的な問題の検討

教育的支援の方針
• 教育的支援の課題 　学習面   　行動面   • 教育的支援の形態

資　料

資料 I

特別支援教育士倫理綱領

制定：2009 年 4 月 1 日

本協会は，特別支援教育士倫理規程第 2 条に基づき，この倫理綱領を定める。

〈前文〉
S.E.N.S 及び S.E.N.S-SV は，その活動や研究によって得られた知識と技能を，LD・ADHD 等を含む障害のある人々に対する特別支援教育の推進のために用い，またその発展に寄与することに努めるものである。

そのため，S.E.N.S 及び S.E.N.S-SV は，自らの専門的な業務及び研究が特別支援教育の推進及び発展に重大な影響を与えるものであるという社会的責任を自覚し，以下の綱領を遵守する義務を負うものである。

〈責任と人権の尊重〉
第 1 条　S.E.N.S 及び S.E.N.S-SV は，自らの専門的業務の及ぼす結果に責任をもたなければならない。

2　　S.E.N.S 及び S.E.N.S-SV は，その業務の遂行に際しては，人権尊重を第一義と心得なければならない。

3　　S.E.N.S 及び S.E.N.S-SV は，その業務の遂行に際しては，個人的，組織的及び政治的な目的のためにこれを行ってはならない。

〈技能及び資質向上〉
第 2 条　S.E.N.S 及び S.E.N.S-SV は，本協会が定める専門的技能を活用して，対象者や対象学校に対して支援を行うものとする。

2　　S.E.N.S 及び S.E.N.S-SV は，常にその知識と技能を研鑽し，高度の技術水準を保ち，資質の向上に努めるとともに，自らの能力と技能の限界についても十分にわきまえておかなければならない。

〈アセスメント〉
第 3 条　S.E.N.S 及び S.E.N.S-SV は，対象者のアセスメントを行うに際しては，対象者の人権に留意し，アセスメントを行う際に対象者に事前に十分に説明し，理解を得ておかなければならない。なお，対象者が未成年の場合には，その保護者にも説明し，理解を得ておかなければならない。

〈援助・指導〉

第4条　S.E.N.S 及び S.E.N.S-SV は，自己の専門的技能の範囲内で業務を行うと共に，常に最善の専門的援助・指導を提供するように努めなければならない。

　　2　　S.E.N.S 及び S.E.N.S-SV は，対象者や対象学校等の信頼感又は依存心を不当に利用しないように留意しなければならないと共に，その業務を行うにあたっては，職業的関係のなかでのみこれを行い，対象者又は対象学校等の関係者との間に不適切な関係をもってはならない。

〈研究〉

第5条　S.E.N.S 及び S.E.N.S-SV は，LD・ADHD 等に対する特別支援教育に関する研究を行うに際して，対象者または対象学校等の関係者に不必要な負担を掛け，又は，苦痛もしくは不利益をもたらすことを行ってはならない。

　　2　　S.E.N.S 及び S.E.N.S-SV は，その研究が業務の遂行に支障を来さないように留意すると共に，対象者や対象学校等の関係者にその研究の目的や方法などを説明し，同意を得た上で行わなければならない。

　　3　　S.E.N.S 及び S.E.N.S-SV は，研究成果を公表するにあたっては，学術的に公正であり，社会的責任を明白にすることが求められる。

〈秘密保持〉

第6条　S.E.N.S 及び S.E.N.S-SV は，業務上知り得た個人情報や事項については，その保護に努め，必要と判断した以外の内容を他の者に漏らしてはならない。

　　2　　S.E.N.S 及び S.E.N.S-SV は，事例または研究の公表に際して，特定個人や特定学校等の資料を用いる場合は，対象者や対象学校の秘密を保持する責任をもたなければならない。

　　　　S.E.N.S 及び S.E.N.S-SV をやめた後も，同様とする。

〈公開〉

第7条　S.E.N.S 及び S.E.N.S-SV は，一般の人々に対して LD・ADHD 等や特別支援教育に関する知識又は専門的意見を公開する場合には，公開内容について誇張がないように，公正を期さなければならない。

　　2　　S.E.N.S 及び S.E.N.S-SV は，前項の内容が，商業的，宣伝的，広告の場合は，社会的影響について責任がもてるようにしなければならない。

〈他の専門職との関係〉

第8条　S.E.N.S 及び S.E.N.S-SV は，他の専門職の使命，権利，技術を尊重し，相互の連携に配慮するとともに，その業務の遂行に支障を及ぼさないように心がけなければならない。

〈記録の保管〉

第9条　S.E.N.S 及び S.E.N.S-SV は，対象者や対象学校等の記録を 5 年間保存しておかなければならない。

　　2　　S.E.N.S 及び S.E.N.S-SV は，記録の保管にあたっては，個人情報の保護に努めなければならない。

〈倫理の遵守〉

第10条　S.E.N.S 及び S.E.N.S-SV は，この倫理綱領を十分に理解し，遵守するよう常に注意しなければならない。

　　2　　S.E.N.S 及び S.E.N.S-SV は，違反の申告が発生した際には，倫理委員会の調査・裁定を受ける場合がある。

補　　則

第11条　本綱領の具体的な倫理基準は，理事長が別に定める。

資料2

特別支援教育士倫理基準

制定：2009年4月1日

本協会は，特別支援教育士倫理綱領第11条に基づき，この倫理基準を定める。

〈責任と人権の尊重〉

第1条　S.E.N.S及びS.E.N.S-SVの専門的業務は，対象者や対象学校等の自発的な援助依頼に応えてなされるべきである。

2　S.E.N.S及びS.E.N.S-SVは，援助依頼者及び対象者の国籍，年齢，性別などによって，提供する援助活動の内容に不当な差別をしてはならない。また，学校等が援助依頼者でかつ援助を受ける対象者である場合も，学校等の規模，種別，地域性などによって，提供する援助活動の内容に不当な差別をしてはならない。

3　S.E.N.S及びS.E.N.S-SVは，その援助活動が対象者の基本的人権を侵すおそれがある場合は，活動に従事してはならない。

4　S.E.N.S及びS.E.N.S-SVは自身の個人的な関心，もしくは金銭上の不当な利益，または，所属する組織もしくは機関の不当な利益のために業務を行ってはならない。

〈技能及び資質向上〉

第2条　S.E.N.S及びS.E.N.S-SVは，専門職としての知識と技術水準を保持し，及び向上させるために，不断の学習，研究と継続的な研修によって自己研鑽を積まなければならない。

2　S.E.N.S及びS.E.N.S-SVは，その業務において，本協会で是認され得ないアセスメント及び援助・指導，あるいは不適切と見なされるアセスメント及び援助・指導を用いてはならない。

3　S.E.N.S及びS.E.N.S-SVは，活動が，自己の能力を超えると判断される場合は，対象者や依頼者の同意の下に，他の専門家に協力を求め，委託しなければならない。

4　S.E.N.S及びS.E.N.S-SVは，対象者や援助依頼者，援助を求めた学校等に対して，援助に必要のない，また限界を超えた情報を提供してはならない。

〈アセスメント計画及びアセスメント技法〉

第3条　アセスメント計画を対象者に分かる言葉で説明し，了解を得なければならない。対象者が，年少であったり，障害などにより，説明の理解が困難で，それにより了解が困難な場合は，その保護者に説明し了解を得なければならない。

2　心理検査などのアセスメント技法についても，実施の前に，対象者に分かる言葉で説明し，了解を得ておかなければならない。

3　S.E.N.S及びS.E.N.S-SVは，アセスメント技法が対象者の心身に著しく負担を

かける場合や，そのアセスメント技法が対象者のその後の援助に結びつかない場合には，その実施はしてはならない。

4　　アセスメント結果に関する情報を求められた場合は，情報を伝えることが対象者の利益になるよう，受取手にふさわしい用語で伝えなければならない。

〈援助・指導〉

第4条　S.E.N.S 及び S.E.N.S-SV は，専門的援助を求める対象者や対象学校等には，適切な指導方法や援助方法を用いなければならない。

2　　S.E.N.S 及び S.E.N.S-SV は，対象者や対象学校等の援助の受け入れや，断り，選択の自由を保証しなければならない。援助の一時的な中断も同様である。

3　　S.E.N.S 及び S.E.N.S-SV は，現に関係を持っている（支援をしている最中の）対象者や対象学校等関係者との間では，不適切な関係を避けなければならない。

〈研究〉

第5条　S.E.N.S 及び S.E.N.S-SV は，通常の介入ではなく，研究の視点を持って介入する場合は，研究対象となる者や対象学校等の関係者に著しい負担とならないようにしなければならない。

2　　S.E.N.S 及び S.E.N.S-SV は，事前に，研究計画を関係者に説明し，同意を得ておく必要がある。

3　　S.E.N.S 及び S.E.N.S-SV は，研究への参加，中止，中断の選択の自由が，対象者や対象学校等にあることを事前に伝えておかなければならない。

4　　S.E.N.S 及び S.E.N.S-SV は，対象者が未成年であるときや，障害などにより，説明の理解が困難で，それにより了解が困難な場合は，その保護者に説明し，同意を得ておかなければならない。

5　　S.E.N.S 及び S.E.N.S-SV は，研究終了後は，得られた成果について対象者もしくは対象学校等に説明しなければならない。

6　　S.E.N.S 及び S.E.N.S-SV は，研究の成果を公表する場合には，研究に協力参加した対象者や対象学校の同意を得ておかなければならない。

〈秘密保持〉

第6条　S.E.N.S 及び S.E.N.S-SV は，援助活動を通じて得られた個人的秘密を守らなければならない。

2　　S.E.N.S 及び S.E.N.S-SV は，対象者や対象学校等の資料を，研究，研修，教育，訓練等に使う際には（公開する際には），事前に，対象者（もしくはその保護者）もしくは対象学校等に伝えて了解を得ておかなければならない。

3　　S.E.N.S 及び S.E.N.S-SV は，対象者や対象学校から同意を得た場合でも，実際の公開においては，当人や当学校が識別できないように配慮しなければならない。

4　　S.E.N.S 及び S.E.N.S-SV は，対象者の援助にあたって他の援助者と対象者の個人情報を共有することが必要な場合は，共有する個人情報の範囲，共有する援助者の範囲について，対象者等から了解を得なければならない。

〈公開〉

第7条　S.E.N.S 及び S.E.N.S-SV は，専門家としての知識や意見を，新聞，テレビ，一般図書等に公表する場合は，内容の公正を期することに努め，誇張，歪曲等によって，S.E.N.S 及び S.E.N.S-SV の専門性と信頼を傷つけることのないようにしなければならない。

〈他の専門職との関係〉

第8条　S.E.N.S 及び S.E.N.S-SV は，自分の担当する対象者への援助が，自らの専門性の限界を超える可能性があると判断された場合は，速やかに，他の専門家に委託し，又は協力を求めなくてはならない。

　2　S.E.N.S 及び S.E.N.S-SV は，現に他の専門的援助を受けている者や学校等が援助を求めて来た場合には，対象者や対象学校等の同意を得て，その継続中の専門職との間で最良の方策について協議し，適切な取組を行わなければならない。

〈記録の保管〉

第9条　S.E.N.S 及び S.E.N.S-SV は，対象者や対象学校等に関する専門的援助及び研究に関する記録を5年間保管しなくてはならない。

　2　記録の保管にあたっては，各機関において保管責任者を定めて，保管場所，管理方法に留意して厳重に管理し，個人情報の保護に努めなければならない。個人の場合もこれに準ずる。

〈倫理の遵守〉

第10条　S.E.N.S 及び S.E.N.S-SV は，倫理意識の向上を目指して研鑽を積み，これを遵守するようにしなければならない。

附　則

1. 本倫理基準は，2009年4月1日から施行する。

資料3

一般財団法人 特別支援教育士資格認定協会

特別支援教育士倫理規程

改定：2015年4月1日

一般財団法人 特別支援教育士資格認定協会定款 第3条に基づき，この倫理規程を定める。

〈目的〉

第1条　この規程は，「特別支援教育士」（以下，S.E.N.S と略記）及び「特別支援教育士スーパーバイザー」（以下，S.E.N.S-SV と略記）が諸活動を行う際に，常に倫理に配慮し，その適正を期することを目的とする。

第2条　本協会は，S.E.N.S 及び S.E.N.S-SV がその専門業務に従事するに当たって遵守すべき道義的事項に関する倫理綱領を，別に定める。

第3条　第2条に係る事項の審議は倫理委員会（以下，委員会と略記）が行う。

〈委員会の業務〉

第4条　委員会は，第1条の目的（第1条，第2条）を達成するため，本協会の理事長（以下，理事長と略記）の指示の下に次の業務を行う。

（1）本規程並びに倫理綱領の改廃に関する審議

（2）S.E.N.S 及び S.E.N.S-SV の倫理向上に向けて，本協会が実施する研修会等の企画・実施への提言

（3）理事長からの諮問に基づく倫理綱領違反に関する裁定案の答申

（4）その他，委員会が必要と認める業務

〈委員会の構成〉

第5条　委員会は，本協会の理事より選出された委員若干名をもって構成する。

2　　委員長は，委員の互選とする。

3　　委員の任期は，2年とする。

4　　委員は，再任を妨げない。ただし，3期を越えることができない。

〈委員会の運営〉

第6条　委員長は，理事長の命を受けて委員会を開催し，議長となる。

2　　委員会は，委員の3分の2の出席をもって成立するものとする。

3　　委員会は，出席委員の2分の1以上の賛成により決定を行う。ただし第4条3号の裁定の場合については，別に定める。

4　　都合により委員長が，その業務の遂行に困難が生じたとき，又は欠けたときは，委

員の内からあらかじめ互選により指名を受けた者（副委員長など）が委員長の職務を
代理し，又は委員長の職務を行う。

〈委員会の報告〉

第7条　委員長は，理事長から審議を付託された日から起算して，3カ月以内に審議の結果
を理事長に報告しなければならない。

　2　　第4条3号に定める諮問については，委員長は，理事長への報告に際し，その倫理
綱領を違反した者に対して取るべき処分としての厳重注意，一定期間の本協会が実施
する事業への参加の停止，S.E.N.S及びS.E.N.S-SVの資格の取り消し，その他の裁
定案を答申するものとする。

〈裁定〉

第8条　裁定は，本協会の倫理委員会において委員の3分の2以上が出席した会議において
出席者の3分の2以上の同意による議決の後，理事長がこれを行う。

〈改廃手続き〉

第9条　この規程の改廃は，委員会の議を経て，本協会の理事会においてこれを行う。

附　　則

1．本倫理規程は，2009年4月1日より施行する。
2．本倫理規程は，2015年4月1日に一部改定する。

資料4

S.E.N.S 養成セミナー受講規約

　本規約は，一般財団法人特別支援教育士資格認定協会（以下「本協会」という）が定める特別支援教育士資格認定規程第4条に基づき，本協会が主催，運営するS.E.N.S養成セミナー（以下「養成セミナー」という）の受講条件を定めたものである。養成セミナーの受講登録の申込をする者は，本規約に同意したうえで受講登録の申込みを行ったものとみなす。

第1条　受講登録
1. 養成セミナーを受講しようとする者は，本協会が定める所定の方法に従って，受講登録の申込及び受講登録料の支払いをするものとし，本協会から受講登録番号を交付されることにより受講登録が完了するものとする。
2. 受講登録をした者（以下「受講登録者」という）は，特別支援教育士〔S.E.N.S〕の資格取得前であるが，準ずる者として特別支援教育士倫理綱領等の本協会の定める諸規程（以下「倫理綱領等」という）を適用する。
3. 本協会は，受講登録者に以下の事由があると判断した場合，受講登録を承認せず，または承認した受講登録を取り消すことがある。
　　（1）一般社団法人日本LD学会の正会員でない者
　　（2）受講申し込みに際し，虚為の申告をした者
　　（3）本規約又は倫理綱領等に違反した者
　　（4）その他，S.E.N.S及び本協会の信用を失墜させる行為を行った者
4. 受講登録者は，次項に定める受講登録期間中に限り，養成セミナーを受講することができる。
5. 受講登録期間は，受講登録を行った日が属する年度の期初（4月1日）から起算して3年間とする。
　　受講登録者は，受講登録期間内に所定のポイントを取得できなかった場合，1回に限り受講登録期間を3年間延長すること（再登録）が出来るものとする。ただし，災害・国の感染症対策等，受講登録者の責によらない事由の場合，本協会理事長（以下「理事長」という）の判断により受講登録期間を延長することがある。

第2条　養成セミナーの参加申込み
1. 養成セミナーの参加申込みは，本協会が定める所定の方法に従って行うものとする。
2. 養成セミナーの参加費用は養成セミナーごとに，本協会が別途定めるものとし，受講登録者は本協会が定める期限までに指定の方法により支払う。
3. 受講登録者が本協会に参加申込を行い，所定の費用を支払った後，本協会が承諾の通知を行うことにより，養成セミナーの参加が確定するものとする。

第3条　養成セミナーのキャンセル

1．受講登録者は，各養成セミナーの申込受付期間内に限り，本協会が定める所定の方法により，申込済みの養成セミナーをキャンセルすることができる。

2．前項にかかわらず，申込済みの養成セミナーが指導実習である場合には，指導実習開催日の3日前までに限り，これをキャンセルすることができる。この場合，キャンセルの時期に応じて，次のとおり支払済みの参加費の返金を受けることができる。なお，返金は，当該養成セミナー開催後1カ月以内に，所定の返金手数料を控除して行なわれるものとする。

- 申込受付期間終了日〜指導実習開催初日の15日前までのキャンセル：参加費・宿泊費の全額返金
- 指導実習開催初日の14日前〜指導実習開催初日の4日前までのキャンセル：宿泊費のみ全額返金

3．各養成セミナー実施日以降の受講登録者からのキャンセルは認められない。

4．受講登録者の都合による欠席については，参加費の返金は一切行なわない。

5．前各項にかかわらず，災害・国の感染症対策等，受講登録者の責によらない事由の場合，理事長の判断によりキャンセルの期間を変更することがある。

第4条　養成セミナーの実施

1．本協会は，受講に関して受講登録者に通知した文書に記載の日時に養成セミナーを実施する。ただし，災害・国の感染症対策その他の事由のため，本協会が開催困難と判断した場合などには，日時等の変更，代替措置，開催の中止，中断等の措置を本協会の判断により実施することができる。本協会は，当該措置により受講登録者に生じた損害について，次項に定める返金の他責任を負わない。

2．前項に基づき養成セミナーを中止した場合，本協会は中止した養成セミナーの参加費を，中止後1カ月以内に受講登録者へ所定の返金手数料を控除して返金するものとする。

第5条　遵守事項

受講登録者は，養成セミナーを受講するにあたり，次に定める事項を遵守しなければならない。

（1）受講登録者は，特別支援教育士に準ずる者として倫理綱領等を遵守する。

（2）養成セミナー受講に際し，不正な行為を行ってはならない。オンラインでのセミナーの場合，受講は受講登録者のみに許可するものであり，第三者を同席させてはならない。第三者を同席させた場合，不正とみなし受講登録解除の対象とする。

（3）本協会及び本協会が依頼する講師等の指示に従うこと及び他の受講登録者の迷惑になるような行為，言動等をしない。

（4）養成セミナーのカリキュラム・講義内容・実施方法に関する過度な修正要求等をしない。当協会は個人の思想・信条・見解に基づく修正要求等には対応しない。

（5）他の受講登録者に対して，マルチレベルマーケティング，ネットワークマーケティング，その他連鎖販売取引への勧誘，宗教等の活動への勧誘，商品及びサービス等の購入の勧誘並びにセミナー等への参加への勧誘（これらの勧誘とみなされる一切の行為

を含む）を行わない。

（6）養成セミナー受講中における写真撮影，録音，録画を行わない。

（7）受講登録者は，養成セミナーの内容を自己の学習の目的にのみ使用することが認められる。養成セミナーの内容を第三者に漏らしてはならない。

（8）養成セミナーの受講は，受講登録者の携わる事業における成果を何ら保障するものでなく，また，受講登録者の行う業務や事業に関して一切の責任を負うものでないため，本協会及び本協会が依頼する講師等に一切の責任を求めない。

（9）本協会や本協会の利害関係者に損害を与える行為を行わないこと。

第6条　受講登録の解除

1. 受講登録者が次の各号に掲げるいずれかの事由に該当する場合，本協会は事前に通知することなく，直ちに当該受講登録者の受講登録を解除し，受講資格の停止または喪失，すでに取得したポイントの取り消しができる。その場合，本協会が主催するいかなるセミナー・講習会などの受講も認めない。また，この場合，受講登録料及び参加費の返金は一切行わない。

　（1）本規約第5条に定める遵守事項に反した場合

　（2）法令に違反した場合

　（3）公序良俗に違反し，又は犯罪に結びつくおそれのある行為を行った場合

　（4）受講登録者が後見開始，保佐開始もしくは補助開始の審判を受けた場合

　（5）受講登録者が暴力団，暴力団関係企業，総会屋もしくはこれらに準ずる反社会的勢力の構成員，またはその関係者であることが判明した場合

2. 本協会は，本条1項に該当する場合の他，受講登録者が養成セミナーの進行の妨げになると判断した場合，養成セミナー受講中であっても退席を命じることがある。

第7条　受講登録の取り消し・解除に対する異議申し立て

　養成セミナーを受講しようとする者，及び受講登録者が，本規約第1条または第6条の規定により，受講登録の取り消し・解除の対象となった場合，当該処分があった日から3カ月以内に限り，書面により正当な事由の証明を明記した異議申し立てを行うことができる。異議申し立てを受理した場合には，当協会は，遅滞なく必要な調査を行い，その結果を受講登録者へ通知する。

第8条　知的財産権

　養成セミナーに関する著作権などの知的財産権は，本協会に帰属する。

第9条　受講に関する配慮

　受講にあたり特別な配慮を必要とする場合には，所定の手続きにより本協会に事前に申し出るものとし，本協会は過度な負担にならない範囲で対応する。なお，本セミナーは，原則として日本語で行い，他の言語による通訳等のサポートは行わない。

第10条　免責事項

　本協会の責めに帰さない養成セミナーの遅滞，変更，中断，中止，情報等の流出又は消失その他養成セミナーに関連して発生した受講登録者又は第三者の損害について，本協会は責任を負わないものとする。

第11条　情報保護

　本協会は，養成セミナーに関連して収集した情報については，個人情報保護法を遵守し，適切に取り扱うものとする。また受講登録者は，養成セミナーに関連して知り得た個人情報等を第三者に漏らしてはならない。

第12条　登録情報の使用

　本協会は，本協会のウェブサイト上に掲載している個人情報保護方針に従い，登録情報及び受講登録者が養成セミナーを受講する過程において本協会が知り得た情報を使用することができるものとする。

第13条　登録情報の変更

　受講登録者は，住所，氏名，メールアドレス，電話番号を変更したときは，本協会のウェブサイトにある会員専用マイページから遅滞なくその登録内容を変更するものとする。本協会は，登録情報に基づいて通知等を行った時点で，受講登録者が受理したものとみなす。変更手続きがなされなかったために，本協会からの通知等が受講登録者に届かなかった場合は，本協会は責を負わない。

第14条　地位の譲渡の禁止

　受講登録者が養成セミナーの受講登録者の地位を第三者に譲渡することはできない。また，受講登録者が死亡した場合，受講資格は失われるものとし，地位の承継は一切できないものとする。

第15条　損害賠償

　受講登録者は，本規約及び法令の定めに違反したことにより，本協会及び本協会が依頼する講師等を含む第三者に損害を及ぼした場合，当該損害を賠償する責任を負うものとする。

第16条　規約の変更

1．本協会は以下の場合には，受講登録者の個別の同意を要せず，本規約を変更することができるものとする。
　（1）本規約の変更が受講登録者の一般の利益に適合するとき。
　（2）本規約の変更が養成セミナー受講契約の目的に反せず，かつ，変更の必要性，変更後の内容の相当性その他の変更に係る事情に照らして合理的なものであるとき。
2．本協会は受講登録者に対し，前項による本規約の変更にあたり，事前に，本規約を変更する旨及び変更後の本規約の内容並びにその効力発生時期を通知する。

第17条　条項等の無効

　本規約の条項のいずれかが管轄権を有する裁判所によって違法又は無効であると判断された場合であっても，当該条項以外の本規約の効力は影響を受けないものとする。

第18条　本協会の責任

　本協会は，故意または重過失に基づく場合を除き，養成セミナーまたは本規約に関連して受講登録者または第三者が被った損害について責任を負わない。法令に基づき本協会が責任を負う場合であっても，本協会は特別損害（予見可能性の有無を問わない），間接損害及び逸失利益について何ら賠償責任を負わず，通常損害について，本協会が当該受講登録者から受領した参加費の範囲内でのみ，損害賠償責任を負うものとする。

　理由の如何を問わず，受講登録者が，本協会または養成セミナーの開催場所に物件を残置し，当該養成セミナー終了後1カ月以内に本協会の定める手続により返還を請求しなかった場合，本協会は，受講登録者が当該物件に対する所有権その他の権利を放棄したものとみなして，これを任意に処分することができるものとし，当該物件に関して一切の責任を負わないものとする。

第19条　管轄裁判所

　本協会と受講登録者の間で紛争が生じた場合は，東京地方裁判所を第一審の専属的合意管轄裁判所とする。本規約に関する準拠法は日本法とする。

制定：2019年11月17日
改定：2021年8月22日

総索引

[(I)：第 I 巻　(II)：第 II 巻　(III)：第III巻]

あ

か

ま

や

ら

わ

◉責任編集者

花熊 曉（関西国際大学）

鳥居深雪（関西国際大学）

小林 玄（東京学芸大学）

◉執筆者一覧（執筆順）

鳥居深雪（関西国際大学）
A-1　S.E.N.S の役割と倫理

花熊 曉（関西国際大学）
A-2　特別支援教育概論Ⅰ：発達障害の理解

田中裕一（公益財団法人兵庫県青少年本部 兵庫県立山の学校）
A-3　特別支援教育概論Ⅱ：特別支援教育のシステム

宮本信也（白百合女子大学）
A-4　発達障害と医療

名越斉子（埼玉大学）
B-1　総論：アセスメント

大六一志（筑波大学人間系）
B-2　心理検査法Ⅰ：ウェクスラー式知能検査［Ⅰ］基本的な理論

小林 玄（東京学芸大学）
B-2　心理検査法Ⅰ：ウェクスラー式知能検査［Ⅱ］事例

小野純平（法政大学現代福祉学部臨床心理学科）
B-3　心理検査法Ⅱ：発達障害に関連する心理検査［Ⅰ］KABC-Ⅱ

岡崎慎治（筑波大学人間系）
B-3　心理検査法Ⅱ：発達障害に関連する心理検査［Ⅱ］テストバッテリー

奥村智人（大阪医科薬科大学小児高次脳機能研究所）
B-4　学力のアセスメント

梅田真理（宮城学院女子大学）
B-5　アセスメントの総合的解釈

恵良美津子（横須賀市療育相談センター）
B-5　アセスメントの総合的解釈

S.E.N.S養成セミナー

特別支援教育の理論と実践［第4版］

I　概論・アセスメント

2007年 4 月25日　第1版第1刷発行
2012年 4 月25日　第2版第1刷発行
2018年 4 月 1 日　第3版第1刷発行
2023年 4 月 1 日　第4版第1刷発行

編————————一般財団法人特別支援教育士資格認定協会
監修者————花熊 暁　鳥居深雪
責任編集者——花熊 暁　鳥居深雪　小林 玄

発行者————立石正信
発行所————株式会社 金剛出版
　　　　　　〒112-0005 東京都文京区水道1-5-16　電話 03-3815-6661　振替 00120-6-34848

装丁◉岩瀬 聡　　組版◉石倉康次　　印刷・製本◉三協美術印刷
ISBN978-4-7724-1955-0 C3037　©2023 Printed in Japan